老人福利國際借鑑

葉至誠 著

封面設計：
實踐大學教務處出版組

出 版 心 語

　　近年來，全球數位出版蓄勢待發，美國從事數位出版的業者超過百家，亞洲數位出版的新勢力也正在起飛，諸如日本、中國大陸都方興未艾，而臺灣卻被視為數位出版的處女地，有極大的開發拓展空間。植基於此，本組自民國 93 年 9 月起，即醞釀規劃以數位出版模式，協助本校專任教師致力於學術出版，以激勵本校研究風氣，提昇教學品質及學術水準。

　　在規劃初期，調查得知秀威資訊科技股份有限公司是採行數位印刷模式並做數位少量隨需出版〔POD＝Print on Demand〕（含編印銷售發行）的科技公司，亦為中華民國政府出版品正式授權的 POD 數位處理中心，尤其該公司可提供「免費學術出版」形式，相當符合本組推展數位出版的立意。隨即與秀威公司密集接洽，雙方就數位出版服務要點、數位出版申請作業流程、出版發行合約書以及出版合作備忘錄等相關事宜逐一審慎研擬，歷時 9 個月，至民國 94 年 6 月始告順利簽核公布。

執行迄今，承蒙本校謝董事長孟雄、謝校長宗興、王教務長又鵬、藍教授秀璋以及秀威公司宋總經理政坤等多位長官給予本組全力的支持與指導，本校諸多教師亦身體力行，主動提供學術專著委由本組協助數位出版，數量近40本，在此一併致上最誠摯的謝意。諸般溫馨滿溢，將是挹注本組持續推展數位出版的最大動力。

　　本出版團隊由葉立誠組長、王雯珊老師、賴怡勳老師三人為組合，以極其有限的人力，充分發揮高效能的團隊精神，合作無間，各司統籌策劃、協商研擬、視覺設計等職掌，在精益求精的前提下，至望弘揚本校實踐大學的校譽，具體落實出版機能。

實踐大學教務處出版組　謹識

民國 100 年 3 月

序言

　　聯合國將 1999 年定為「世界老人年」，並發表「老人人權宣言」，主要強調：老年人應有維持基本生活水準的所得；應可獲致完整的醫療保健服務；應有適當的居住環境；應得到充分滿足的持續性照顧；應有參與勞動市場的機會；應有尊嚴的退休機制；應有充分參與教育、文化、休閒及公民活動的機會；應有免於被虐待、被疏忽、被遺棄及被剝削之恐懼的自由。

　　「老人福利」是世界各國關注的重要議題，也是社會工作專業發展的主流。1950 年代之後，健康、快樂、活潑的高齡人口日益增多，聯合國在1974 年發表老年問題報告，建議對老年服務：應以「老年」代替「年老」，對老年人口增加引起的社會衝突應加以注意，全面提昇老年人生活品質，健康與營養的促進、改善，加強社會福利服務，滿足老年人教育需求，建構優質住宅環境，輔導退休後的再就業，加強國際支援協調工作等。1982年制定「國際老化行動計畫」，作為老人人權的重要內涵，並於 1990 年通過將 10 月 1 日定為「國際老人節」。同時，整合了聯合國歷年來有關老人的重要政策、原則與行動方案，配合當前與未來社會的情況，提出前瞻性的實施計畫。

　　從積極老化的觀點來看，高齡社會的因應策略應包括：經濟保障、醫療保健、安養照護及福利服務等老人服務，以促進高齡人口的社會參與、個人健康和社會安全等目標。此外，期望由這四大支柱所建構出來的因應策略，能協助高齡者妥善因應高齡社會的衝擊與挑戰，進而提昇晚年生活的品質，邁向積極老化，達成將老齡現象歸結為「老有所養、老有所醫、老有所尊、老有所學、老有所為、老有所樂」目標。

　　按照人口學理論，人口老齡化是指一個國家或地區總人口中因年輕人口數量減少、年長人口數量增加而導致的老年人口比例相應增長的動態過程；根據聯合國的標準，如果一個國家 60 歲以上老年人口達到總人口數的

10%，或 65 歲以上老年人口占人口總數的 7%以上，這個國家就已經屬於老齡化國家。聯合國最新發表的世界人口報告指出，由於生育率降低和人類壽命延長，全球人口將迅速老齡化。目前全球人口約 67 億，超過 60 歲的老人有 6.7 億，到 2050 年會達到 20 億，其中發達國家老年人口比例將達到 33%，發展中國家老年人比例也有可能升至 20%。現實情況表明，越來越多的國家正進入一個前所未有的老齡化社會。經濟的快速發展為人類提供了高素質的生活條件，而教育的普及和醫療衛生條件的不斷完善，也使過去一些曾威脅人類生存的疾病得到緩解，這些都為現代人的健康生活提供了保證，使人類壽命越來越長。壽命延長固然是好事，但「銀髮社會」引發的許多問題，令人不能輕慢以對。

老人的福利議題在高齡化社會到來時，是無法以傳統的角度思考，而是需用更多元的服務來面對這樣的挑戰。周延的老人福利政策（age-friendly welfare polices）需要跨部門的共同努力，譬如說，政府提供安全的交通系統，休閒服務單位維持或恢復其行動能力，教育部門提供終身學習方案，社會服務單位提供持續的溝通，醫療部門提供復健方案與疾病預防措施。透過傳統社會、老人團體、志願服務、鄰里互助、同輩互動、家庭照顧和社會服務專業者，以共同促進老人的服務網絡的建立和作為。對於老齡化帶來的種種問題，除了政府要採取措施、積極應對外，國民觀念的轉變，樹立積極向上、獨立樂觀的心態也很重要。日本政府就提倡，要拋棄老年人是「無生產能力的被撫養人口」這一傳統的刻板模式，把老年人視為「重要的人力資源」。把解決老齡化問題當作有規模效益的事業來推動，使高齡社會呈現出活力，認真、及時的對應。

借鑑福利先進國家的實況，為我國在迎向老人社會的來臨，提供周全老人福利，其首要任務是建立老人政策與立法，並加以落實，讓人民免於因年齡關係，遭受語言、工作、學習、婚姻、家庭、醫療的不當對待；其次是為老人打造無障礙的空間，以利高齡者的互動與行動；適時增加對老年議題的系統性研究，尤其是健康保健、生活保障、生命價值、生涯安頓等等的工作，以預防代替治療的方式，為老人、家庭、社會創造優質的安老環境。

當我們社會中的老人問題日益受到重視之際，健全的老人福利政策將是推動社會福利工作的具體體現；就此，社會不僅應保障老人經濟安全、醫療保健、社會學習、安全住所、就業服務、社會參與、持續照顧等權益，更重要的是所有的服務要能維持個人的自立、增進社會參與、促進自我實現、獲得公平對待和維護尊嚴，以達社會福利的目標。

尤其為落實作為一個社會工作的教育者，應秉持平等、尊重、民主、接納、誠信、助人、自助、自決等專業價值理念，促使助人專業所強調：要有崇高的理念，同時腳踏實地、盡己之力地進行利他服務，實踐「人文素養、社會關懷」的作為，推動和諧社會的建構，允為職志，啟沃後進，傳於後學。為此，借鑑先進社會的老人福利實況，成為建置高齡者福利服務重要的基礎工程，亦為推動周延完整的老人社會工作所不可或缺。為能有助於高齡社會的建構，本書嘗試以「概論」，「經濟保障」，「醫療保健」，「安養照護」，「福利服務」等，共計十八單元，以精要論述各國推動老人福利的實況和規劃，冀能有助於專業服務工作的提昇，以期讓高齡者獲得尊嚴、合宜且妥適的生活與照護。

撰述期間感謝實踐大學教務處出版組暨秀威資訊科技公司及其工作團隊的玉成協助，得以完竣是項工作，以饗讀者。然而，知識分子常以「金石之業」、「擲地有聲」，形容對論著的期許，本書距該目標誠難企望。唯因忝列杏壇，雖自忖所學有限，腹笥甚儉，然常以先進師長之著作等身，為效尤的典範，乃不辭揣陋，敝帚呈現，尚祈教育先進及諸讀者不吝賜正。

葉至誠　謹序
民國 100 年 3 月 20 日

老人福利國際借鑑

目　次

第一章　老人福利政策

前言

　　21 世紀由於科學、技術和醫學的發達，使人類社會面臨著高齡人口急劇增加的嚴重挑戰，高齡人口的迅速增長帶來了一種史無前例的社會現象。2002 年 4 月 12 日，世界老人大會（World Assembly On Aging）通過了 2002 年國際老人行動計畫。這一計畫旨在確保世界各地的老人們可有尊嚴地安享天年，並可繼續作為當地公民享有參加其社會活動的所有權利，揭示老人福利服務的宗旨。

　　國際上探索人口老化對高齡的分法為：65～74 歲是 young-old，75～84 歲是 old-old，85 歲以上是 oldest-old（Hooyman & Kiyak, 2002, p.16）。人口老齡化將影響世界上每個成員及社群，老人高齡化的持續增長將直接影響家庭內部關係、世代之間的財產分配、生活方式和社會福利資源的分派，這使得老人福利政策成為任何一個關心民眾福祉及國家發展的基石。

壹、美國老人福利政策

　　美國智庫「布魯金斯研究所」估計，隨著高齡人口的增長，美國未來十年內用於老人的預算將逼近 1.8 兆美元，幾乎占聯邦政府預算的一半，遠超過 1990 年約 29%與 2000 年的 35%。為了能達到「Aging Well, Living Well」（老得好、活得好）的目標，強調老年人不是只有把年齡加到他們的生命，也要改良他們的生命品質。一個老年人的健康狀況決定是否有價值的老年生涯。適度的活動，正確的飲食，規律的生活有助於避免或延遲許多生理

疾病和心理障礙。老年人除了健康生活外，也必須規劃老年生涯，這些包括了解居住環境和長期照顧的選擇；資產和退休金的處理；並且尋找獨立自由的社會參與，包含就業、教育、志願服務和休閒活動。美國衛生和人類服務部（U.S. Department of Health and Human Services）老人事務局（Administration on Aging）所提出的老年福利政策，舉其大舉為：

一、重新定義老人退休（Redefining Retirement）

根據「美國老人情況：2002 年」的報告，有 430 多萬 65 歲以上的美國人仍然在工作（或積極尋找工作），而這數字仍在持續增加，69%年齡在 45 至 74 歲的工人打算在他們退休後繼續做一點工作。這些工作者不僅僅是為了賺錢活口，也為了獲得無形的益處，如：享受工作的樂趣和成就感。然而，67%的人擔心年齡歧視是他們晉升和工作場所福祉的最大障礙。是以，許多組織舉行職業博覽會、就職安排、特別培訓和其他服務以幫助老人重新獲得，並保有他們的工作。

二、老人和殘障人士資源中心計畫
（Aging and Disability Resource Centers）

2003 年，美國衛生和人類服務部成立「老人和殘障人士資源中心（ADRC）」，以便幫助人們在護理及照顧服務，並作為參加長期服務和支援體系的起點。ADRC 計畫在社區提供下列服務：

1. 對公眾進行教育，
2. 為各種福利支援提供資料和諮詢，
3. 為獲取公共服務計畫提供指導及協調（如：疾病預防、營養、交通、住房等），
4. 提供未來規劃以幫助人們對長期服務的計畫。

三、老人營養餐食服務計畫（Elderly Nutrition Program）

根據美國老人法（The Older Americans Act，簡稱 OAA），為老人提供 1.15 億人次團體定點用餐和 1.42 億人次送餐到家服務。這些餐飲和其他營養服務經由各種途徑：如老人活動中心、學校和個人家庭等輸送到有需求的老人。送餐到家的志工通常還會檢查老人的身心狀況及其他服務，包括營養篩選、教育、諮詢、以及許多其他支援和保健服務。

四、老人交通服務

美國衛生和人類服務部老人事務局、交通部（U.S. Department of Transportation）和聯邦運輸管理局（Federal Transit Administration）共同合作，為老人確保提供其想去和需要去的地方之交通運輸工具。服務的內容，如：來電訂車（Call-and-Ride）、路邊上下車（curb-to-curb）、到宅接送乘客（door-to-door）以及送進門（through-the-door）等服務。年齡超過 65 歲以上的老人，無論收入多少，都可以得到一張免費乘車卡，可以在非高峰時間、節日、週末的所有時間免費享受市內的火車、公共汽車、地鐵和電車等服務。

五、多元化的老人活動中心

多元化老人活動中心（Multipurpose Senior Centers, MSC）根據美國老人法的授權，美國衛生和人類服務部老人事務局所主持的全國老人服務網絡，將規劃、協調並提供以家庭和社區為主的服務，以滿足老人和他們的照料護理人員的特殊需要。老人活動中心通常是幫助老人繼續在社區獨立生活的社區社交和營養方面支援的首要資源。提供的服務有：餐飲和營養、資訊和資助、衛生、復健和運動、娛樂活動、交通運輸服務、藝術活動、志工服務、教育課程、就業協助、世代間溝通、社會和社區行動等服務。

六、老人法律諮詢

老人事務局撥款資助的法律熱線和法律諮詢計畫，為處在社會或經濟不利、脆弱或風險地位的老人提供法律諮詢服務。法律服務還提供社區教育課程講解法律問題、提供自學自助資料以保護老人的權益。

七、長期照護系統

現行長期照護系統（Long Term Care），由各州和地方政府機構、非營利組織和營利組織，均以營利為目的來提供服務。老人事務局積極努力為老人和其照料護理人員增加選項，並改善服務品質以滿足其長期護理需求。主要包括整合保健和社會支援，以便提供一系列以社區為主的綜合長期護理服務。老人服務網（Aging Services Network）在長期照護系統中發揮了重要的作用，且繼續擴大其作用。自 1965 年老人法頒布以來，老人服務網以建置社區照護為重心，並一直在協助老人獲取相關資訊和服務的方式。照顧服務的內涵為：1.基本服務：個人服務（ADL），護理服務，社會服務，活動性治療，交通，膳食營養，緊急狀況處置，教育。2.額外服務：物理治療，職能治療，語言治療，醫療服務。3.設置條件：服務人力與老人之比例規定（1：6～1：8），服務人員之專業資格規定（行政人員、專業人員及庶務工作人員），個人及總體活動空間規定，環境設計及氣氛規定。

八、長期護理監察員制度（The Long-Term Care Ombudsman Program）

監察員制度從 1972 年開始運作以來，至今已按老人法在全國各地設立，並由老人事務局負責行政管理。長期護理監察員是為監督居住在養老院、家庭搭伙和護理之家，及類似成人護理機構的住戶老人，維護生活起居、輔助設施等權益。其設法解決個案住戶的問題，並在地方、州和全國範圍提出改革，改善護理服務。監察員的職責在美國老人法第 8 條中有明文規定包括：1.確定、調查並解決住戶或其代表提出的投訴。2.向社會提供

相關長期護理服務方面的資訊。3.在政府機構代表住戶的利益並尋求行政、司法和其他補救措施以便保護住戶。4.分析、評論並建議相關衛生、安全、健康和住戶權益的法律和法規的更改變化。5.教育和知會消費者和大眾關於長期護理的問題和關切，並方便公眾發表對法律、法規、政策和措施的意見。6.提倡發展組織以參加這一計畫。7.為社會提供支持以保護住戶的福祉和權益。8.倡導改善住戶的生活和護理品質。

九、全國家庭照顧護理人員支援計畫

2000 年老人法修正案（The Older Americans Act Amendments of 2000）頒訂：「全國家庭照顧護理人員支援計畫（The National Family Caregiver Support Program, NFCSP）」。考量家庭是長期護理老年人的支柱力量，而不是社會福利機構、老人養護中心或政府等計畫方案。約有 2,240 多萬美國人為非正規的照顧護理人員，這些照顧護理人員包括配偶、成人子女及其親屬和朋友，本計畫強調家庭照顧自己老人的傳統，同時，為居住在本社區的老人提供無償無怨的服務。根據全國居家照顧員聯盟（The National Alliance for Care Giving）和退休人員協會（AARP）聯合開展的家庭照料護理調查，這項計畫提供二千多萬長者的家庭照顧需求。這些服務包括：1.提供照顧護理人員現有服務資訊。2.協助照顧護理人員獲取此類服務。3.提供照顧護理人員個人心理諮詢、組織支援團體、照顧護理人員培訓，以幫助他們作出決定，並解決有關照顧護理方面的問題。4.提供間歇護理，以便照顧護理人員能有段時期完全解脫照顧的責任，獲得充分的休息。5.提供輔助服務，在有限的基礎上補充照顧護理人員提供的服務。

十、阿茲海默癡呆症實驗計畫

阿茲海默癡呆症實驗計畫（Alzheimer's Disease Demonstration Grant Program, ADDGS）是為阿茲海默癡呆患者、家屬及照料護理人員提供更廣泛、便利的診斷和支援服務，旨在改善為老年癡呆患者提供以家庭和社區為主的護理機構之因應能力。該計畫由美國衛生和人類服務部老人事務局

負責執行。計畫如何能更有效地讓美國現有的公部門和私部門相互協調並發揮作用，加強教育並改善為阿茲海默癡呆患者、家屬及護理人員提供服務的機制。老人事務局協助各州規劃、確立及運作實驗計畫：1.政府機構和非營利機構聯手制定並運行，為居民提供所需的喘息照護和其他以社區為主的支援、教育、診斷及照顧服務。2.為 ADRDS 患者提供包括喘息照護、家庭保健護理、個人護理、日間照顧、伴侶服務和輔助服務等支援服務。3.為阿茲海默癡呆患者及其家屬提供更便利的家庭和社區長期照護服務。4.提供關於現有的診斷、治療和相關服務；協助獲取上述服務的資源；ADRD 患者契約合法權益等個人化和公共資訊、教育和醫療介紹服務。5.該計畫以無法獲得或服務不足的老年癡呆或相關疾病的患者為服務重點。

十一、更健康的運動

科學研究顯示保持積極的身體活動、飲食適當、進行體格篩選、接種流感和肺炎預防針等有助於預防或延遲許多疾病和殘障的發生。為此，政府提出了「更健康的美國」運動（The Healthier U.S. Initiative），以鼓勵青年人和老人採取行動實現更美滿、更長壽的生活。強調只要注意諸如較好的飲食和積極地活動等基本方面，老人可以比以往生活得更長久、更獨立、更滿意。適當的身體活動有助於改善大多數老人或患有老年疾病的老人之健康。甚至體弱的老人如果積極活動，亦能延長他們獨立生活的時間，並能改善他們的生活品質。

十二、老人心理健康週

美國老人和心理保健方面的事實，每 5 個美國老人中，就有一個老人患有可診斷出的精神病，但是只有不到四分之一的老人得到任何精神保健方面的關注。缺乏診斷及未經治療的精神病，對於老人及其親人，特別是比男人活得更長的婦女，且長期擔任家庭照顧護理的人來說，是有嚴重的影響。是以，由老年婦女聯盟（The Older Women's League, OWL）發起辦理「老人心理健康週（The Older American's Mental Health Week）」，這是一

個全國性的公共衛生週,這個新的紀念週設在 5 月心理健康月和老人週的最後一個星期。在這一週內將舉行全國、州和地區公益活動,向公眾和制定政策者宣傳老人的精神病是實際存在、普遍但卻可治癒的病症。該計畫提出的訊息有:1.精神病不是人變老的正常現象。2.精神病是實際存在、普遍但卻可治癒的病症,與年齡無關。3.美國老人應充分享受金色的年華。心理健康的成人應繼續學習、成長、發達、愛生活並為社會作出貢獻。4.人們對心理衛生和老人問題了解得愈多,他們就愈能幫助他們自己和他人。

十三、老人社區服務就業計畫

美國勞工部依據「老人法」編列經費及所實施的「老人社區服務就業計畫」,計畫目的是將 55 歲及以上的低收入者、不易就業者等安排參加社區服務工作,一方面使這些人在經濟上能自給自足,一方面藉由計畫參與的過程協助其過渡至無須政府補助的就業僱用。該計畫係由勞工部透過補助之方式,由受補助單位提供社區服務工作予參與者,受補助單位包括各州政府、原住民機關、地區機關、公營與私營非營利機構等,甚至包括私營企業等。受助者的規範有二:一部分是年齡限制,參與者至少需 55 歲以上,但沒有年齡上限;另外一個部分是家庭收入未超過政府所制訂的標準。因為資源有限,訂定參加優先順序,年齡越大者優先順序愈高:1.至少 60 歲及 60 歲以上的榮民與其具資格的配偶(殘障或死亡榮民的配偶、於軍隊服勤時失蹤、被敵方軍隊俘虜、或被外國政府或政權強迫拘留超過九十天者的配偶等)。2.至少 60 歲及 60 歲以上者。3.55 至 59 歲的榮民與其具資格的配偶。

十四、退休金制度

美國勞動人口根據現制必須將薪資收入的 6.2%課稅繳交給社會福利,雇主也須提撥同等數額稅金,來維持退休制度。當時的初步構想是,55 歲以下的美國勞動人口,可以把這筆稅金的一部分(最多為薪水的 4%)轉入所謂的個人投資帳戶,然後用於投資股票及債券,並只有在退休後才能提

領。美國社會安全法案自 1935 年起實施,政府對一般受僱者(包括自僱者)於退休時,需給付一定之老年年金,係屬於基礎年金的社會保險制度。除此之外,民間企業退休金制度是根據民間企業所主辦的年金計畫與職工福利計畫訂定而成,係屬於職業年金的保險制度。同時鼓勵個人退休帳戶制度,這是一種遞延課稅的退休金帳戶。個人退休帳戶制度係由企業員工將其部分的稅前薪資提存至特定個人帳戶,提存者可掌控存款金額,並得自由選擇加入雇主所規劃的投資組合;帳戶所有人暫時無須繳納存款與投資利潤的所得稅,直到退休提領時才須付稅。由於未來年老時所得較低,且享受較多的賦稅優惠,故退休時應繳的稅金相對減少。

十五、社會安全補助金

自 1975 年起,美國政府多年來實施老人的福利政策,已有顯著的成效。美國 65 歲及以上家庭成員的收入增加逾三分之一,45 歲以下者則未增減;過去被視為貧窮人口的老人,如今擁有幾乎相當於全美平均生活水準的收入。聯邦政府每月發給無收入或低收入人員的補助金,要求必須符合下列條件,才有資格申請:

1. 年滿 65 歲者或任何年齡的盲人和傷殘人員;
2. 美國公民或合法的美國居住者(比如綠卡持有者);
3. 單身月收入低於 497.40 美元者或夫妻月收入低於 748.70 美元;
4. 銀行資產單身不超過 2,000 美元,夫妻不超過 3,000 美元。

十六、高齡者服務學習

在美國提供的高齡者服務學習的機構主要為四種:

1. 老人寄宿所(Elderhostel):老人寄宿所的課程多是非學分,課程安排也多是教師導向,但是其模式的特色是十分具有彈性,上課方式多樣化。在老人寄宿所的活動中,經由發展夥伴關係,提供高齡者豐富的教育機會。由於老人寄宿所要求至少三分之一參與時間是在

服務，使高齡者有參與服務學習的機會。但此方案的缺點在於與社區分離，要散布至全國各地成為具有影響力的行動也較為困難。

2. 高齡服務訓練團（Training for Senior Service Corps, SSC）：此機構主要功能在提供退休及高齡者服務學習的機會，並將高齡者與有需要協助的社區或團體配對。服務內容共分為三個主要方案：（1）領養的祖父母方案：提供年齡超過 60 歲之祖父母義務照顧有特殊需要的兒童與青少年的機會。（2）高齡伴侶方案：提供社區中無法單獨生活自理成年人與高齡者居家照顧的服務。（3）退休高齡者服務方案：提供 55 歲以上且具有獨特經驗或能力的高齡者，每週從幾小時至 40 小時，對於社區中關注的議題提供服務的機會。

3. 退休學習學會（Institutes for Learning in Retirement, LRIs）：退休學習學會於 1962 年開始於紐約，由退休教師組成，課程由專業人員規劃，並由高等機構的人負責教學，成員則是自己選擇管理人掌理組織，與高等教育機構是學習夥伴關係。這個方案是結合大學，尤其是使用大學的空間，而由高齡者自行管理與運作；此外，同儕教導在此方案也很常見，高齡者不但是學習者也是教學者，約有四分之三為同儕教師，另外四分之一則來自社區或大學教師。高齡者可參與有學分或無學分的服務性課程。因此，此退休學習學會可說是由組織成員自行擔任教學與管理角色，並讓高齡者能從服務他人中進行學習。

4. 生活選擇中心（Life Options Centers）：是結合雇主、教育及生命歷程中的家庭責任的方案。在此機構中，對於有工作需求的高齡者可以發掘新的工作機會，學習，獲得新技能，並與服務機會與社會參與連結。

十七、居家及社區整合照護方案
（Programs of All-inclusive Care for the Elderly, PACE）

　　一種針對長者的醫療及長照需要，提供必要的居家及社區照護使其能繼續住在自己家中，並結合政府健保的一種照顧模式。對象是依賴程度已達到需要住在護理之家的低收入長者。其所包含的服務項目內容有：

表 1-1　居家及社區整合照護方案

服務項目	主要內容
日托中心	提供醫師或專科護理師診療、護理人員照顧、預防保健、社工、職能治療、語言治療、遊戲治療、營養諮詢、生活協助、雜務處理、交通接送、餐食服務等。
居家服務	1. 一般性：居家照顧、個人協助、家務服務、送餐到府等。 2. 專科性：專科醫師診療、聽力、牙科、視力及足部診療。 3. 衍生性：處方用藥、檢驗、放射檢查、醫療輔具、門診手術、急診及就醫交通服務等。
住院服務	醫院、護理之家、及專科醫師的治療等。

（資料來源：作者整理）

十八、機構型照護方案

　　各類機構型照護住宅多是獨立或分別設立及經營，但也有不少機構將這些住宅與服務加以整合規劃，在一個完整的園區內形成一種連續型的照護與居住服務，這就稱為連續照護退休社區（Continuing-Care Retirement Communities, CCRCs）。

　　1. 護理之家：依賴程度最高並需要醫療／護理照護的個案提供全天候的照護。

　　2. 集合式老人住宅：為尚能獨立生活，但需要部分醫療／護理照護的個案提供居住與照護服務。

　　3. 輔助式生活：為尚能獨立生活，不太需要醫療／護理照護，但需要生活協助的個案提供的居住與生活協助服務。

　　4. 獨立生活住宅：給生活完全能夠自理的長者獨立居住的空間，但又提供一些保健、三餐、休閒、社會活動或交通服務供長者依照其需求選擇使用。

　　綜上，美國老年福利措施項目有：「社會安全」、「醫療照護」、「老人、遺屬、失能保險」、「醫療補助」、「安養照護」、「補助收入」、「送餐到家」、「財產補助」、「稅賦減免」、「居家服務」、「營養計畫」、「家事服務」、「公

車優待」、「托老服務」等。服務計畫中需優先考慮的內容包括：組織老人參加開發活動、推動老人的保健和福利事業、並確保社會有一個支持老人的環境使老人有不同的服務選擇。包括認識到老人的需求、老人需要繼續積極參與社會的願望、以及需要建立各世代之間的團結。這些主題顯示了對老人更美好的未來所持的共同看法。

貳、瑞典老人福利政策

　　瑞典是透過「高賦稅、高福利」，來充實福利保障的作為。為此，瑞典的稅種名目繁多，對個人而言，除個人收入所得稅外，還有利息稅、遺產稅等，炒股票基金、買賣房屋等其他經營活動所得同樣也要交稅。每年的 4 月份到 6 月期間，瑞典人都要主動向稅務局申報自己去年的所有收入。這種斯堪的納維亞福利模式是在社會主義和資本主義之間的一種模式，是一種混合經濟。

　　面對人口高齡化壓力，老年經濟保障制度已成為各工業國家不可迴避的政策議題，就英國、德國及瑞典等三個國家的年金實施過程而言，德國最早在 1889 年即開始實施，英國雖於 1908 年以普及式福利模式開展，至今制度已歷經變革，至於瑞典之年金制度，雖在 1913 年就開始實施，但在社會變遷下也形成了政策轉折。瑞典政府近二十年來努力改革社會福利制度，以減輕負擔，養老保障制度也受到了很大觸及。從 1999 年起，瑞典政府嘗試支持家庭來承擔更大的照料老人的責任。一些地方政府紛紛將老人服務設施私有化，以提高效率。此外，瑞典一些機構和組織還在探討把退休年齡從目前的 65 歲延長到 67 歲，以減輕人口老齡化的壓力。

　　龐大的養老保障開支要靠徵收各種稅費來維持。瑞典人必須交納 30% 左右的所得稅，購物時還得交納 25%的增值稅。瑞典各級政府徵收的各種稅收占國內生產總值的 52%，高出歐盟國家平均稅率 10 個百分點。據估算，目前瑞典用於養老保障的開支已超過國內生產總值的 20%。由於瑞典老人的比例還在增大，各級政府所承受的負擔必將更加沉重。

表 1-2　瑞典老人福利保障措施

服務項目	主要內容
基本養老金	由國家統一發放，所有定居瑞典的人，年滿 65 歲後都可根據居住年限領取數額不等的基本養老金。 1. 只領取基本養老金的人由於還享受其他形式的社會補貼，其基本生活需求得到了保證。 2. 工作過的人退休後還可根據其工齡領取到一筆附加養老金，兩筆基金差不多相當於退休前工資的 70%，維持生活綽綽有餘。
住房補貼	對象是所有低收入退休者，以避免這部分人退休後住房質量下降。這也保證了所有退休老人都能擁有住房。領取住房補貼的退休者很多是孤寡老人和沒有參加過工作的家庭婦女，他們獲得的養老金一般只能維持基本生活開銷，而住房開支則主要依賴住房補貼。
醫療保障	由省級地方政府提供，使人們在退休後仍能像以前一樣享受近乎免費的醫療服務。此外，老人們還可享受三種特別醫療保健服務： 1. 是請醫生、護士到家看病； 2. 是長期住院治療，各醫院都為老人設有相當數量的專用病床，保證他們能得到及時治療； 3.是療養院。
社會服務	由地方政府提供的保障，向老人提供社會服務保障已成為政府的最大任務；如：語言治療、健康休閒、營養諮詢、生活協助、雜務處理、交通接送、餐食服務等。

（資料來源：作者整理）

　　瑞典老年安全保障制度主要為普及式的社會安全制度、積極的勞動市場政策及龐大的公共服務部門而形成，一直被視為是社會福利的典範，其失業率較低、所得較平均。1913 年國民年金法案通過，以未滿 67 歲之公民為給付對象外，貧困殘疾者則無年齡限制，這使瑞典成為第一個建議普及性（universal）且強制性（compulsory）年金制度國家，即定額的基本年金給付（flat-rate basic pension）。1990 年末期經濟危機政策有所轉折，新的年金政策改革為「所得相關的法定附加年金給付」（earning-related supplementary 或現稱 National Supplementary Pension），其給付僅足夠老人基本生活需求。大致而言為具備三層；第一層為基本年金，第二層為 1960 年實施之法定、強制與薪資相關制，第三層為依勞雇協約提供之企業附加年金。

參、法國老人福利政策

目前執行老年照顧策略的單位在地方政府，縣級政府組織以退休者及高齡者委員會為主體，對於實施社會救濟主體的社會福利事務所與社會福利中心，和老年年金局與疾病保險局契約辦理的醫療福利事業，其他家庭津貼局以及各種協會所舉辦的服務，進行統合與調整的工作。

一、老人照顧福利制度

老人照顧福利制度以三大措施為主軸，分別為：

表 1-3　法國老人福利保障措施

服務項目	主要內容
經濟保障	1. 為保障高齡者的生活水準，所從事最低的生活保障的制度。 2. 針對領取其他相關社會給付仍不能達到最低生活水準的所有 65 歲以上的老人為對象，由國家負責主要的財源，支付生活津貼給符合條件需求的老人。
安養照護	1. 針對住在自宅的老年人提供個別居住的環境進行整建，降低因環境障礙造成人際交流中斷，預防老人生活的孤立。 2. 具體策略：為實施住宅津貼、住宅改善服務、電話與緊急通報系統設置、老人休閒活動的提倡、家事援助與介護、看護服務等措施。
機構照護	1. 過去法國在傳統上提供收容無法自立的老人場所，通常為醫院及其附設的養護中心。 2. 1970 年以後，漸以老人之家取代醫院型態的養護中心。老人之家提供老人住宿、餐飲及其他服務不再侷限於原來的看護功能。而是進一步將具有看護或護理的老人轉介入住醫療機構。 3. 目前隨著老人老化多功能照護需求的增加，法國開始在老人之家加入具有醫療照護功能的老人照顧單位。

（資料來源：作者整理）

二、養老保險制度

1. 基本養老保險制度：所有有雇傭勞動關係的勞動者都必須參加。領薪者根據本人的職業按收入比例繳納社會保險費，只有繳納了社會保險費的才能領取養老金。

2. 公務員補充養老保險制度：含蓋對象主要是國家機關的公務員、教育、公立醫院、廣播電視系統的工作人員、電力公司和煤氣公司的工作人員、地方民選議員和其他公共機構的工作人員。

3. 農場主和農業工人的養老保險：是一項綜合性的社會保險制度，不僅包括養老保險，還包括醫療、職災、生育保險，不僅有基本保險項目，還有補充保險項目。

三、居家服務

包括在宅服務、送餐服務、緊急服務、住宅改善、休閒服務、照護服務等，通常分為兩種：第一，中央規劃且提供部分財源補助的稱為義務服務：例如住宅改善：由中央老人年金基金與醫療保險基金及全國住宅改善機構共同出資進行。另一種服務則為參與社會文化生活的服務，是由中央出資獎勵高齡者俱樂部，進行各種老年人的活動。第二，地方或其他社會福利相關團體設計提供的志願服務：例如資訊與預防服務、休閒活動服務、生活援助服務、保健服務及餐飲服務等。

四、機構照護

1. 高齡者住宅：自主性高的老人入住為主，可自行生活自理活動，供應餐飲，長期照護服務、準醫療服務及休閒等。

2. 老人之家：分有公立與私立機構，提供長期照護服務，但不提供醫療行為服務。

肆、日本老人福利政策

為了建構有活力的福利社會，日本政府推動「黃金計畫」，以對應高齡者的服務，強調大規模擴充在宅服務員、老人保健機構、日間照顧中心及養護所等老人福利機構，並推動居家老人福利服務，以達成讓國民能健康安心地生活目標，其主要內容如下：

一、黃金計畫（1990）

1. 各鄉鎮（市町村）實施在宅福利服務：老人福利由機構服務轉向居家服務為主，因此特別注重推動居家福利服務，並整頓相關硬體及軟體設施。硬體方面，計畫達成 5 萬床位短期照護，1 萬所日間托老中心。除此之外，特別規劃以中學為中心點的「居家照護支援中心」，全國大約設立 1 萬所，以就近提供服務諮詢。人力方面，預定增加家庭訪問員至 10 萬人。並於各鄉鎮廣設短期照護中心、日間托老中心、居家照護支援中心及居家福利事業公社等，推動「福利都市計畫」。

2. 零癱瘓老人服務：各地設立職能訓練中心，將癱瘓老人的人數降至零。利用各地的保健中心作為職能訓練場所，接送老人到機能訓練中心，充分利用福利資源。另外，建立腦溢血等老人慢性病之相關資訊網絡，充實居民健康知識。其次，為了充實照護人力，增加家庭訪問派遣員等相關照護員至 2 萬人，居家照護諮商的社區義工至 8 萬人。

3. 設置「長壽社會福利基金」：為了振興居家福利服務，設置 700 億圓的基金支援居家福利服務、居家醫療等相關事業，並補助各項經費以推動老人活動。

4. 籌備多元化的資金來源與機構服務：擴充特別照護老人院至 24 萬床位，老人保健機構至 28 萬床位。照護照顧之家至 10 萬人，並在人口過疏的農山村地區設立 400 所「高齡者生活福利中心」。高齡者生活福利中心為具備多元功能的機構，除了老人之外，一般人也可以利用。

5. 推動老人生活教育：各縣市鄉鎮設置「長壽社會推動機構」，以推動「高齡者生命意義及健康計畫之推動示範事業」。讓老年人對生活抱持希望，肯定生命存在的意義。

6. 推動長壽科學研究：結合相關財團設置「國立長壽科學研究中心」，設立預防法、治療法、照護等基礎研究部門，並進行長壽相關的科學研究。

7. 推動社區開發事業：推動「21 世紀故鄉健康長壽運動」之綜合性老人福利政策，整合計畫經費，推進地區開發事業，建設良好的居住環境。

黃金計畫實施之後，1991 年為了確保福利服務人才，特別設置福利服務人才諮詢中心，建構福利服務人才庫資料，並籌措財源，推動居家福利服務等。1992 年，更設置照護實習暨推廣中心，提昇照護服務品質。

二、新黃金計畫（1994）

「黃金計畫」經過 5 年的實施，仍有地方自治型老人福利服務依然有公私對立、發展偏差、法律條文的不周延、服務不足等諸多問題。1994 年重新評估「黃金計畫」，並於同年 12 月完成修訂「新黃金計畫」（厚生白書，1996）。「新黃金計畫」大幅擴充老人福利服務的物力及人力，並揭櫫老人福利服務的四大基本理念如下：使用者本位暨自立、普遍主義、提供綜合性服務及社區主義。根據四大基本理念提出下列各項對策，以因應任何需要照護服務的人都能在居住的社區內獲得適當的服務：

1. 老人照護服務的基本對策，主要包括：充實社區老人照護服務的具體措施，展開「新零癱瘓老人戰略」，實施需照護老人之綜合性自立支援對策，實施針對失智症老人的綜合性對策，推動老人的社會參與及培養老人健康的生命觀等。

2. 照護服務的綜合性支援對策：培養並確保老人照護人力對策，推動福利輔助器具之開發及普及化，整合便利國民利用的綜合性服務供給體制，運用民營機構之服務，提昇福利服務的多樣化及彈性化，

推動跨領域的長壽科學研究，推動住宅政策及社區總體營造，推動志工活動及福利教育及居民參與等。

三、「黃金計畫 21」（2000）

2000 年日本的人口老化達到世界最高水準，同年公共介護保險制度開始實施，各地的老人保健福利計畫與介護保險事業計畫化整為一，高齡者保健福利政策迎接新的發展階段。為了充實高齡者保健福利政策，乃重新制訂充實照護服務基礎的綜合性計畫──「今後五年的高齡者保健福利政策方向」（黃金計畫 21），自 2000 年初至 2004 年底，依實施情況調整。「黃金計畫 21」的目標如是：活力充沛的高齡者、確保高齡者尊嚴與自立支援、建構互助的地域社會及確立服務使用者信賴的照護服務等。基本原則如下：

1. 加強照護服務基礎：包括確保人才並加強研修、整頓照護相關設施及改善機構處遇品質。

2. 推動失智症老人支援政策，營造高齡者能夠有尊嚴生活的社會體系：包括推動失智症醫學研究、充實失智症老人團體家屋等照護服務、提昇失智症照護品質及充實權利維護體制。

3. 健康老人對策之推動：包括推動綜合性疾病管理制度、充實社區復健體系、提昇高齡者的生活意義感、推動照護預防措施、支援高齡者的社會參與及就業。

4. 充實社區生活支援體制，營造互助溫馨的社區：包括溫馨社區社會營造的支援、充實生活支援服務、改善居住環境、推動志工活動及推動居民參與等。

5. 建構保護使用者及使用者可信賴之照護服務：包括資訊化推動及使用者保護網絡建構、促進多元的服務事業者參與及福利用具的開發與推廣等。

6. 確立支援高齡者保健福利的社會基礎：包括推動發展長壽科學、福利教育及國際交流等、體貼高齡者身心障礙者的社區營造之推動。

綜合上述，日本於高齡者福利服務有：

表 1-4　日本老人福利保障措施

服務項目	主要内容
經濟保障	1. 國民年金：加保對象為所有 20 至 59 歲國民，提供老年、障礙及遺屬基礎年金保障，具定額保費和給付性質。 2. 厚生年金：附加於國民年金保險之上，參加對象為私部門的受僱勞工，依據加保年資及所得多寡決定保險費和給付水準，具所得比例性質。 3. 共濟組合年金：附加於國民年金保險之上，參加對象為公務人員，依據加保年資及所得多寡決定保險費和給付水準，具所得比例性質。
介護保險	提供的居家服務項目：訪問照顧（Home Help），沐浴協助，訪問看護，訪問復健，日間照顧（Day Service），日間復健（Day Care），居家醫療管理指導（醫師或牙醫師到宅診療服務），短期入所生活照顧（Short Stay），短期入所療養照顧（Short Stay），老人院付費照顧設施，看護用具的借貸及購入費的支付，住宅修改費的支付。
長照保險	提供的社區照顧服務項目：社會服務（家事協助、居家整理），入浴服務，器材租借，居家設施重建，護士家訪，復健，醫療／疾病管理，以及日托或喘息臨托服務等。
機構照護	養護老人院，特別養護老人院，低費老人院，老人福利中心，老人日間照護機構，老人短期收容機構，老人照護支援中心，收費老人院。
介護照護	1. 養護中心：特別養護老人院。 2. 保健設施：老人保健設施。 3. 介護醫院：療養型病床、老人癡呆患者療養病院、介護力強化病院。
單位照護	1. 以家庭式的個別照護為目標的照護支援與環境提供。 2. 從過去基於工作人員的立場考量的流程作業式照護（效率優先的照護）轉換為與利用者共同生活的照護（重視社區的照護）的革新照護型態。 3. 實施「單位照護」的老人機構有：特別養護老人院，老人保健機構，養護老人院，醫療機構，療養型病床群。
老人醫院	1. 老人保健法實施後，新設立了老人醫院。病房中有70%是65歲以上老人住院者稱作「特殊許可老人醫院」；有60%是70歲以上老人住院者稱作「特例許可外老人醫院」。 2. 二者都必須經都道府縣知事的許可才能營業。 3. 老人醫院比一般醫院收費低廉，診療報酬由保險給付。

（資料來源：作者整理）

伍、大陸老人福利政策

為對應高齡化社會的到來，弘揚中華民族敬老養老的文化傳統，採取切實有效措施，積極探索適合國情的老齡事業發展模式。特別是把發展老齡事業作為經濟社會統籌發展和構建和諧社會的重要內容，綜合運用經濟、法律和行政手段，不斷推動老齡事業發展，保障老年人的合法權益，促進老齡事業的發展。大陸國務院於 2006 年 12 月 14 日發布「中國老齡事業的發展」白皮書。揭示「老有所養、老有所醫、老有所教、老有所學、老有所為、老有所樂」的發展目標。

一、老齡事業國家機制

近年來，為加強老齡法律法規政策建設，制定老齡事業發展規劃，健全老齡工作體制，鼓勵社會廣泛參與老齡事業發展，開展國際交流與合作。國家頒布一系列包括老年社會保障、老年福利與服務、老年衛生、老年文化教育和體育、老年人權益保障以及老齡產業等多方面內容的法律法規和政策。形成以《老年人權益保障法》為主體的老齡法律法規政策體系框架。先後頒布實施《老齡工作七年發展綱要（1994-2000 年）》、《老齡事業發展「十五」計畫綱要（2001-2005 年）》和《老齡事業發展「十一五」規劃》。國務院成立全國老齡工作委員會，統籌規劃和協調指導全國的老齡工作，研究、制定老齡事業發展和重大政策，協調和推動有關部門實施老齡事業發展規劃，指導、督促和檢查各地老齡工作。目前，已基本建立起省（自治區、直轄市）、地（市、州、盟）、縣（市、區、旗）、鄉鎮（街道）各級老齡工作委員會及其辦事機構，村（居）民委員會有專人負責老齡工作，初步形成從中央到地方的工作網絡。廣泛動員社會力量，推動全國和地方性涉老社團籌措老齡事業發展基金、組織大型文體活動、開展老齡科研、發展老年教育。推動各地基層群眾組織、志願者隊伍豐富老年人精神文化生活，開展各種為老服務。

二、養老保障體系

建立與經濟社會發展和人口高齡化相適應的養老保障制度，是發展高齡事業的重要任務和優先領域。近年來，逐步建立健全政府、社會、家庭和個人相結合的養老保障體系，努力保障老年人基本生活。

第一，建立城鎮養老保險體系：建立基本養老金正常調整機制，根據職工工資增長和物價變動情況適時調整企業退休人員基本養老金水準。建立國家機關和事業單位工作人員離退休制度，由國家財政或單位按國家規定標準支付離退休費。國家多渠道籌集基本養老保險基金，努力增加應對人口老齡化的資金儲備，確保企業離退休人員基本養老金的按時足額發放。積極發展補充性養老保險，引導和扶持有條件的企業為職工建立企業年金，由企業和職工共同繳費，實行基金完全積累，個人帳戶管理。鼓勵開展個人儲蓄性養老保險，多渠道加強老年人的生活保障。

第二，探索建立農村養老保障體系：大陸老年人口近 60%分布在農村，政府立足農村經濟社會發展水準，積極發揮土地保障和家庭贍養功能，努力保障廣大農村老年人的基本生活。提倡簽訂「家庭贍養協議」，規範贍養內容和標準，由村（居）民委員會或有關組織監督協議的履行，以保證老年人享受贍養扶助的權利。建立農村社會養老保險制度。積極發展多種形式的保障制度，把農村特殊老年群體優先納入社會保障範圍。對無勞動能力、無生活來源、無法定贍養人、扶養人，或者其法定贍養人、扶養人確無贍養、扶養能力的農村老年人，由國家實施在吃、穿、住、醫、葬方面給予生活照顧和物質幫助的「五保」供養制度。

第三，建立貧困老年人救助制度：對人均收入低於當地最低生活保障標準的家庭按標準給予補助，包括貧困老年人領取了最低生活保障金，基本實現應保盡保。積極發揮社會力量在老年貧困救助中的作用，推動各地老年基金會等社會團體、事業單位和個人開展慈善救助和社會互助，為貧困老年人提供多樣化扶助。

三、老年醫療保健

加強老年醫療保障和衛生服務，增進老年期健康，是提高老齡社會全民健康和生命質量的重要內容。政府重視加強城鄉老年人的醫療保障，強化老年衛生工作作為，發展老年醫療衛生服務，努力保障老年人的基本醫療需求，增進老年人的身心健康。

第一，加強城鄉老年人醫療保障：建立社會統籌與個人帳戶相結合的城鎮職工基本醫療保險制度，規定退休人員個人不繳納基本醫療保險費。積極採取多種補充性醫療保障措施，努力減輕老年人的醫療費負擔。推動各地建立大額醫療費用補助辦法，由個人或企業繳費籌資，為患大病、重病以及長期慢性病的職工及退休人員解決超過統籌基金最高支付限額以上的醫療費用。

第二，發展老年醫療衛生服務：國家加強對老年醫療衛生工作的規劃和領導，把老年醫療保健工作納入《全國健康教育與健康促進工作規劃綱要（2005-2010 年）》。鼓勵有條件的大中型醫療機構開設老年病專科或老年病門診，積極為老年人提供專項服務。建設城市社區衛生服務體系，推動各地把老年醫療保健納入社區衛生工作重點，努力為老年人提供安全、有效、便捷、經濟的衛生服務。針對老年人健康特點，積極開展衛生保健宣傳，利用廣播、電視、報刊、社區宣傳欄等多種形式宣傳普及老年期養生和保健常識。

第三，推動老年群眾性體育健身活動：政府大力推動老年群眾性體育健身活動，努力增強老年人體質，提高健康水準。全國縣以上各級行政區劃、70%的城市社區和 50%的農村鄉鎮建立了老年人體育協會，加強對老年群眾體育活動的組織和指導。

四、高齡社會服務

加快為老齡社會服務體系建設，形成以居家養老為基礎、社區服務為依托、機構養老為補充的為老社會服務體系。從 2001 年起，實施建設社區

老年福利服務設施的「星光計畫」，建成「星光老年之家」，涵蓋老年人入戶服務、緊急援助、日間照料、保健康復和文體娛樂等多種功能。

近年來，大陸加大資金投入，在城鎮建立面向「三無」老人（無勞動能力、無生活來源、無法定贍養人、扶養人，或者其法定贍養人、扶養人確無贍養、扶養能力的城市老年人）的社會福利院，大力發展老年公寓、養老院和老年護理院，為不同經濟狀況和生活能力的老年人，特別是高齡病殘人群提供機構養老服務；在農村加強敬老院建設，為「五保」老人提供集中供養場所和生活服務。

五、專業人才培養

透過學校教育、在職教育和專業培訓等形式，培養為老服務需要的管理和服務人才。頒布《社會工作者職業水平評價制度暫行規定》，鼓勵和吸引專業社會工作者和高等院校社工專業畢業生到福利服務機構工作。發展志願者組織，在全國範圍開展志願者為老服務「金暉行動」，組織動員青少年和其他社會公眾加入為老服務志願者行列，透過與養老機構和居家老年人相互扶持等形式，為老年人提供生活照料、醫療保健、法律援助等多方面服務。

六、老年文化教育

發展老年文化教育事業，豐富老年人的精神文化生活，不斷滿足老年人精神文化需求，在縣（市、區、旗）建立老年文化活動中心，設立老年活動站（點），基層村（社區）開設老年活動室。各級政府在原有或新建的公益性文化設施中開闢老年人活動場所，有關部門管轄的文化活動場所也積極向老年人開放。國家財政支持的圖書館、文化館、美術館、博物館、科技館等公共文化服務設施以及公園、園林、旅遊景點等公共文化場所向老年人免費或優惠開放。

重視保障老年人受教育權利，積極扶持，推動老年教育事業迅速發展。創辦了一批示範性老年大學，同時依托省、市、縣各級現有群眾文化設施

多渠道、多層次發展老年教育，努力實現「縣縣有老年大學」的目標，並
逐步向社區、鄉鎮延伸，達到了增長知識、豐富生活、陶冶情操、增進健
康、服務社會的目的。

七、老年人參與社會發展

　　鼓勵和支持老年人融入社會，繼續參與社會發展，於《老年人權益保
障法》設專章保障老年人參與社會發展的權益。頒布的老齡事業發展計畫
或規劃都把鼓勵老年人參與社會發展作為重要內容，並為發揮離退休高級
專家和專業技術人員作用制定專項政策。在城鎮，引導老年人參與教育培
訓、技術諮詢、醫療衛生、科技應用開發以及關心教育下一代等活動。在
農村，鼓勵低齡健康老年人從事種植、養殖和加工業。2003 年起，開始組
織以老年知識分子發揮科技知識和業務專長援助西部地區的「銀齡行動」，
實施「愛心助成長」志願服務計畫，以健康低齡老年人為主體組成志願者
隊伍，廣泛開展德育行動、宣講行動、監察行動、護苗行動和關愛行動，
幫助青少年解決學習、生活、心理等問題。

八、老人無障礙空間的推動

　　頒布《城市道路和建築物無障礙設計規範》，制定道路、車站、機場、
商場、公交站點、住宅居住區和其他公共建築的無障礙設施建設發展較快，
老年人安居和參與社會生活的設施環境不斷改善。

九、老年人合法權益保障

　　落實尊重和保護老年人合法權益，充分運用法律和道德等手段，加強
老年人權益保障工作，促進老年人各項合法權益的實現。2005 年發布的《關
於加強老年人優待工作的意見》，在經濟供養、醫療保健、生活服務、文化
休閒等方面提出了對老年人實行優先優惠服務和照顧的要求，使老年人充
分享受到社會的尊重和關愛。

隨著人口老化，60 歲以上老年人口正以年均約 3%的速度增長，面對日益嚴峻的人口老齡化挑戰，大陸政府採取多種形式，大力弘揚中華民族敬老養老的優良傳統，提高社會的敬老意識和作為。當前，努力推動老齡事業與經濟社會協調發展，促進老年人共享經濟社會發展成果。

結語

現代國家無不積極以提高國民生活水準、促進國民生活幸福為主要目的，一般學者將之稱為：福利國家。透過社會福利制度的實施，不僅能解決人類所面臨的貧、愚、懶、髒、病等問題，同時也能有效達到社會安全、增進福祉的功能。社會工作最基本的價值理念有兩方面：從社會使命看，強調「扶弱濟貧」，以解決社會問題、滿足社會需求為己任，維護社會穩定，促進社會公平正義。從專業使命看，強調「助人自助」，所謂「助人」是在個人、家庭、群體、社區出現困難時，社會工作者向其提供專業的服務和支援，所謂「自助」是透過社會工作的專業服務，來整合社會資源，發掘潛能，促使人們走向「自立、自助和自強」，建立「老吾老，以及人之老；幼吾幼，以及人之幼」一種推己及人的社會福利服務的精神，將社會福利服務作為社會文明進步的推動力。因此，今天各先進國家均以福利政策為施政重心，更在憲法中規定福利綱目，用以保障民眾的權益。隨著政府的角色由「權力國家」的觀念，轉為「福利國家」，老人的生活應不是意謂著孤單、失落、悲傷或被忽略、被遺棄，即使是完全癱瘓、無意識的老人，都應享有「被愛」與「被尊重」的生活。在現代社會，社會福利服務所強調的是解決社會問題、增進人民福利為自己的責任，以追求社會公正和社會進步為自己的理想。

第二章　健康保健

前言

　　每個國家因為其歷史演進、風土民情、經濟水準及治國理念等的不同，其社會安全制度的執行辦法和供給情況均有相當大的差異。20 世紀 50 年代起，社會安全制度逐步發展，最初以救貧為主，後來逐漸演變成全方位、多層次的制度；但自 80 年代以來，各國均面臨人口老化、經濟發展遲緩、國家財政惡化等問題，各種社會安全制度也由擴張期進入調整或緊縮的階段。探討高齡化社會老人的健康保健體制，應特別強調衛生與社會福利單位的協調合作，而老人醫療保健需求是老人福利中最重要的一項，其核心概念應兼顧健康的與有疾病的老人。

　　德國自 19 世紀末期開創以勞工為對象的強制性疾病保險以來，至今世界上已有上百個國家實施某種形式的健康保健制度，但因國情不同，各國的制度型態均有顯著差別；以財源籌措方式區分，各國現行健康保健制度可分為二大類：

表 2-1　醫療保險的類型

項目	特色	代表國家	主要內容
「社會保險」制度	以保險費為主要財源	日本、韓國、德國、荷蘭、法國、比利時、瑞士、奧地利、盧森堡及美國的老人健康保險等。 其中日本、韓國、德國是採取強制投保，勞資對半的社會保險方式。	1. 民眾滿意度較高。 2. 面臨供給及消費過量，醫療費用高漲的困境，卻難有根本解決之道。 3. 同一國境設有不同保險制度，造成付費金額與受益程度相異。 4. 部分族群沒有加入保險，均引發不少與公平性有關的爭議。

| 「國民保健」制度 | 一般稅收為主要財源，醫療費用由國庫負擔。 | 英國、加拿大、澳洲、紐西蘭、愛爾蘭、丹麥、冰島、瑞典、挪威、芬蘭、義大利、西班牙、葡萄牙等國所實施的制度。其中英國和瑞典等國是實施全額國庫負擔的國民保健服務制度。 | 1. 實施「國民保健」的國家有較高的納保率，通常是 100%。
2. 醫師費用酬付制度以薪水制和論人計酬制為主。
3. 急性病床數較低，對於醫療服務供給面有較高的管控能力，所以費用控制效果較佳。
4. 醫療保健支出占國內生產毛額的比率較低，民眾的就診率、住院率和平均住院日數均較實施社會保險的國家低。
5. 民眾有較長的等候期、就醫選擇權較少、醫療機構效率較差、民眾滿意度較低。 |

（資料來源：作者整理）

從宏觀角度檢視，在一個進入「高齡社會」的國家，其花費在治療及照顧老人的醫療資源勢必較多。因此，如果能減少老年人的罹病率，將可能減少國家的醫療支出。政府為了達到這個目標，應該積極推動預防保健工作。再從微觀的角度來看，強調預防醫學及推動預防保健工作，減少老人的罹病率，使老人較健康，較少受到身心疾病之苦，減少個人醫療開支，克服醫療供給資源不足，亦增加老年生活品質及滿意程度，正是各國都在思索的課題。

壹、日本老人保健制度

日本政府從 20 世紀 70 年代起對健康保險法進行了修改。與人口的老齡化相對應，於 1982 年制定了「老人保健法」，規定 70 歲以上老人的醫療費，由醫療保險的有關制度共同負擔。1984 年「健康保險法」又規定，60～70 歲的老人是醫療保險適用對象，當其就醫時，受僱者要對其費用提供援助。1984 年改革醫療保險制度時，把當時補助醫療費 100%的標準，降為90%。1986 年和 1991 年兩次對「老人保健法」進行了修改，制定了全體國民負擔老人的醫療費制度。

一、起源

健康保險制度於 1922 年依據「健康保險法」成立，至 1961 年達成全民納保的目標。在既定的醫療保險制度外，日本實現了全民皆保險的「國民健康保險」（簡稱國保），帶給全體國民平等看病的保障。日本的健康保險體系主要以受薪族及非受薪族為區隔，以職業區分的健康保險又可分為大企業員工參加的「組合掌管健康保險」、中小企業員工參加的「政府掌管健康保險」、及船員或公務員參加的各類「共濟組合保險」。對於非受薪族的自營業者、農夫等，則參加依地域區分的「國民健康保險」。這幾類健康保險保障範圍涵蓋近乎全體的日本國民，但各類保險的保險費率、給付標準、國庫補助程度均有不同。

為解除醫療財政危機，日本於 1982 年成立「老人保健法」。針對 70 歲以上及 65 歲以上重病或臥病在床的老人，1983 年實施「老人保健制度」，全體老人醫療費由各種醫療保險體系共同負擔的比率約占 70%，中央及地方補助 30%。

二、老人保健法的成立

1973 年推行老人醫療免費制度以後，而使老人醫療保健費增大。特別是以老年人口為投保對象的國保，因老人增多而壓迫財政，另外，依據老人福利法的規定，由公費代繳國保中老人自己負擔部分，導致老人醫療預算年年擴大，形成巨大的負擔。為平衡各種醫療保險間的財政收支，於是訂立老人保健法，在合理化的方針下，將保健和保險互相結合，以自助與互助的理念，共同負擔。亦即要求老人患者須部分負擔，以分攤老年人口增加一併帶來的醫療費支出。

老人保健法是為維護老人健康，確保老後獲得適當的醫療，期以綜合性實施疾病之預防、治療、機能訓練等保健工作，達到促進國民健康，增進老人福利之目的。該法之基本理念為在全體國民自助與互助的精神下，隨著年齡增長而身心俱會改變的老人，應經常為維護並增進自己的健康而

努力，且公平負擔老人醫療所需的費用。為維護年老的健康，人民得依自己的年齡及身心狀況，在就職的單位或居住的地區中，享有適當的保健服務。針對加強預防成人病的效果，以避免長期臥床老人增加以及醫療費的擴大，老人保健事業的對象分為 40 歲以上者和 70 歲以上者二個系統。前者著重於保健，後者偏重在醫療。將免醫療費改為部分負擔，保健事業則提供各種保健服務，確保老後的健康。

三、老人醫院

有了老人保健法後，新設立了老人醫院。病房中有 70%是 65 歲以上老人住院者，稱作「特殊許可老人醫院」；有 60%是 70 歲以上老人住院者稱作「特例許可外老人醫院」。老人醫院比一般醫院收費低廉，診療報酬由保險給付。1991 年成立了老人醫院，同時也廢除了特別看護制度。因為慢性病老人、殘障老人在急性治療過後，需要長期療養。老人醫院的特色，特別注重輔助醫療的「照顧」工作。醫療和福利的結合，老人醫院只是開端，之後大量擴充老人特別養護中心、老人保健設施、「黃金計畫」、「新黃金計畫」，也都朝醫療、福利和照顧的方向設計。

四、老人特別養護中心

老人特別養護中心是醫療、照顧與福利相結合的福利機構。1963 年以前，日本的老人福利政策定位在貧困救濟階段，老人機構的意義是為了依「生活保護法」，給予生活窮困者最低生活的保障。將孤苦無依的老人收容在養老院中，提供「生活保護」，給予最起碼的免費的食宿。老人特別養護中心設立的背景，因為老人「長壽」已成為大眾化的趨勢，尤其是女性，當時 65 歲以上老人 10 人中有 8 人為女性;而半數女性老人可以活過 75 歲。老人的收入低（特別是女性），生活苦，身心殘障老人的生活更是困難。於是廢止「養老院」之名，改稱「老人養護中心」，收容行動方便而困苦的老人。另外也創設「老人特別養護中心」，收容需要療養，失能、失智而行動不便，居家則乏人照顧的老人。老人特別養護中心的經費來源，1986 年後，

更調整為中央與地方各半，各自負擔 50%。老人特別養護中心的設立顯示出二種意義：第一，以收容身心狀況須照顧者為原則，提供細心的照顧，使老人機構專門化。第二，除須生活保護的低收入對象以外，入居條件導入老人依能力負擔而收費，為國庫節省開支。

五、老人保健設施

　　1986 年修改老人保健法後設立了老人保健設施，並且定位為「中間機構」。某些老人因急性疾病而住院治療，病情穩定後仍需要很長一段時間的療養。長期間住在醫院裡所費不貲。這類老年患者本應被家屬接回家中休養，但是由於家庭環境或其他因素無法馬上接應的情況下，老人保健設施是介於療養與照顧，醫院與家庭的中間機構，收容不需要住院治療，卻需要長期復健、護理、照顧的長期臥床、失能、失智老人。除了入居老人外，需要照顧的居家老人也可由機構派車接送，以接受機能訓練，此稱作「白天照顧」。

六、「高齡者保健福祉推進十年戰略（黃金計畫）」及「新黃金計畫」

　　1960 年代以後，75 歲高齡者的死亡率下降，日本人平均壽命年年往上提昇，隨著平均壽命的提昇，需要照顧的高齡者快速增加。以往的高齡者照顧乃是家族（特別是女性）的責任，但由於小家庭的誕生導致獨居老人的增加，加上就業的女性人口逐漸增加，家族式的看護能力下降。舊有的老人福利制度和老人保健制度本身存在以下的問題，導致高齡者看護困難重重。為解決上述問題，1994 年原厚生省（現改為厚生勞動省）基於高齡者自立援助的理念導入社會保險方式來進行高齡者的照顧，提出，社會安全制度中「年金：醫療：福利」的給付比例由原先的 5：4：1，將以 5：3：2 為目標而修正，特別是加重老人福利與老人照顧方面的比重。如此一連串的擴充福利計畫，積極擴充社會性照顧體制，以支援家庭中長期照顧老人的措施。

老人福利的照顧服務屬於地方管轄,實施主體由地方行政最基本單位的市町村負責,將擬定老人保健福利計畫等權責,全都移轉給市町村。由於各項健保制度都面臨財源枯竭和財政赤字的危機,因此,日本政府在藥品訂價、診療報酬制度、高齡者醫療制度及醫療提供體系方面進行全面改革;自 2003 年起受薪族被保險人的部分負擔由原來的 20%提高至 30%,3 歲以下兒童一律 20%。

貳、美國老人保健制度

在歐巴馬政府推動健保改革方案之前,美國並沒有實施全民健保,其醫療支出占 GDP 比例為全世界最高,但其國民的健康狀況與其他國家相較,並沒有顯著差異。兩大政府體系辦理的醫療保障系統為:「老人健康保險(Medicare)」及「貧民醫療補助(Medicaid)」。前者由聯邦政府負責,對象為 65 歲以上老人、末期洗腎者及殘障者;後者由聯邦政府補助州政府辦理,對象是低收入戶。享有「老人健康保險」或「貧民醫療補助」的人口各占全國約 11%,但有 2%的人口同時具備二種保障。一般受薪階級係透過雇主集體購買民營健康保險,此部分人口約占全國 61%,此外,美國還有約 15%的人沒有任何健康保險或補助,促使美國政府於 2010 年實施健保改革。Medicare 是一種社會健康保險,不是社會福利措施。其為美國政府對老人、身心障礙者及腎衰竭(需要洗腎)人士所提供的全民健保,被保險人過去在其有能力工作期間已經繳過保費(工資稅),現在(年老了或身心障礙)才得以受到保障。如果以前不曾在美國工作過、因此未繳過工資稅的 65 歲老人或身心障礙者(像有些移民的父母親是在退休後才到美國居住),仍然可以納保,但是要按月繳交 Medicare 所規定的保費。

「老人健康保險」及「貧民醫療補助」受 1965 年制定的「社會安全法」規範。「老人健康保險」主要分為住院及門診二部分,住院保險為強制性加保,其財源來自上班族及雇主繳交的薪資稅(2003 年為各 1.45%),因此當被保險人年滿 65 歲以後不必再付保險費,但就醫時仍需付部分負擔。門診

保險為選擇性加保，但有 95%以上的人自願參加，每個月保險費為 58.7 美元（2003 年），就醫時另付 20%的部分負擔，藥品則不給付，其保險費額度，每年九月由「衛生及人類服務部」部長決定下年度每月的精算保險費金額。「貧民醫療補助」係由州政府辦理，其保障內容及資格限制，各州有不同的標準，並非所有低收入戶皆受補助，且保障範圍亦隨收入不同而有差異，其財源一半來自聯邦政府，一半來自州政府，州政府可訂定部分負擔，但法令規範的特定對象或服務可免繳。

美國的健康照護保障制度原係以民營健康保險市場為主，並且透過雇主為員工納保為獲得健康保險之主要管道。該健康照護制度遭遇的困境為：

一、健康照護費用成長快速，據統計，美國健康保險費用在過去 8 年間已成長 1 倍，成長速度是過去 8 年來薪資成長率的 3.7 倍；有限的保險給付及節節升高的醫療費用，造成家庭在醫療方面更大的經濟壓力。

二、超過 3,200 萬美國人民無法獲得健康保險，包含 800 萬兒童，其中 8%為工作家庭；即使有保險者仍必須與昂貴的醫療支出對抗；不斷攀升的保險費用亦導致雇主的成本增加。

三、疾病預防服務及公共健康服務嚴重不足，多數美國民眾因無力負擔而無法獲得昂貴的疾病預防服務，如癌症篩檢、感冒疫苗等，目前疾病預防及公共健康服務費用支出低於健康照護總支出之 4%，已使美國的健康照護體系成為一個「疾病」照護體系。

這促使美國總統歐巴馬提出的健康照護改革策略，是建立全民均納保之健康照護制度，檢視其提出當前美國健康照護制度之困境及改革策略，歐巴馬總統計畫在既存的照護體系上進行改革，以提供所有人民可負擔且可近性高的健康照護服務，使得每人每年之健康保險支出將可減少。其改革策略如下：

1. 增加疾病預防服務，促進國民健康。

2. 提出「小型企業健康稅減免額」（Small Business Health Tax Credit），
協助小型企業提供員工健康保險。

3. 要求大型企業提供員工健康保險，及保險費率應與醫療品質合理關聯，以確保雇主繳付合理之保險費。

4. 由政府投入相關資源，用於減少可預防之醫療過失。

5. 規劃一個新的公共健康照護計畫，及一系列民營健康保險供民眾選擇，以提供個人及小型企業可負擔之健康保險。

6. 要求保險公司不得因人民之病史或既存健康情形拒保，以確保民眾在公平及穩定的保險費用下獲得完整的醫療給付。健康保險之保費支出免稅。

參、先進國家老人保健的制度

一、英國

英國採取國家醫療保險模式，這是由國家直接建立和掌管醫療衛生事業，醫生和醫務人員均享受國家統一規定的薪資待遇，國民看病無須交費，享受免費醫療健保服務，費用由國家負擔，由國家財政預算直接提供。這種模式除英國外，尚有瑞典及前蘇聯等社會主義國家。

英國的國民健保制度（National Health Service，簡稱 NHS）為具有社會福利性質的公醫制度。自二次世界大戰後，於 1948 年實施「國民保健服務」（National Health Services）的醫療照護制度，其財源主要來自一般稅收，全體國民就醫時不必付費，但藥費及牙科費用則由就醫者自行負責。迄今已有 60 多年之久。由英國政府所設立且資助的國民健保制度，包括兩個層級的醫療體系，即是以社區為主的第一線醫療網（Community-based primary health care），通常為於社區駐診提供醫療保健的一般家庭醫師（General Practitioner, GP）及護士，第二層則為 NHS 的醫院服務（Hospital-based specialist services），由各科的專科醫師負責並接手由家庭醫師所轉介的病人，或處理一些重大的意外事故及急診者。由於英國施行醫藥分業，在就診後，可持醫師所開處方簽至藥局買藥，除了 16 歲以下兒童、19 歲以下全

時學生、老人、殘障人士或孕（產）婦已獲醫藥免費證明外，須自行負擔藥價。此外，「國民保健服務」的財源與一般稅收在收徵時並未分開，因此個人繳稅金額與所獲得醫療服務間關聯的透明度較低。醫院依類似行政機關預算方式執行，因此醫師及醫院本身均無成本控制概念，若遇經費不足時，則延緩服務，例如關閉手術房，甚至關閉醫院，直到下期經費進來為止，也因而造成有「病人等候名單」的現象。

英國醫療系統最令民眾不滿之處即是漫長的就醫等候期，在 1999 年，等候住院開刀的病人超過 110 萬人，其中需等待 1 年以上才可住院開刀的人數達 5 萬餘人，政府在大選時，以縮短等候期及減少等候名單為競選承諾。不但住院如此，在英國等待第一次門診超過 13 週以上的人數也在增加中。至於私人的醫療服務方面，由於英國的看診方式通常以預約（appointment）方式進行（假如非急需就診），可能被排在 NHS 醫院的冗長的等待就診名單內，因此為獲得較快、較佳的醫療服務，有人會考慮自費接受私人提供的醫療，有些民眾也以購買私人的醫療保險來負擔此部分的可能相當高額的開支，約有11%的民眾另外購買私人醫療保險。

隨著戰後殖民地的紛紛獨立導致歲入減少，加上英國本身國力的衰退，免費的公醫制度所提供的醫療水準也大不如前，加上著名醫生紛紛出走，專心於接受私費病人，使得英國的公醫體系特別是基層醫療體系呈現出嚴重的醫事人員短缺，主要的原因也在於國民健保制度付給醫生、護士的薪水偏低。為彌補醫事人員的不足，英國便從前殖民地如印度、巴基斯坦和非洲國家如奈及利亞、辛巴威等第三世界國家引進從昔日英國人設立的醫學院畢業的醫師前來英國執業。

二、德國

德國受到工業革命影響導致貧富差距拉大、勞資糾紛等社會問題嚴重，德國首相俾斯麥（Otto Von Bismarck）於1883年創設強制勞工疾病保險、1884年又創勞工災害保險、1889年又創辦殘障、老年死亡保險，是世界上社會保險制度開端，是世界第一個建立社會保險制度的國家，至今共

推行五種社會保險,第一個社會保險是於 1883 年開始施行的「健康保險」,但德國政府不直接辦理健康保險,不補助費用,僅以詳盡的法令規範。德國「社會安全法」即規範醫療保險,法令強調保險人應自我管理,並由各省政府監督其運作。德國的健康保險,保險人是採「多元制」,目前共有七類法定健康保險人,保險人全不以營利為目的,且為獨立自主的公法社團法人,是間接國家行政的一個類型。保險人每年會針對預先估計的支出與預期的保費收入提出預算案,保險費收取的原則是:預期保費的收入與其他收入,足夠支付預估的支出及必要的安全準備金;萬一在預算實施年度中,發生入不敷出情況時,便需強制性調高保費;相反地,如果保費及其他收入高於必要的支出與安全準備金,保險人可以經由修改章程來減免保費。監督單位必須留意保險人沒有作不被許可的財務規劃。法律規定保險人每年調整保險費率一次,這種規劃也是為了減少雇主的保費收繳工作量,基本上,具獨立自主運作權限的保險人,往往被政府要求運用較低的保險費率。

凡年收入低於法定上限者,必須參加法定健康保險,德國有超過 450 家以上的疾病基金會負責法定健康保險,法律規定,保險人有權利及義務決定保險費率。但後來政府為避免醫療支出成長過快,數次修法介入保險費率的訂定,例如 1977 年的「健康保險費用控制法」即要求所有保險人將費率穩定,1996 年的 Health Insurance Contribution Exoneration Act 更要求保險人自 1997 年起調降保險費率 0.4%,目前費率平均為 14%。由於各家保險人風險不均,盈虧差距大,自 1994 年起,政府訂定「風險結構補償機制」,每年由聯邦政府進行財務平衡動作,通知有盈餘的保險人撥付金額補償有虧損的保險人。

德國健保財務制度也是依靠被保險人每月繳交保險費及其他收入來支應;在七類保險人的個別社團章程中,規定了保費調整的先決要件與程序,有關保費的調整,乃授權「行政委員會」(Verwaltungsrat)議決調升或調降保費,「行政委員會」的成員,是經由每 6 年舉行一次的「社會選舉」選出,因此,德國的保費調漲,並不需要經過國會的同意。

三、荷蘭

　　荷蘭於二次大戰期間曾被德國統治，其健康保險制度也受德國影響頗深，最早的健康保險法令公布於 1941 年。隨後於 1964 年制定「社會健康保險法」，1968 年公布「特殊型醫療支出保險」。荷蘭的健康保險分為二部分：

　　第一，是以結合薪資稅為財源的「特殊型醫療支出保險」，於 1968 年公布「特殊型醫療支出保險法」（AWBZ），屬全民均須加入的健康保險，稅率為薪資的 10.25%，其保障範圍包括：長期住院、重大傷病、慢性疾病、昂貴醫療、長期照護、居家照護、殘障照護、預防醫療、精神治療及一般保險不包含的醫療照護等，此部分保險費率係由健康暨運動部（VWS）與社會事務暨勞工部共同制定，併入年度預算法案討論。保險費率的調整，是由共同（保險）基金會管理單位（CVZ）考量當年醫療支出，向健康暨運動部提出保險費率建議，由健康暨運動部與社會事務暨勞工部共同決定統一的費率，併入年度預算法案討論，與年度薪資所得稅合計後，向稅務機關繳納。為因應健康保險成本增加，因此於 2003 年 7 月 1 日調高保險費率 0.5%，調整後約占薪資的 12.55%。民眾每月支付在健康保險的費用，除薪資稅、由共同基金會統收的保險費，還需直接再付給保險人一筆金額較少的定額保險費。因共同基金會每年依預算原則，分配醫療費用給各個保險人，因此當保險人估計財源不足時，尚可自行調整此部分的保險費金額。

　　另一項是「社會健康保險」，凡年收入低於政府設定門檻者必須參加。於 1964 年制定「社會健康保險法」（ZFW），凡荷蘭國民未滿 65 歲、收入在法定基本工資以下者，均必須加入本保險；65 歲以上的荷蘭國民可自行選擇是否要加入；被保險人的撫養親屬亦應加入（被保險人的子女不得大於 18 歲）。其保障範圍包括：醫療救助、短期住院治療、藥品等，此部分的保險費率依社會健康保險法第 15 條規定，係由健康暨運動部與社會事務暨勞工部共同訂定。因應健康保險成本增加，保險費率因而年年調整，例如 1998 年保險費率為 6.8%，1999 年為 7.4%，2000 年為 8.1%，2002 年為 7.95%，2003 年已調至 8.45%。

四、瑞士

瑞士政府於 1996 年起實施「聯邦健保法」（KVG）規定，所有在瑞士有住所的人，均有權加入此全民基本保險，保費的計算是採取「按人頭一次總付」的制度，不論被保險人的性別、個人風險、住處或在哪一保險人處加保，只要在同一地區的同一保險人處加保，均繳納同一金額的保費，但對青少年、兒童及低收入戶，有減免保費的優待。

在瑞士聯邦健保法中，並沒有保險費率的概念，依聯邦健保法規定，瑞士全民基本保險的保險費，是由法律授權各保險人依據現存的疾病風險來計算，即授權由各保險人自行訂定，並提列足夠的（安全）準備金來確保保險人的長期支付能力。各保險人必須為自己的被保險人訂出保費，但保費收取標準必須獲得聯邦參議院的同意。瑞士聯邦政府在此健保體系架構下，擁有立法與國家監督二種權限，而監督各保險人的專責單位是「瑞士聯邦社會保險局」。目前約有 100 家的保險人可供被保險人自由選擇加入，以競爭作為保險市場的控管機制。

五、法國

法國的社會保險制度創建於 1945 年，主要係保障全民所面對的社會風險，因此，其包括的內容相當廣泛，健康保險僅為其社會保險制度中的一小環節，各福利體系條文規範之間相互影響，形成社會福利法典，並構成整個法國的社會福利體系。

依據法國社會保險法規定，凡於法國境內受有薪資者，皆必須強制加入法國社會保險體系中的健康保險。民眾可以自己選擇疾病保險的保險公司投保，政府與各個受委託經營疾病保險的保險公司或團體簽訂契約，授權他們收取保險費、支付醫療費用等事宜。

法國的行政權，擁有高度的行政保留權力，在法國第五共和憲法中，明文列舉國會得干涉的事務種類與其範圍，憲法未授權給國會的其他事務，皆由行政權以行政命令或其他行政行為予以規範，除特殊情況外，行

政權自行訂定行政命令或實施行政行為，均毋須受國會監督，也沒有法律授權的必要。因此，社會保險當中的健康保險細部規範，原則上並不受國會監督，乃是行政部門的職權範圍。法國的健康保險保險費調整機制，乃是保留給行政權單獨決定，由政府依據跨部會首長決議訂定的行政命令予以調整，毋須經過國會授權同意。有關保險費的計算方式，依據法國社會保險法典中行政命令第 242-3 號規定：用於疾病、生產、殘障、死亡等風險的保險費率，訂為受薪資者薪資所得之 13.55%，其中 12.8%由雇主負擔，另外 0.75%由受薪資者負擔。

六、韓國

韓國健康保險自 1977 年開辦，至 1989 年始將全體國民納入。該健保原為多元保險人制度，但自 2000 年起整合為單一保險人，即全民健康保險公司，而「全民健康保險法」於 1999 年公布實施。另外，韓國自 2002 年起實施「全民健康保險財務平衡特別法」，以解決長期以來赤字問題，並維持財務平衡，在此特別法下，政府必須以國庫補助自營業者被保險人 40%的醫療費用及行政費用。依韓國「健康保險法」規定，全民健康保險公司的「保險財務委員會」可以在薪資 8%以內自行決定保險費率，但自「全民健康保險財務平衡特別法」實施後，訂定費率的權責轉移至衛生部設立的「健康保險政策審議委員會」。保險費率係每年隨著當年預估的財務狀況調整，並報請衛生部同意即可，不需經過國會。例如 2002 年底，衛生部將保險費率由 3.8%調升至 3.94%，員工與雇主分攤比例為各 50%。

肆、先進國家老人保健的啟示

國民的身體健康狀況是社會發展的重要指標之一。目前，世界各國對於國民健康日益重視，並均認為保證國民的健康是現代文明進步國家的基本職責和國民應享有的基本權利。因此，各國政府一方面採取各種有效的預防措施，防止疾病的侵襲，從根本上保證國民的健康，另一方面採取行

之有效的政策和措施與疾病做對抗，以期提高國民的健康，醫療保險即為其中重要的社會制度之一。因為許多疾病僅憑個人的力量（主要在經濟上）是無能為力的，政府必須在其中發揮重要作用，這也就是建立醫療保險制度的必要性。

面對全球性的高齡化社會趨勢，這是人類社會過去未曾經歷的景況，對國家和社會來說，可能需要制訂相關政策與措施來因應各種衍生的問題或出現的需求；對家庭來說，需要思考如何改變照顧者的角色和功能來因應需求；而對老人個人來說，從健康促進和疾病預防也都是亟需注意的問題。而全民健康保險的基本目標為：「提供全體國民適當之醫療保健服務，以增進國民健康。」

「控制醫療費用於合理範圍內。」「有效利用醫療保健資源。」而年紀老邁，身心機能日漸衰退，生活功能與社會應對能力變弱，既是人類演化之必然現象與結果；同時，各類照顧服務對老化狀況之改善應有其極限，主要功能是在維持（Maintain）生活機能及減輕（Reduce）生活之不便。

高齡化社會之快速變遷，已引發新的需求與問題，成為政府及民間關注的焦點，因而需有相對應的規劃、因應的對策與措施，乃至法規的修訂，使得立法、政策與服務可以合一，有效落實老人福祉。高齡者的醫療福利從健康促進、預防保健、醫療服務到長期照護，將造成醫療資源的重新分配。隨著人口老化、物價上漲、醫療科技進步等因素影響，醫療費用快速成長，在沒有全民健康保險的社會下，傷病所造成的經濟壓力，常成為家庭的負擔與社會的問題，而民眾所受到的醫療照顧，也隨其經濟能力的差異，而有不同的待遇和等級，以老、弱、殘、貧居多，這些弱勢族群，更需要加入社會安全體系中。

醫療保險是國家、企業對勞動者因為疾病、傷害（非因工受傷）等原因需要去醫療機構進行診斷、檢查和治療時，提供必要的治療費用和醫療服務的一種社會保險制度。醫療保險和疾病保險都是因病、傷引起的，但其保障的範圍和作用不同。醫療保險待遇是直接用於醫療服務費用，疾病

保險是勞動者因患病而暫時喪失勞動能力，收入中斷、失去生活來源，社會提供一定的物質幫助的社會保險制度。

最早把醫療保險用法律的形式確定下來是 1883 年的德國，當時的德國政府首相俾斯麥為了實施其統治，創建了國家社會保險制度，其《疾病保險法》就是社會保險立法中的第一部。該法規定，收入低於一定標準的工人，必須參加疾病基金會，基金由雇主和僱員共同繳納保費而強制籌集。繼德國之後，奧地利在 1887 年、挪威在 1902 年、英國在 1910 年、法國在 1921 年、日本在 1922 年也相繼實施了醫療社會保險。1924 年，醫療保險開始擴大到南美的智利、秘魯等國。各國在制度上面會有所不同。

日本「黃金計畫」落實醫療保險的特點：1.醫療保險所保障的內容是公民的身體健康。2.醫療保險的實施手段是提供醫療技術服務。3.醫療保險實施涉及三個當事人，即社會保險機構、被保險人和醫療方或醫藥方。4.醫療保險具有交叉性。其他社會保險子系統的運轉均離不開醫療保險。在其他社會保險中，除了現金補助、物質幫助或勞務服務外，被保險人也都有醫療服務的需求。5.醫療保險的對象的全面性和服務頻率高，強調「介護預防」（Care prevention）之重要性。在作法上為：鼓勵老人平日多做活動、注重自我照顧（Self care）、多參與社會性活動（Social activity），好讓身體隨時保持良好健康狀態；身體保持健康狀況越久，則會越慢使用到介護設施，甚至對介護資源之使用時間將更縮短。

實行國家醫療保險模式的最大優點是，可以最大限度地滿足社會成員不斷增長的醫療保障需求。其主要缺陷是一方面國民因缺乏「生活共同體」的意識，而導致醫療費用大幅度地上升，造成醫療資源的浪費，所以實行這種模式的國家紛紛推出改革方案。

結語

　　老人醫療福利服務為一綜合性的服務，其所需的照護人力就必須包括社會服務專業人力、醫事專業人力與生活照顧人力，甚至必須包括社區內之志工團體與人力資源。老人醫療福利問題是一連續且綜合性的問題，包括社會支持、保健、醫療、復健與財務等服務。目前我國的老人照護服務分散於不同之行政與服務體系，綜合性及連續性之體系尚未建立，且福利的獲得有不同的法源依據。體系的多元，往往使得需要醫療照護或生活照顧的老人及其家庭不知所措；且體系間各自發展，不但造成資源重複投資，亦容易形成發展不均與服務斷層等現象。

　　我國自 1950 年開辦勞工保險，提供有工作者法定的醫療保障，但直至 1995 年實施全民健康保險，才達成全民皆有健保的理想，相較於部分先進國家，我國起步雖較晚，卻也因此得以在制度設計之初，即參考其他國家的作法截長補短。如今，在國際比較上，我國的醫療照護體系亦呈現醫療費用低、照護水準高、民眾滿意度高的成果。比較各國制度，可以發現各國健康照護制度均有其獨樹一格的特色。因此，參考其他國家優缺點，建立適合國人的健保制度，應是我們未來繼續努力的方向。

第三章　醫療服務

前言

　　行政院在 2010 年「社會發展策略研討會」，提出優先發展的課題與策略性建議，針對社會福利行政體制、社會福利制度整合、福利資源的開發與運用、人身安全保護、國民就業及健康醫療保健發展等六個社會福利的發展方向；其中有關人口老化問題的策略性建議為加強長期照護體系的分工與整合，詳細建議則包括：第一，重視急性醫療的利用與效率；第二，重視長期照顧服務的數量、分布與品質；第三，強化醫療照護與長期照護之連結；第四，強化特殊老人的照顧；第五，因應新老人的需求；第六，發展銀髮族生活輔具；第七，強調無障礙空間的規劃；第八，加強人力規劃；及第九，加強殯葬業的管理等九項。這些皆是針對老人照護與需求滿足所提出之建議。

　　聯合國將 1999 年定為「世界老人年」，並發表「老人人權宣言」，主要強調：老年人應有維持基本生活水準之所得；應可獲致完整之醫療保健服務；應有適當之居住環境；應得到充分滿足之持續性照顧；應有參與勞動市場的機會；應有尊嚴的退休機制；應有充分參與教育、文化、休閒及公民活動的機會；應有免於被虐待、被疏忽、被遺棄及被剝削之恐懼的自由。爰此，老人醫療福利服務體系是以老人為中心，提供不同體系間的服務與聯繫，同時結合醫事人員、社會工作人員與社區志工之人力與資源，提供老人與家屬之社會性、支持性、護理性、復健性之整合性服務，才是減輕家屬負擔，使老年病患能在自己熟悉環境中，取得專業性照顧之可行措施。

壹、日本老人醫療服務

　　日本健康保險，就醫療給付（日本稱療養給付）而言，被保險人於受領給付時，必須自行負擔一定比例的部分負擔，其保險給付之種類則包括療養給付、住院膳食費、特定療養費、療養費、看護費、移送費、高額療養費、生育津貼及喪葬費等。保險部分負擔之比率，在未滿 3 歲之被保險人為 20%，3 歲以上至未滿 70 歲者為 30%，70 歲以上之老人為 10%（但高所得者為 20%）。換言之，日本健康保險與國民健康保險部分負擔之訂定，原則上係以年齡為區分標準，祇有在 70 歲以上之老人，才例外的以一定之所得能力為區分（如表 3-1）。

　　將門、住診之部分負擔分別規範，門診的部分又以醫院之層級別之不同，其部分負擔之比率從 20% 至 50% 不等，或採定額負擔，部分負擔金額再區分為基本部分負擔一般門診從 50 元至 210 元不等、急診從 150 元至 420 元、藥品部分負擔從 0 元至 200 元、復健及中醫傷科為 50 元；而住院之部分負擔，則區分為急性病房或慢性病房，分別負擔 5% 至 30%。對於日本健康保險與國民健康保險部分負擔之規範，因為日本醫療保險之醫療費用不斷的成長，在 2007 年 65 歲以上老人占總人口的 21.1%，總醫療費用達到 34.7 兆日圓，其中 65 歲以上老人的醫療費用為 18.9 兆日圓，占總醫療費用之 54.3%。也就是說，65 歲以上老人之醫療費用將占總醫療費用的過半。又以 2025 年時老人占總人口數的 28.6% 推估，屆時 65 歲以上老人之醫療費用將占總醫療費用的 69%，而 69% 的費用中的 52.3% 費用為 75 歲以上老人之醫療費用。

表 3-1　日本健康保險及國民健康保險部分負擔一覽表

年齡		部分負擔之比例
未滿 3 歲		20%
3 歲以上至未滿 70 歲		30%
70 歲以上老人	一般民眾	10%
	高所得者	20%

（資料來源：作者整理）

　　針對以上老人醫療費用所占比率逐漸提高之情形，於制度面如何抑制老人醫療費用，實有檢討之必要。現行制度中 70 歲以上老人之部分負擔僅為 10%（高所得者為 20%），相較於 3 歲以上至 70 歲未滿之人，著實相當優惠。但就「負擔公平與給付平等」之觀點言，現在的老人未必均為低所得者，有一些老人的經濟情況，亦十分寬裕。例如：與一般家庭平均所得為 224 萬日圓相比，65 歲以上老人家庭之平均所得為 216 萬日圓，而毫不遜色。就儲蓄而言，依財務省資料顯示，勞動家庭之平均儲蓄為 1,356 萬日圓，而高齡家庭之平均儲蓄則為 2,739 萬日圓，相當於勞動家庭的 2 倍。所以無論如何，高齡老人並不一定均為低所得者，而低所得者應該祇是特例，如果能使一般老人也一律負擔 30%之部分負擔，使老人與年輕人，均擔負相同的部分負擔，對於老人醫療之正當化及貫徹給付之平等，及建立更健全的醫療保險制度，均有所幫助。

貳、英國老人醫療服務

　　英國的醫療主要為公醫制度，由英國政府所設立且資助的全民健康醫療服務（National Health Service, NHS）所提供，包括兩個層級的醫療體系，即是以社區為主的第一線醫療網（Community-based primary health care），通常為於社區駐診提供醫療保健的一般家庭醫師（General Practitioner, GP）及護士，第二層則為 NHS 的醫院服務（Hospital-based specialist services），由各科的專科醫師負責並接手由 GP 所轉介（refer）的病人，或處理一些重大的意外事故及急診者。

　　目前由 NHS 負擔的費用大約包括：家庭醫師的診療費、住院醫療費（但部分住院費用與項目仍需自費）、產前檢查與生產醫護費用等。由於英國施行醫藥分業，在就診後，可持醫師所開處方簽至藥局買藥，除了 16 歲以下兒童、19 歲以下全時學生、老人、殘障人士或孕（產）婦已獲醫藥免費證明外，須自行負擔藥價。至於私人的醫療服務方面，由於英國的看診方式通常以預約（appointment）方式進行（假如非急需就診），可能被排在 NHS

醫院的冗長的等待就診名單內，因此為獲得較快、較佳的醫療服務，有人會考慮自費接受私人提供的醫療，有些民眾也以購買私人的醫療保險來負擔此部分的可能相當高額的開支，至於應買哪一家的醫療保險，可能需花些時間蒐集資料作比較，或請教有經驗的人，但以價格合理及有良好服務聲譽為原則。由於 NHS 提供的牙醫診療費及材料費的成本較低於該科之成本，因此英國的牙科已趨向私人診所。由 NHS 給付的項目在一定金額內是免費的。

電子醫藥（Telemedicine）是當下英國醫療產業越來越重視的發展之一，電子醫藥是一種提供病患在家看病的服務，而這些醫療資訊經由電話、網路或手機傳輸至醫院的系統，院方再診斷或掌控病患的病情，並將為英國醫療機構節省很多費用。另一方面，英國在近 50 年以來，當地人口年齡在 50 歲以上的數目自 30 萬人，增長至 1,650 萬人，對這些老人來說，出門看診十分不便，提供他們最方便及妥善的醫療服務，是最好的社會福利。英國健保局在英格蘭實施電子醫藥測試專案，健保局提供該地區病患一種掌上型心電圖測量儀器（Electrocardiograms），而所獲之測量結果則經由電話送回家庭醫生所在診所，未來將進一步擴大這項系統至定期心臟檢查，那麼英國健保局每年可望省下 2 億 5,000 萬英鎊（約合 3 億 5,501 萬美元）的費用。

英國近年在不同的地區推出這種電子醫藥測試服務，除了成效極高以外，Cisco Systems 為英國醫療機構作了一個虛擬看診亭——The Health Presence Booth 專案，結合先進的攝影機、錄音裝置、及醫療資訊之傳輸，虛擬一個類似看診的環境，讓病人有如至醫院看診，如此一來，病人及醫療機構皆可節省許多金錢及時間。

參、法國老人醫療服務

法國實施社會保險制度，醫療保險、養老保險和家庭補貼保險是法國的普通保險，這些社會保險在法國是強制性的，全國所有就業人員都必須

投保。醫療保險是國家社會保險體系中的一個組成部分。在法國,享受醫療保險者每年工作時間不得少於 1 個月。在法國居住但不符合一般社會保險規定的人可參加個人保險,每年要交一次保險金,醫療費根據規定報銷。下列情況可全部報銷醫療費:因職業疾病住院者;享受殘廢軍人補助者;享受社會保險的長期疾病患者;在特別教育或職業培訓中心生活的殘疾青少年;自第 31 天起住院費;不育症的診斷和治療;妊娠婦女自第 6 個月起的治療;殘疾兒童治療;嬰兒出生後 30 天之內的治療;補形、矯形器械;癌症等導致死亡的疾病;有組織的檢查診斷費用;70 歲以上老人注射預防流感疫苗等。對於藥物,法國有嚴格的管理規定,法國有關部門制定了嚴格區分一般藥和營養藥的界限。藥店在開銷售單據時也明確標明所售藥品的種類,以控制醫療費的報銷。盡管參加醫療保險的人只能報銷部分醫療費和藥費,但如果患者還參加了其他非強制性的專業保險,則可報銷剩餘部分。

　　法國醫療保險經費主要來自對社會成員強制性地徵收的社會保險金。法國社會保險金的總額相當於全國薪資總額的 36.5%,其中醫療保險金占工資總額的 19.6%左右。醫療保險金與其他保險金一樣,由企業和職工依比例分攤:企業按薪資總額的 12.8%交納,職工則從薪資中扣除 6.8%。法國的醫療保險貫穿於整個社會保險制度,覆蓋了 99.8%的人口。一般由法定的疾病基金支付,基金來源於雇主和僱員。80%以上的人口參加了基本保險,其保險賠付用於共同支付病人的費用。個人無權決定費用金額,政府擁有主要決定權。初級保健醫生:初級保健由私人開業醫生提供,透過依據服務項目收費的制度得到補償。因此,他們有擴展治療項目的動機。

　　醫院保健由公立醫院和私立醫院共同提供。公立醫院擁有整套預算,當預算緊張時需要控制成本。私立醫院經由依據服務項目收費制度獲取報酬,因此,控制成本的壓力較小。疾病基金會和私人保險公司都希望控制成本以避免費用升高。衛生保健系統能提供高水準的服務,而且人們總體上感到滿意,主要問題是缺乏對醫院外和私人醫療機構的費用控制方法。

　　醫療保險的公眾財政支持是社會保障系統的一部分。無論是年輕人和老人，是健康人和病人，還是窮人和富人。衛生保健經由社會保障組織提供，該組織創建於 1945 年，承擔向法國民眾提供各種社會保障的公眾職責。然而它並不是一個統一的整體，它由大量的制度不同的特殊職業團體組成。其中最主要的一個即總部，其他重要的基金會有針對農民的、自由職業者的及農業工人的等等。每種基金會都有幾個分支，主要提供養老金、家庭福利以及醫療保健。初級保健大都由很少受到控制的私人開業醫生提供。大多數藥物由私營的零售藥店提供。公立醫院、非盈利性的私人醫院和盈利性的私人醫院大量共存。這三類醫院都服從於全國衛生計畫，同時各自也能在一定程度上自主管理。這樣，衛生保健財政的提供是在疾病基金會的控制之中，而且實際上也接受衛生部和社會事務部的緊密監督。值得注意的是，這種責任有時像現在這樣在兩個部之間轉移，有時又聯合到一起。

　　因此，中央政府對衛生保健費用的控制能力相對地受到限制。有關社會保健的法律由國會投票表決，而且政府機構在決定是否通過疾病基金會支付醫療費用方面發揮了主要作用。然而，儘管政府對於醫院及其服務具有實質上的控制能力，但是政府對於初級保健提供量的影響是很小的。醫療實踐大體上是在官方控制以外。這種情形明顯帶來了很多問題，但它也為選擇可能的補救方法創造了條件。

　　如同其他類型的社會保障，醫療保險的公眾支出幾乎全部由強制性的個人所得稅提供。繳費比率是按薪資的百分比來計算的，由雇主和僱員分擔。雇主支付得更多。如果雇主降低了人們的薪資，實際上就是降低了醫療保險的費用。在同一個基金組織中，所有個人和雇主繳費率是相同的，但是在不同的基金組織之間就不一樣了。繳費率是由政府、雇主和僱員的代表及基金組織之間通過談判來確定的。政府幾乎不直接提供任何金錢，但它有效地保證了系統財政的穩定性，並在決定繳費率和對衛生保健提供者的支付比率方面發揮了積極的作用。

在法國，病人可在任何時間自由選擇醫生，他們可以直接找專家或一般開業醫生。初級保健大都由私人開業醫生提供，他們實行依照服務項目收費。初級保健也由醫院的門診部和實行薪資制的市立診所提供。

肆、德國老人醫療服務

德國是世界上第一個以社會立法實施社會保障制度的國家，於 1883年、1884 年和 1889 年分別頒布了疾病保險法、意外傷害保險法、傷殘老年保險法三項立法。這三項立法對德國，也對世界許多國家的社會保障制度的發展產生了重要影響。經過 100 多年的發展，德國一直把社會福利作為國家制度的一項基本原則，即國家保護社會弱者，並不斷謀求社會公正。在這一國家制度基本原則和遵循「社會市場經濟」基本思想指導下，聯邦德國的社會保障制度體現了法制健全、體制完備、互濟共助的特點。其包括了醫療保險、失業保險、養老保險、傷殘保險、護理保險等等。目前，德國的社會保障制度開支已占 GDP 的 33.3%以上，其中三分之一的資金用於法定養老保險開支，五分之一以上的資金用於法定醫療保險開支。

就醫療保險而言，目前德國醫療保險由法定醫療保險和私人醫療保險兩大運行系統構成。公民就業後可視其經濟收入多少，在法定醫療保險和私人醫療保險之間進行選擇。同時公民也可以在參加法定醫療保險的基礎上，參加私人保險所提供的補充醫療保險。在法定和私人保險間進行選擇所依據的是個人收入水準。由政府根據實際情況予以規定，並適時加以調整。從目前保險市場的占有情況來看，在全國總人口中，90%參加了法定醫療保險，分別參保 396 家法定醫療保險基金組織。而參加私人醫療保險的為 9%。參加法定醫療保險由雇主和僱員各繳費 50%，繳費率占工資收入的14～15%（各保險公司繳費比例不盡相同。但平均在 14.3%左右）。繳費基數設最高線和最低線。2001 年最高線為 3,350 歐元，最低線為 325 歐元，即 3,350 歐元以上部分不再徵繳。而薪資性收入低於 325 歐元可免除繳費義務。最高額和最低線由政府每年加以調整。對符合條件參加法定醫療保險

的僱員，其家庭成員（包括未成年子女）可一起享受醫療保險的各種待遇；而私人醫療保險則是繳一人、保一人，多子女僱員要參加私人醫療保險，則費用要貴得多。由此可見，德國法定醫療保險投保人繳納的保險費主要取決於經濟收入，而享受的醫療保險服務則不以繳納費用的多少而有所不同。這也是他們引以自豪的「高收入幫助低收入，富人幫助窮人，團結互助、社會共濟、體現公平」的德國社會醫療保險宗旨。

德國在倡導建立社會福利國家和社會市場經濟原則下，其法定醫療保險服務的範圍、項目和內容覆蓋非常廣泛。參加法定醫療保險的被保險人（包括家屬和未成年人），不管其當時經濟狀況如何，均可得到及時、免費的治療，就診不需要支付現金，病人可在保險基金組織認定的醫院及治療的範圍內自由就診，並可自由選擇開業醫師和專科醫師。法定醫療保險提供的醫療服務包括：各種預防保健服務、各種醫療服務、各種藥品和輔助醫療品、患病（包括不孕）期間的服務或津貼、各種康復性服務、免費或部分免費就診所需的交通費用等。

1994 年德國頒布了護理保險法。護理保險繳費率為 1.7%，居住養老院的老人和康復醫療機構的傷殘病人所發生的護理費用，均可得到護理保險基金的支付，但享受護理保險需要醫師的診斷證明，並有嚴格的定義和診斷分類。以養老院為例，該養老院主要為老人提供養老和醫療護理服務，入住養老院的老年人有 50～60%需要醫療護理服務，同時根據老年人護理的需求，護理被分為三個等級，護理費用平均每月為 3,000～5,000 歐元，護理保險基金支付 40%左右。

與世界上其他發達國家一樣，德國醫療保險同樣面臨著嚴峻的挑戰。由於醫療保險注重向參保人提供公平、廣泛的醫療保健服務，這種服務往往是出於可以得到而不是必須，導致了醫療保險費用的上漲。同時高科技醫療技術的廣泛使用、人口負增長和人口老齡化等因素，已使各大醫療保險基金會組織每年可以取得的醫療保險費的增長速度明顯低於醫療保險費用支出的增長速度。為此，德國政府於 2004 年推出了醫療保險改革方案，方案的基本內容：一是擴大繳費基數，投保人在繳納法定醫療保險金時，

不僅將薪資收入計入繳費基數，其他非薪資性收入也同時一併計入。二是取消不應由醫療保險支出的項目：如喪葬費、安裝假牙費、配戴無形眼鏡費等。三是住院治療的費用由原來的 9 歐元提高到 10 歐元。四是建立以家庭醫生為中心的護理模式，病人如有不舒服，請家庭醫生診斷，然後由家庭醫生開移交單，轉給專科醫生，將門診與住院服務有機地結合起來。五是有生育的家庭護理費用由國家稅務局承擔，這筆費用透過提高煙草稅收等解決。

　　為了能使住院醫療服務成本效益更好，同時更有效地控制費用，德國政府先在全國 750 家醫院進行使用總量維持的付費政策先行試驗計畫，試點結果顯示：750 家醫院的平均醫療費降低 35%。平均住院時間降低 30%。在此基礎上，從 2004 年起在德國強制實施按病種分類收費（DRG, Diagnosis Related Groups, Diagnosebezogene Fallgruppen）制度。這種病種分類收費方法借鑑於澳大利亞的疾病分類方法，結合德國國情實施分類和臨床應用。住院醫療保險按病種分類收費，除了精神病和心理病之外，824 種病例都實行按病種付費制度，特殊病例有特殊病例付費法。

　　德國有著較為完善的醫療保險體系。同時，其在不斷完善和發展醫保體制過程中也積累了相當豐富的經驗，對於推動醫療保險事業的發展、完善醫療保險體制有著重要的借鑑意義。

伍、瑞典老人醫療保健

　　瑞典從 1891 年建立醫療保險制度，1926 年頒布「國民保險法」，並自 1982 年衛生立法規定每個居民都有權獲得相同的醫療保健服務，而瑞典的醫療保健服務 90%由國家開辦的公立醫院及衛生機構提供。瑞典醫療保健服務經費來源三分之二來自地方稅收，三分之一來自中央政府，而醫療保險費用 85%來自個人稅收，15%來自國家。雖然瑞典民眾對於保護公共醫療制度有高的共識，但由於瑞典大企業在高稅收的制度下紛紛把企業遷往

國外以及醫療費用不斷增長，在這樣的壓力下，瑞典於 1984 年開始允許實施私人健康保險制度，並著手設立私營醫院，以降低醫療費用的增長。

瑞典採取的作法是把醫療重心放在基層醫療，並把工作重心放在「基層衛生保健」上，一方面以預防重於治療，另一方面避免醫療單位過於集中，除了可以避免醫療大醫院追求高科技儀器、高額藥品，更可以免除民眾與醫療單位的隔閡，其實醫病關係的不信任，是造成民眾愛逛醫院的主因。而解決人口老化造成的問題也因為基層醫療的相對成功而得到一定程度的解決，瑞典有 18%的人口在 65 歲以上，但它的醫療支出只占生產總值的 7.3%，而美國雖然只有 13%的老人，但醫療開支卻高達 9.4%。

瑞典政府認為今日的資訊通訊科技可以提供醫療保健上許多的幫助，協助人民、病人及家屬快速且方便地取得醫療資訊及照顧。而一個良好的 e-Health 系統必須要容易使用、並可透過網路與醫療服務及個人相關病歷資料相結合，時時提供大眾所需的醫療協助。為此瑞典政府定出五項 e-Health 的策略運作方針以及六個 e-Health 行動領域，希望藉由有系統的引導規劃，讓瑞典 e-Health 系統更為完善。

表 3-2　瑞典老人 e-Health 的策略運作措施

策略運作	主要內容
提昇民眾參與	1. 讓相關系統的操作介面更為簡單、更容易上手將有助於增加使用 e-Health 系統的人數。 2. 以提昇民眾參與來設計方便大眾使用的各項 e-Health 資訊及服務介面。
打破疆界分化	1. 最需要的醫療照顧的族群主要集中在老年人及身心障礙者身上，而提供這類人士醫療照顧的機構散布於全國各地，故得要先行整合這些醫療機構提供的服務與資訊才行。 2. 職業、教育程度、居住地，甚至是季節時程都會影響每個人關注及參與醫療資訊的程度，因此一個良好的 e-Health 系統，必須要能排除這些障礙，提供一個無論何時何地都能方便使用的系統。 3. 目前部分特殊醫療照顧與資訊只集中在全國幾個醫療機構中，這只能讓部分人士受惠，故希望藉由良好的 e-Health 系統讓全國各地有需要的病患都能享用此一資源。 4. 擴及偏遠地區需長期醫療照顧的病人提供此一系統的協助。

提供友善介面	1. 提昇並提供友善使用介面，以增加大眾使用率。 2. 規劃簡單的一般醫療照顧程度也有其必要性。 3. 強化各類專業醫療知識的 e-Health 系統，提供更專業的技術。 4. 協助降低不適當的醫療行為。
達成經濟效益	1. 縮短等待時間。 2. 整合病人照顧系統。 3. 降低醫療照顧機構的負擔。
創造適用環境	1. 克服在醫療體系上應用資訊通訊科技，現階段困難： 　(1) 相關 e-Health 法令的建立。 　(2) 所有相關專門術語與概念的整合。 　(3) 改善使用於醫療體系上的資訊通訊科技基礎架構。 2. 創造適用環境作為 　(1) 建立相關法令規範以保障私人醫療資料。 　(2) 建立國家級的醫療資訊照顧系統架構。 　(3) 建立具有國家級的安全電子通訊系統，提供醫療照顧與先進醫療設備。

（資料來源：作者整理）

對於 e-Health 系統而言，取得病人所有的醫療病歷資訊為其是否能有效維護病人安危的關鍵之一。此外，無論是在醫療管理、追蹤、研究及發展上，全面資訊的取得都占有一席之地。而資訊的統一性也十分地重要，故政府必須要有一套全國統一的資訊平台架構，讓所有資訊能長時間以電子資料形式保存與交流。

要建立一個全國性的資訊交流平台架構，需要多方面的配合與合作，以建立出一套適用於全國資料庫的架構規格與標準。目前需優先處理的部分包括：

1. 進行初步資訊分類，整合出一套適用的發展方式，然後建立一套國家級的資料庫系統。
2. 建立出一套適用於電子交流系統使用的統一醫療專門用語規範，讓各個醫療機構在此平台進行資訊交流時沒有障礙。
3. 訂定出醫療資訊交流上的相關安全法規。

目前在瑞典的現行體制中，有關社會救助的部分需符合社會服務法（Social Services Act）的規範，而有關健康與醫療的文件取得則必須符合醫療紀錄法的條文，而老人照顧橫跨社會服務與醫療照料這二個部分，故在老人 e-Health 照顧系統上，必須整合二者，以定出適用法條。

陸、加拿大老人醫療保健

加拿大的醫療保險制度為公共保險，具有廣泛的可得性、提供基本的衛生保健服務及單一支付者等特點。在加拿大也存在私立保險，提供公共保險覆蓋範圍以外的保險服務。整個醫療保險系統是由加拿大 10 個省和 2 個地區的 12 項獨立的醫療保險計畫所組成。聯邦政府制定了國家資金的分配標準，也建立了各省獲得聯邦政府資金的一般標準：公共管理、綜合性、廣泛性；方便性和可及性。加拿大醫療保險系統的主要籌資途徑為聯邦政府、省政府及私人。

除聯邦政府規定的基本衛生服務外，其餘服務是否包括在政府保險範圍之內由各省自行決定。因此，加拿大醫療保險的總支出主要取決於各省。1987 年，加拿大人均衛生保健支出為 1,401 美元，同期美國為 2,051 美元。加拿大衛生保健支出占國民生產總值的比例為 8.8%，美國為 11.2%。對初級衛生保健醫生的支付方式是按服務項目付費，服務價格是由省衛生管理部門與省醫療協會協商後確定的。一般來說，對醫生按服務項目付費可激勵醫生提供更多的服務。

加拿大的醫療和住院費用極其昂貴，看一次病少則幾十，多則數百加元，住一天醫院至少幾百甚至上千加元，這都不是一般人所能負擔得起的，沒有醫療保險的人一旦生病，便會造成極大困擾。但加拿大作為發達國家，擁有相當完善的社會福利和醫療保健制度，加拿大公民普遍享有公費醫療，不過，再好的醫療制度也有考慮不周的時候，沉重的醫療負擔在聯邦和各省政府財政預算中占去相當的比重，藥物方面的浪費更是讓人感到吃驚。

　　加拿大並沒有全國統一的醫療保險計畫，而是由各省、各地區負責制定本地區的醫療保健規劃。在首都渥太華，居民享有的是安大略省健康保險，有了這種保險，看病和住院可以免費，藥費還是要自理，但 65 歲以上的老人另有特殊照顧。

　　醫生在加拿大是高收入職業，一名普通的全科醫生，日收入可達 500 至 1,000 加元。全科醫生也叫家庭醫生。他們分布在全加城鄉各居民區，除了為患者處理常見病之外，還兼作患者的家庭保健顧問，並決定患者是否需要住院治療。因而，家庭醫生在客觀上取代了醫院的門診部，醫院只治療住院患者和處理急症病人。由於家庭醫生聯絡著千家萬戶，因此，他們必須靠自己的優質服務，才能得到患者的信任。加拿大實行醫療保險制度，政府為患者負擔檢查、住院治療、急救等費用，但平日用藥需自己繳費。在這種醫療制度下，患者有權選擇自己信任的家庭醫生。加的醫院可為患者提供多達 4,800 項的醫療服務。由於健康保險的開支越來越龐大，從提高自負額、保險費，從社區、環境的改造開始。

結語

　　以老人之預防保健來看，初級預防保健服務是希望疾病慢一些才發生，或透過一些方法減低發病率的人口，如施打防疫注射、預防中風的保健活動、肺炎和流行性感冒的預防疫苗、預防心臟疾病和骨質疏鬆的雌激素療法，或預防跌倒的保健活動等。次級預防保健則是從人口當中找出患有潛伏性的疾病，然後提供及時的治療，亦即在疾病的初期時，設法偵測和治療，以延長生命和減少疾病危害，例如癌症或骨質疏鬆篩檢，以便早期發現，早期治療。至於第三級預防保健則指為有疾病的人提供適當的醫療照顧，以減低併發症發生的機會，並在預測所罹患之疾病未來的結果，及時做些預防疾病惡化的活動。

　　為因應高齡化社會的醫療需求，積極培訓老年專科醫師，提高老年醫學水準乃為當務之急。另外，專業人員的知能也有賴於對影響國民健康因子評估資料的了解，才能提出有效的方案，滿足受服務者的需求。設老人醫療專業團隊和老人專科，並依序提供下列四類服務：一、早期確認高危險群老年病患。二、運用綜合性評估工具，掌握問題，治療計畫符合需求。三、以團隊合作為導向之照護是未來趨勢。四、結合急性醫院和社區繼續性照顧服務。當然如果也能推動團隊專業人員之訓練，如美國之「老年病的評估和管理中心（GEM）」、「老年病患急性照顧中心（ACE）」或「綜合評估和護理照顧中心」等（Calkins & Naughton, 1999）的模式，則更能彰顯我們對老年病患之醫療與福利的重視。因此，衛生行政單位與研究機構應加強辦理有關老人健康行為的調查研究，以了解老人健康狀態之改變，並全面普及運用。

　　在各類老人福利需求中，令人最感沉重的是身心功能障礙者的照顧。由於老年人口中，老衰和慢性傷病導致的身心功能障礙盛行，因此對長期照護的需求也隨之增長。照護人力的養成要與學校教育相結合，不能只靠短期培訓。而除了居家護理人員和護理佐理員外，老年科醫師、復健師、營養師和社工人員等的養成應盡早做長期規劃；這些皆為提供老人醫療保健所不可或缺的作為。

第四章　照護服務

前言

　　為因應國內人口老化及各項福利需求日益增加，並藉由照顧服務產業之發展，擴大相關勞力需求，有效促進就業，行政院於 91 年核定「照顧服務福利及產業發展方案」，其目的為：第一，建立照顧服務管理機制：各縣市政府均已成立「照顧服務推動小組」及「照顧管理中心」。第二，引進民間參與機制充實多元化照顧：致力推廣民間參與各項多元照顧服務項目，包括居家服務、日間照顧、輔具開發及老人住宅等。服務的內涵有：擴大居家服務，推動日間照顧，廣設「輔具資源中心」，增設「老人住宅」。

　　為增進晚年生活之舒適度，借鑑日本政府在 2005 年修正「介護保險法」時，特地強調介護預防為未來十年內必要達到之介護工作目標；其作法是：

表 4-1　日本介護工作目標

策略運作	主要內容
在個人層次 （Individual level）	1. 老人平日就自我注意維護身體健康、注重養生、多參與社區性活動。 2. 對照顧服務者（Caretaker）要多體諒、多給予支持，要提供喘息與休憩之機會與時間。 3. 家屬（Family member）則要注意家庭互動關係，保持彼此間之聯繫與關切。
在機構層次 （Institutional level）	1. 要求照顧設備、設施之齊全。 2. 要求機構能提供質、量並重之人性化照顧（Human care）方式。
在社區層次 （Community level）	1. 要建構「社區支持與資源系統」（Community support and resource system），以形成「照護社區」。

	2. 照護社區尤其適合住於都市生態（Urban ecology）中之老人，社區生活環境若加以改善，能使生活活動更為方便、舒適，則身心功能退化之老人便會更有生活品質可言。
在政府層次 （Governmental level）	為保持制度與規模之健全與實益，以居於督導、管理的立場，對長照服務，定期評鑑、輔導及獎勵。

（資料來源：作者整理）

壹、日本老人照護制度

為因應高齡社會的來臨，日本政府自是無法對老人之生活需求漠視；於是，年屆高齡後之介護（Nursing care）問題便成為必得為之努力。介護保險制度是以高齡者的自立援助為目的，以共同連帶的理念，藉由國民全體的相互援助進行高齡者看護。2000 年起推動介護保險，提出使用者本位、普遍主義、提供綜合性服務及社區（地域）主義等四大基本理念，使任何需要照護服務者都能就近獲得服務以營自立生活。此外介護保險也提供在宅服務，突破以往老人生病在家無法得到經濟補助的困境。

一、介護制度的規劃

介護保險制度的建立，係基於 1995 年日本厚生省老人保護福祉等議會通過「有關新高齡照顧系統之確立」的政策建議，該報告體認到日本有必要建立老人照護的新制度，介護保險的設立是基於國民共同連帶的理念，對於因高齡伴隨而來之疾病而需要照顧的人，為回應其本身所具有的能力並使其能自立於日常生活中，提供醫療保健服務或社會福利服務。其原因包含：

1. 日本老年人口快速老化：2004 年日本老年人口比率為 19.5%，與 1995 年相較，增加 5 個百分點；年老化指數由 1995 年的 91.2 快速上升至 2004 年 140.3，為老化最為嚴重的國家。對這些高齡老人的照顧，成為嚴重的個人與社會負擔。

2. 受到日本社會家庭功能的轉變，原由家庭負起照顧老年人口的功能逐漸式微，是以漸由家庭移轉到社會。

3. 受福利多元主義思潮的影響，國家福利角色的縮減與民間福利組織力量的參與，介護保險制度，主要是由民間老人福利機構及政府攜手合作。

4. 介護制度與醫療體系合作的同時，注意到受照顧者身心狀態的改善，防止其惡化；需要接受照顧狀態產生的預防，按被保險人的選擇，從各式各樣的服務提供者中找出適合被保險人的服務，儘可能採居家照顧的方式，就高齡者所保有之體能，提供其在日常生活中能夠自立的協助。

介護保險的目的其關鍵在於「自立」、「被保險人的選擇權」、「居家」、「合作」、「多樣的服務提供者」、「共同連帶」等。所謂自立，是將高齡者所保有的體能做最大的發揮，為使其能在日常生活中過著自立的生活提供種種援助。藉由被保險人自由選擇，被保險人可從多樣的服務提供者中選擇其想要接受的服務。被保險人的意思亦可受到尊重。另外，為靈活運用民間的力量，除原有的醫療法人及社會福利法人外，介護市場另導入民間業者、農協、NPO 等多樣的服務提供者，有效率且高品質服務的提供深受各方的期待。

二、介護制度的目的

介護保險制度的目的為下列四點：

1. 高齡者照顧是國民年老後最大的不安，藉由社會全體的相互扶助方式消除此不安：高齡者照顧的長期化加上需要被照顧的高齡者逐年增加的緣故，家人的照顧有其限度；因此將原有的家族照顧移轉到社會照顧可消除國民的不安。

2. 社會保險方式其給付及負擔明確，易得到國民的理解：高齡者的需求及價值觀人人不同，為因應此多樣化，高齡者可按其需求自由選擇其所要的服務，此為介護保險制度的特徵之一。

3. 將原先上下層級關係的制度改變，藉由自己的選擇，高齡者可從各種服務提供者中接受醫療、社會福利等綜合性服務。同時，介護市場因各式各樣服務提供者，如公營機構、醫療法人、社會福利法人、民間業者、NPO 等的加入，優質且有效的服務為民眾所期待。

4. 介護保險實施前，由於醫療設施的負擔較輕，一般人選擇長期住在醫院而非老人看護設施，造成所謂的「社會性入院」。介護保險的實施，將照顧和醫療保險分開，其目的是為了消除此一現象，因此，介護保險的實施是社會保障構造改革的第一步。

三、介護制度的實施

1. 被保險人分兩類，第一類為 65 歲以上的老人，第二類為 40 歲到 64 歲以上的人口。因被保險人類別不同，其保險費繳納方式亦不同。

2. 保險人，為日本的市、町、村（地方政府機構），易言之，由地方政府負責為其所屬老年人口投保介護保險並分擔其部分保險費（12.5%），市、町、村的上一層政府（都、道、府、縣）則負擔 12.5%的保險費，中央政府負擔 25%的保險費。簡言之，日本由中央到市、町、村等三級行政組織共負擔 50%的介護保險之保險費，其餘 50%則由被保險人負擔。

3. 提供介護保險的機構，主要包括有社會福利法人、地方公共團體、醫療法人、營利法人等所提供的老人照顧服務。以 2005 年計算，全日本有達 10 萬個老人照護機構提供訪問照顧、訪問（在宅）護理、通聯照顧、短期寄宿照顧、生活照顧，以及其他特殊照顧等服務。

4. 居家服務項目：針對需要照顧、需要支援者提供之居家及設施服務項目，分別有訪問照顧（Home Help），訪問看護，訪問復健，日間照顧（Day Service），日間復健（Day Care），居家醫療管理指導（醫師或牙醫師到宅診療服務），短期入所生活照顧（Short Stay），短期入所療養照顧（Short Stay），老人院付費照顧設施，看護用具的借貸及購入費的支付，住宅修改費的支付。

5. 設施服務項目：介護老人福祉設施（特別養護老人院），介護老人保
　 健設施（老人保健設施），介護療養型醫療設施，療養型病床，老人
　 癡呆患者療養病院，介護力強化病院。

四、介護制度的特色

　　自「21 世紀福利展望」揭示以來，根據政府所屬的各研究會及審議會
中提出「凡國民皆能迅速地從其身邊得到其所需要的服務」的口號，老人
保健福利審議會的中間報告清楚寫出「需要照顧的高齡者，不管身於何時
何地，人人皆可迅速地利用高齡者照顧服務的理念」為介護保險的宗旨。
因此，介護保險制度應為根據需要接受照顧者的自立援助理念，確保普遍
性、權利性、公平性和選擇性的系統。

1. 過去的行政安排措施是靠稅收來維持：介護保險制度是由被保險人
　 的保費收入及服務利用的部分費用（現為服務報酬的一成）負擔來
　 維持制度的營運。被保險人可以自由選擇其所需的服務內容並經由
　 與服務提供者訂立契約的方式來接受服務。

2. 舊有的行政裁量制度下，服務的利用量受限於預算的規定：介護保
　 險下的契約制度，需要照顧的高齡者誰都可以接受服務，故介護保
　 險為一社會保障系統。

3. 介護保險導入市場原理：其目的是為積極地運用民間的力量，讓 NPO
　 及民間企業等多樣性的服務提供者進入介護市場。

4. 服務的提供並非單獨劃一性，乃為多樣且有效率的服務。

5. 面對著高齡少子化社會，介護保險制度的成立乃是社會保險制度的
　 再建構。

6. 為避免社會性入院問題的產生將醫療與高齡者照顧分開，醫療保險
　 的效率化亦備受期待。

7. 介護保險制度可改進費用負擔不公平的問題，受益人（被保險人）
　 負擔相稱的保費及利用費之同時亦可享受保險給付的權利。

8. 介護保險的營運主體為市町村等地方自治團體，此營運主體針對高
　 齡者所需設定保險給付的環境，保費減輕的實現亦為人們所期待。

　 日本於面對高齡化社會的照護需求，將一般老人照護預防政策定位為
「初階預防」，特定老人照護預防政策定位為「次階預防」，此二者由社區
支援事業；已認定為需支援、需照護老人防止其轉為重度化定為「第三階
預防」，由介護保險新預防給付支應。社區支援事業照護預防對象分特定老
人政策與一般老人政策。前者針對需支援、需照護等高危險群等對象（約
老年人口總數 5%），特定老人政策預期達到防止狀態惡化效果目標值為
20%左右；新預防給付防止需照護狀態惡化，甚至改善到「非適用」狀態預
期效果目標值為 10%左右。

貳、法國老人照護制度

　 依據 WHO 的統計 2000 年法國老人人口近 16.0%高於 65 歲以上，在
OECD30 個先進國家中為第九位年齡高比率的國家。由於法國是世界上最
早經歷高齡化的國家，因此老人照顧等社會安全照顧體系啟動得十分早。
1975 年法國社會福利法案即訂有全國統一法令規定老人福利機構收容目標
和服務（工作）人員之配置比例。2002 年通過社會福利有一項改革，即針
對重度失能老人收容問題，並於 2003 年訂出重度失能老人之收費方式。

　 法國社會福利制度介於德國與英國模式之間，目前社會安全制度面與
財政面均已建立為大規模制度的國家。在法國老人照顧福利制度主要分為
三大措施：第一，高齡者的所得政策：為保障高齡者的生活水準，所從事
最低的生活保障的制度。針對領取其他相關社會給付仍不能達到最低生活
水準的所有 65 歲以上的老人為對象，由國民連帶基金負責主要的財源，支
付生活津貼給符合條件需求的老人。近年來由於生活支出不斷上漲，基金
額度也迫於增加，各地方政府也增加老人特別津貼與獨自津貼以補老人生
活最低生活支出的不足。第二，生活環境的改善與充實：1960 年代開始，
特別針對住在自宅的老年人提供個別居住的環境進行整建，降低因環境障

礙造成人際交流中斷，預防老人生活的孤立，其具體策略為實施住宅津貼、住宅改善服務、電話與緊急通報系統設置、老人休閒活動的提倡、家事援助與介護、看護服務等措施。第三，收容機構的改良：過去法國在傳統上提供收容無法自立的老人場所，通常為醫院及其附設的養護中心。自 1970 年以後，漸以老人之家取代醫院型態的養護中心。老人之家提供老人住宿、餐飲及其他服務不再侷限於原來的看護功能，而是進一步將具有看護或護理的老人轉介入住醫療機構。然目前隨著老人老化多功能照護需求的增加，法國開始在老人之家加建具有醫療照護功能的老人照顧單位。

　　法國的老人約有 6.5% 目前是住在機構，6.1% 是住在家裡但需要接受正式照護系統照護的。整體國家經費支出也以機構入住的最多，如下表約占 0.31%GDP，整體老人長期照護政府支出約占 0.35%GDP，平均每個失能老人在長期照護的平均購買力從 1995 年 65 美元至 2000 年為 89 美元。

表 4-2　法國老人福利照顧在居家與機構照護政府費用支出占 GDP 的費用情形

年代	居家照護	機構照護	長期照護
1995	0.03%GDP	0.28%GDP	0.31%GDP
2000	0.04%GDP	0.31%GDP	0.35%GDP

資料來源：OECD Health data 2003

　　法國目前老人居家與機構照護現況：

一、居家服務

　　法國老人的居家服務內容包括在宅協助、送餐服務、緊急通報、住宅改善、休閒服務、護理服務等。通常分為兩種：

1. 中央規劃且提供部分財源補助的稱為義務服務：例如住宅改善：由中央老人年金基金與醫療保險基金及全國住宅改善機構共同出資進行。另一種服務則為參與社會文化生活的服務，是由中央出資獎勵高齡者俱樂部，進行各種老年人的活動。

2. 地方或其他社會福利相關團體設計提供的志願服務：例如預防服務、休閒活動、生活援助、保健服務及餐飲服務等。

二、機構照護

法國老人多喜歡住在自宅中，對機構照護接受度不高，但仍有近 6% 老人入住機構，面臨老人增加，且考量照顧與醫療機構間照顧區隔，目前老人照顧機構主要分為兩大類：

1. 高齡者住宅：自主性高的老人入住為主，可自行生活自理活動，供應餐飲、長期照護、準醫療服務及休閒等。
2. 老人之家：分有公立與私立機構，提供長期照護服務，但不提供醫療行為服務。

機構服務需由老人自己付費，入所費用不足處則由社會救濟費用支給，目前機構收費仍無統一標準。其他相關機構有中途停留的醫療照護機構、長期停留醫療照護為主的機構及精神專科機構等，這些機構目前多由醫療保險支付，因此除了高度需要醫療照護需求的老人外，通常會被建議移住老人之家。

法國目前執行老年照顧策略的單位在縣府，縣府組織以退休者及高齡者之縣委員會為主體，對於實施社會救濟主體的社會福利事務所與社會福利中心，和老年年金局與疾病保險局契約辦理的醫療福利事業，其他家庭津貼局以及各種協會所舉辦的服務，進行統合與調整的工作。

參、英國老人照護制度

英國的長期照護服務主要由主管醫療照護中央層級的國家健康服務部門（NHS）與地方政府社會服務部門（SSD）兩大體系共同負責。國家健康服務部門提供醫療相關服務，財源來自稅收。地方政府社會服務部門的財源則來自地方稅及中央政府的概括性補助。

1947 年英國老人政策研究中心（Centre for Policy on Aging）鑑於當時英國長期照護機構照護品質及硬體設施之低劣，強調主要工作內容在於引導老人照顧服務提供者按照老人的需求來提供服務。主要的措施則為：

一、研究老人相關議題、諮議政府照護決策，如「國家照護標準」（National Care Standards），以及「居家照顧標準」（Domicilary Care）。

二、蒐集有關資訊、建立老人學研究圖書資料館。蒐集老人社會學方面、老人健康議題及行為科學相關的書籍、期刊、報告及統計資料等。

三、出版老人醫學、生物學及照護政策方面相關刊物，《老化及社會》（Aging and Society）期刊即為其所發行之專業雜誌。另亦建立資料檔。內含全球性老人學研究中心地址、研究議題、老人福利政策議題、最新老人學會議資訊、並提供老人在尋找機構時之諮詢網站等。

四、參與 BGOP（Best Government for Older People）計畫，地方政府聯合老年關懷中心（Age Concern）、安定住宅基金會（Anchor Trust）與老人政策研究中心（Centre for Policy on Aging）共同組成，主要研究老人需求，並將意見回饋至地方政府政策與執行。

五、提出 BSI（British Society Instruction）計畫，對於一定品質標準的老人商品，由國家給予類似 ISO 的認證，對於業者來說是一大鼓勵措施，受訪者認為這種鼓勵措施的效果遠比減稅還大。

1990 年國家健康服務與社區照顧法（NHS and Community Care Act 1990）通過後，加強地方政府在服務採購和監督的責任。推動的國家照顧標準（National Care Stardands）啟動照顧機構註冊及監督制度、實施照顧服務員資格審核及註冊制度、推動的單一評估制度（single assessment）達到整合社政和衛政的效果，地方政府在照顧服務推動上扮演相當重要的地位，落實民眾需求。21 世紀英國照顧服務陸續宣布多項新措施：

(一) 蘇格蘭地區免費照顧服務措施（2003 年開始）：所有身心障礙者照顧服務使用者免付費，而改由地方政府直接給付（direct payment）。

(二) 英格蘭地區地方政府辦理社會服務等級評鑑（2002 年）：將所有辦理社會服務地方政府表現予以評鑑，由 0 至 3 共 4 級，作為判定中央政府監督寬鬆與預算補助之依據。

(三) 國民健康服務自 2003/04 年度推動中介照顧（intermediate care）：鼓勵介於醫院與社區間的照護，以降低住院天數。

(四) 提供免費護理照顧補助額度：一方面有助於誘發自費使用安養機構的需求，另一方面則提高護理之家調高費用的空間。

(五) 制定到宅服務收費規範：英格蘭地區自 2001 年開始制定統一收費標準，而蘇格蘭地區則是自 2002 年 7 月通過廢除照顧服務收費。

(六) 單一評估過程：發布一套老年國民服務架構（National Service Framework, NSF）列出八項標準作為老年服務協定，目標在於減少對醫院及安療養機構的依賴，整合社政及衛政作業系統，提高評估流程。

(七) 最佳價值評估：通過「最佳價值」（Best Value）政策，要求地方政府每年必須要提出 20%經費的服務內容作最佳價值測驗，測驗內容在於評定地方政府所委託採用的服務內容是否是目前市場中成本效益最高的。

(八) 2000 年的競爭法案（The Competition Act）：法案涉及有關平等經營及交易的相關規定，地方政府經營機構式照顧、辦理社區照顧。

(九) 展期給付（deferred payment）：協助擁有不動產，但卻無足夠所得或動產的失能者，如何在不需變賣不動產的情況下支付照顧機構所需。

(十) 照顧標準法（The Care Standards Act）：成為照顧服務規定新依據。

英國政府推動照顧服務市場化十年以上的改革收穫與推動障礙等經驗，獲得以下幾點啟發與建議：

表 4-3　英國政府推動照顧服務市場化

策略運作	主要內容
引進市場機制	1. 照顧服務引進市場機制，不僅可以提昇服務效率和彈性，亦可擴大產業範圍，增加民眾選擇彈性。 2. 社區照顧改革刺激了短期居留的中途之家的增加和其他服務的提供。 3. 引進長期照護保險制度，許多小型公司間的競爭也促進大型官僚福利組織提昇品質和效率。
照顧服務產業化作為	1. 建立制度化的財源：穩定且制度化的財源，為民間資金投資的首要基本條件，透過民間投資者及地方政府穩定的財源保證機制，提高政策投資意願。提供各類照顧服務的給付，進而擴大照顧服務市場規模，同時亦讓民間部門有相當的成長空間。 2. 提高民間部門的競爭力：英國政府過去陸陸續續使用各種方式多管齊下，包括刪減地方政府預算、鼓勵志願部門投入供給、增加民間部門供給誘因、削減政府服務的市場競爭力。
地方政府參與	1. 對地方政府的財源控制：對於移撥給地方政府的特定移轉補助設有「85%條款」，規定地方政府需將補助款之 85%，用在補助私部門服務或相關事務上。 2. 對地方政府實施辦理評鑑：在於誘導地方政府配合中央政府政策原則，鼓勵使用民間部門照顧服務，加強地方政府的管考，確實達到預期效益。
控制品質	1. 採用合法和制度性的方法以控制品質。 2. 建立服務標準、第三者監督系統、申訴系統。
保障使用者權力	為保障使用者權力，宜平衡機構與居家式照顧之供給，實際配合民眾需求，以建構照顧服務產業。

（資料來源：作者整理）

肆、德國老人照護制度

　　德國在老年安養議題上，傳統政策措施係以強化老年的社會安全為主，諸如建構老年安全體制。然而，隨著醫學進步與生活水準提高，老年安養問題，不僅限於壽命的延長，更重要的是如何維持健康的老年生活品質。事實上，老年健康與營養問題，長期來多被忽略，諸如老年人吃得少、喝得少、動得少與營養不均所導致的營養不良和體重控制問題，可能進而引發慢性腎衰竭、痛風、骨質疏鬆或糖尿病等營養缺乏的長期慢性病。

　　有關老年安養問題，可簡單分為老年健康營養與老年照護兩大類，前者如健康蔬果與餐飲的提供；後者則如養老機構與醫護照護服務。配合老年公民日活動，乃從消費者保護與老人營養的出發，推出活力銀髮族計畫，希望從健康飲食與健康營養的觀念，來開創優質的老年生活。該計畫的重點在於保護老年健康與飲食安全、維護消費者經濟利益、消費者教育與提供食品消費資訊。

　　首先，就老年健康與飲食安全而言，活力銀髮族計畫所提倡的老人健康營養觀念，不僅是消極的預防疾病而已，更代表積極推廣老年身心健康的生活型態。故成為活力銀髮族的條件之一，在於老人如何學習與享受健康，一方面，鼓勵老年人終身學習健康飲食的新概念；另一方面，則可提高老人養生烹飪的餐飲樂趣。其次，就維護消費者經濟利益與消費者教育而言，銀髮族為新興的消費族群，由於老人的身體狀況、應攝取的營養與適合的食物，與一般的消費者差異頗大。故德國農業部分別與德國營養協會和消費者協會合作推動活力銀髮族計畫，前者已針對老年消費者、餐飲業者與醫療照護人員，辦理老人營養訓練班，提供老年營養、流質供應、老年設施改建與成本評估、食品衛生法、傳染病防治法、老人養生烹飪等不同課程內容；後者則以辦理老年自我照護與營養諮詢活動為主。

　　為回應老年人口問題的議題；相對的，德國農民聯盟則是從私部門的市場觀點，強調如何開發老人照護與養生事業的銀髮族商機。隨著老年人口的年齡增長，無論是日常生活的家事協助需求，如飲食準備、起床與就寢、房間打掃、洗衣、盥洗、排泄、行動等居家活動協助，或是專業的醫療照護需求，如插管式飲食、人工肛門、化膿傷口處理、打針注射、危急病人觀察等照護措施，均有與日俱增的趨勢。故德國從休閒為主的積極養生，到醫療專業為主的被動照護，分別開發出十類不同的養生事業經營型態，其中，老人供餐與鄉村長春俱樂部，僅提供餐飲和聚會場所服務；而老年度假民宿、日間照護、短期照護與養老院，則提供有固定期限的住宿和照護服務；相對的，老人公寓、托老照護中心、老人安養中心與老人養

護中心等，則不限制住宿時間的長短，並視情況提供不同等級的專業照護服務。因此，上列不同經營型態的老人服務產業可以區分為：

一、老人餐飲服務

老人供餐服務的概念，係設置餐飲服務中心，針對老年健康與營養的需求，把家庭式的私房烹飪食譜，規劃適合銀髮族的養生菜單。其經營方式主要為開設老人養生餐廳、送餐到府、或到府備餐的外燴服務。有關老年餐飲服務的可行方案，如包週或包月的送餐到府、接送顧客用餐、針對社區老年居民辦理養生膳食試吃活動、提供特定慢性病的營養餐等。

二、長春俱樂部／老年聚會場所

長春俱樂部的經營構想，不僅是提供鄰里老人的休閒活動場所，更重要的是，可提供老人彼此間相互關懷與互助的機會，一方面，可透過老年聚會的方式，解決老人離群索居的生活型態；另一方面，長春俱樂部可更積極地規劃適合老人的團體互動與休閒活動，來提昇其老人精神生活。考量當地的福利慈善機構、老年團體、宗教團體與社區活動中心，提供老人聚會的相關服務。其次，再根據老人聚會的時段與形式，規劃卡拉 OK、奕棋、牌藝與影片欣賞等可催化人際關係的休閒活動、計費方式，甚至可針對特定的老年團體需求，量身訂作適當的定期聚會形式與服務內容。

三、老年度假民宿

度假民宿的經營型態，係提供遊客簡易餐飲與相關旅遊服務。老人度假民宿的目標市場，特別鎖定行動自如的健康老人（aktive Alter），農家在不需要提供醫療照護的前提下，針對老年遊客的特殊需求，設計合適的住宿設備與休閒活動，諸如代客安排短期的參觀行程。

四、日間照護

日間照護的服務範圍，包括營養膳食供應、日常生活活動（daily living activities, DLA）照顧、輔助式復健治療，及住院式醫療照護。相較於老人度假民宿，老人日間照護更需要醫療照護的專業技能，因此，經營日間照護服務，在專業人力需求方面，必須擁有護理人員或接受醫療看護訓練者，同時住宅空間也需配合日間照護工作進行改善規劃。進言之，老人日間照護主要係針對鄉村通勤的上班族，在無暇照顧家中老人的情況下，提供日間托老的照護服務，受托老人則可於夜間返家休養，車程不宜超過30分鐘。另一方面則可配合地方社會福利機構，或與醫療院所策略聯盟，來擴展其營運範圍與服務對象。

五、短期照護

依德國長期照護保險法之規定，短期照護係指出院後的療養與密集看護，照護時間以4到6週為限。故經營老人短期照護服務的農家，必須擁有住院醫療的完整專業設備，適用範圍包括提供有照護需求老人在住院治療後的暫時性療養與復健；或是對於無法自行居家照護或無法取得部分住院醫療照護時，提供應急性的專業看護服務。對於老年消費者而言，短期照護的「療養即休假，休假即療養」之多樣性服務，係定位在代理家屬進行為期四週的托老照顧，諸如在老人出院後的後續復原或療養期間，家屬無力自行照顧，或需處理公務、家務而無暇分身時；當病患需要專業式的密集照顧時；甚至當家屬本身休假安排或生病時，則可分別提供休假代理或病假代理的托老照顧服務。

六、供應食宿的養老院

前述的老年度假民宿係以休閒度假為主，而養老院則是以作為老人長時間的休養地點，提供住宿與日常生活居家服務。此經營型態的消費客群

仍是以行動自如的健康老人為主,對於無力照顧自己日常生活者,或需要他人照護者的老人,則應屬於後列老年養護機構的服務對象。

七、老人公寓

老人公寓係針對老人特殊生活需求所設計的獨立生活空間,有關老人公寓的服務對象,仍以身體健康,能獨立生活與自我照顧的老人為主,農家可依照顧客身體狀況與需求,提供日常生活起居的家務服務,甚至進一步的簡易醫療照護與交通接送服務。

八、托老照護中心

托老照護中心係指提供獨立的居住空間與各項專業照護服務,服務範圍包括老人居家生活協助、聯繫社會福利機構的照護服務,接受老人赴醫療機構接受診療。因此,托老照護中心的經營重點,在於保障老年顧客的身體安全,而非提供完整的醫療照護,故經營者必須事先與顧客協商、確認托老照顧的服務內容。

九、老人安養中心

專業安養中心的經營特徵,在於提供住宿、膳食、照顧與看護等全方位的專業服務,除改建投資成本較高之外,同時也需要大量服務人力、護理人員、時間與設備的投入,故有意轉型經營專業安養中心的農民,應接受老人照護與特殊疾病看護之專業訓練。

十、老人養護中心

老人養護中心比上述的老人安養中心,需具備更專業的醫療照顧技能,因此,除專業看護人員之外,同時也需要設置專業的醫療人員。此類養護農場提供的服務項目,包括身心復健、醫療看護,以及臨終的安寧伴護。

德國對於老年人口的安養問題,係分別由政府部門、市場部門與第三部門的協力合作,共同集思因應的方案與行動。就公部門而言,消費者暨

糧農部則從老年健康營養著手，推動「活力銀髮族計畫」，以保護老年消費者的飲食安全與健康消費權益。此外，勞動暨社會秩序部於 1995 年實施社會照護保險，一方面，確認老年長期照護法制化保障基礎；另一方面，因為社會照護保險法實施後，老人長期照護問題不再僅是家庭內部的老人奉養問題。基此，由德國積極推動老年服務業，透過各種管道進行資源整合，尋謀與不同機構的合作機會，諸如醫療院所、專業養護機構、社會福利機構、民間慈善機構，或商業保險公司。

伍、先進社會老人照護的啟示

針對長期照護制度之建構，需要朝向以下之建議：

一、針對不同年紀老人提供不同性質之長照服務內容：應鼓勵「年輕老人」多利用「社區式照顧」，「中年老人」（尤其是獨居老人們）則以「居家式服務」為主體選擇，而身心衰弱、生活及社會功能差之「老年老人」，則需多借重「機構式照護」之照顧與協助。只是，政府還是先需針對全國老人施以「長期照護需求與資源調查」，方能確實掌握相關基礎人口之實際需求與既存資源資訊，以為全盤性考量之依據。

二、長照服務內容應力循簡明化、區域化、個別化之原則：過去長照業務中慣用之「安養、療養、養護、長期照顧」等稱謂，屬性劃分不清，不易理解、常令人生混淆；宜應將之加以簡化，方可便民、利民。而長照資源之規劃、分配與執行，宜以區域需求（Regional needs）為考量重心，不能再以行政劃分之社區領域來設限，而是改以區域事態（Regional state）之老人需求實況作為長照資源與管理之依據，才可實際解決照顧需求。

三、長照服務之執行內容需秉持多元化、持續性原則：一直在家庭私人領域（Private sphere）中實際擔任無償照顧者角色之家屬們，也應享有相關配套服務措施之權益，如：可領取固定額度之津貼、接受喘息服務（Respite care）、享有優先接受長照服務之選擇……等。

　　四、長照服務是所有老人可能之生活需要與福利需求，非專屬於中、低收入者之權益：長照既是全國所有老人之生活需要與福利需求，不論老人之社經地位為何，凡是國民全都有接受長照服務之權益。以「保險制──負擔義務，享受權益」原則，才能符合「公平、平等、公正」之社會福利正義價值。

　　五、為求長照業務能永續經營，需防杜日後財務發生赤字窘境之可能性：長照服務之被期待與要求，並不單是因「個人老化」所需，而是「人口老化」、「社會老化」等實際現象。為防範長照服務被濫用後經費赤字浮現，可參照日本政府作法，除繳交保險費外，只要接受長照服務，仍需要求負擔自付額。

　　六、詳訂相關法令，以規範長照服務之執行基準：長照業務之執行目標、發展進度、服務對象、照顧服務、輸送方式、設施分類、不同失能／失智程度之照顧內容與方式、收費標準、使用者費用分攤比例、監督／管理機制、政府單位之分級分職、評鑑制度之執行……等，均需明確規範。

　　七、中央相關行政單位需釐定管理權責，方利長照業務之推動：為求長照制度與體系能正常運作、不浪費資源，更為避免民眾在各不同行政體系之服務單位間無所適從，在中央政府層級之衛政與社政單位，需就各項長照工作之執事權責與管理領域細加劃分、協調，以求執行步驟、服務內容之基調一致；如此才得使地方政府與長照實務工作人員能配合政策、履達目標。

　　八、注重政府與民間力量之合作、銜接與共力：政府針對長照業務之發展，在研擬發展方向與各實施階段目標後，應極力促使所有各級相關政府、機構、單位、社區、團體、家庭、甚至老人們，能明瞭各自在長照制度中之定位、任務及職責；如此才能共力合作，發揮長照之服務效益。另，志工人力在協助推動長照業務亦有其定位與助力，有關共同參與事宜，也應一併規範，以確保在社會照顧、健康照顧、養護照顧等領域中，有可盡心盡力之處。

九、提昇機構照顧服務品質：為解決過去機構服務品質良莠不齊，服務內容缺乏明確規範，有礙接受照顧者及機構經營者之雙方權益之問題，制定多種機構照護定型化契約範本，供社會各界及民眾參考。

十、健全照顧服務人力培訓與認證制度：為建立照顧服務專業化，提高照顧服務員服務品質，統一「居家服務員」及「病患服務員」之訓練課程。

藉由努力，達成高齡照護所追求的：「普遍性、權利性、公平性、選擇性」的目標；普遍性是指當高齡者需要受照顧時，任何人皆可不用受限於經濟條件，得到其想要的服務。權利性是指服務的利用並非來自於誰的恩惠或慈善義舉，而是高齡者的權利。公平性則是指在舊有的制度下，高齡者的負擔是根據其所得的高低而定；介護保險制度下，高齡者的負擔是根據其受益的內容（保險給付內容）來訂定，符合公平性原則。選擇性是指服務內容選擇的主體為利用者，他們可以自由選擇需要的服務項目。

結語

人口結構的高齡化的急速成長，促成老人福利機構的需求日益增加。從家庭照顧能力的衰微等來看，也說明了老人照護社會化的需求日益提高。實施「單位照護」的老人機構主要以「特別養護老人院」及「老人保健機構」為主。除此之外，亦包括老人福利機構中的養護老人院、及醫療機構、療養型病床群等。參酌日本 1963 年，通過「老人福利法」，開啟老人福利的制度化，其中，設置安老收容機構成為老人福利的重要措施之一。1966 年，日本發表「養護老人院及特別養護老人院之設備及管理規則」，以確立安老機構組識的法定地位及其管理規則。首先，將養老機構（養老院）改稱為「養護老人院」，提供 65 歲以上因身體、精神之障礙，家庭環境、住宅環境與經濟理由等，無法居家安養之老人適當的收容養護服務。除了

「養護老人院」之外，另外就是「特別養護老人院」的設置，主要提供 65 歲以上，身體上或精神上有障礙而需要接受長期照護且無法在家中獲得妥善照護的老人的收容照護服務。具體願景為：一、促進照顧服務「福利」和「產業」平衡發展。二、建構完善的照顧服務體系。三、開發國內照顧服務人力，降低對外籍看護工的依賴。四、充實居家式及社區式照顧資源，落實在地老化之目標。

第五章　經濟安全

前言

　　經濟保障，就是現代國家發動社會安全力量，並透過收入再分配，籌措並建立一筆資金，向沒有或失去收入的勞動者乃至國民做出給付保障，進而達到國民安居樂業、社會生活安寧、經濟持續增長的效果。老年經濟保障則是指對退出勞動領域或無勞動能力的老年人實行的社會保護和社會救助措施。老年經濟保障是一種透過國家強制力，保障勞動者因年老失去勞動能力時獲得經濟收入，維持基本生活的社會制度。21 世紀是高齡化的世紀，養老問題將成為全球共同面對的議題。在經濟發展與社會福利的論戰上，社會福利屢屢遭受經濟學者視為洪水猛獸，尤其是普遍式的社會津貼更是如此，深怕影響了自由競爭的市場機能，但在人民社會權意識普遍提高的今日，輔以民主化浪潮的交互影響下，政府或為因應人民要求、或為維持政權合法性，都必須提供人民某種程度的經濟安全保障，在這樣的情勢之下，如何制定妥善適切的福利政策，並且因應潮流與時俱進，是政府責無旁貸的責任。

壹、英國老年經濟安全保障制度

　　英國是一個歷史悠久的現代化國家，是近代工業革命的發源地，也是工人運動最早發生的地區之一。伴隨著相應各種社會保障制度的陸續完備，英國可以說得上是最早建構完成的現代福利國家，其老年經濟安全保障制度的發展歷程與現狀，也可以說是相當程度的代表了整個相關制度發

展的縮影。在老年經濟安全保障制度部分，英國在近四分之一個世紀中頻繁而顯著的變化尤其值得關注，特別是英國的退休金領受者的經濟安全保障來源較大比例的依賴於私人部門的給付，與其他歐陸國家如德國、法國及義大利或北歐的瑞典、挪威等國主要依賴公共部門的情況有極大的不同。

一、歷史沿革

英國最早的社會保障立法可以上溯到 1601 年的濟貧法，不過濟貧法的推動，主要目的在解決國家工業化與城市化以後引起的勞動人口失業及貧病問題，並非以老年經濟安全保障為主，同時接受者必須經過相當的屈辱性審查標記，而其承擔責任的單位係以地方性的教區為主，可以說完全無法達到普遍保障的功能。直到 1834 年濟貧法委員會報告書以及其後一連串相關立法完成後，其整體集中化的措施始能完成。但其政策推動的重點仍在減輕國家為解決人民失業及貧病問題所導致的財務負擔，無法有效消滅貧窮。

從濟貧法時代的傳統開始，觀念上一直認為對老年人的社會保障問題是家庭及社會慈善團體的責任，教會團體甚至認為政府介入老年保障服務是侵犯了其服務範圍。另一方面，傳統上天助自助的觀念深植人心，整個 19 世紀英國民間自發的老年保障服務多由各個分立的互助社進行，範圍限定在一些特定行業的就業者身上，對於中央政府的干預，多以擔心損及既有利益而抗拒，甚至後起的工會團體亦以權力或許遭受侵蝕而反對。

在這個背景之下，國家立法介入的蹤跡要到 19 世紀末，受社會普遍的需求與周邊國家，特別是德國俾斯麥首相推動老年年金保險制度的刺激，才可以說有了一個正式的開始。1908 年第一個國家養老保險計畫正式誕生，為當時年滿 70 歲以上的老人建立了普遍性的、無須繳費但要經過家庭資產調查的低收入老人提供年金，這個制度在性質上比較接近老年救助計畫。1925 年對計畫進行改革，頒布「寡婦、孤兒及老年繳費式年金法案」，在原有範圍之外，成立新的計畫，一方面在領取資格上放寬請領年齡為 65 歲同時取消了資產調查限制；在另一方面則建立了繳費原則，惟發放年金

金額仍保持固定而不與繳費金額掛勾，整體來說已經具備現代社會保險雛形。二次世界大戰之後的 1946 年，透過「國民保險法」的訂定，初步體現了《貝佛里奇報告書》中所建立的普遍、保險、統一的原則，建立了以精算平衡為基礎的以及基金平衡為觀念的社會保險式老年經濟安全保障制度，惟於實際執行時，係遵循「由工作世代繳費，集體供養退休世代」的原則，採隨收隨付的財務制度。

1979 年柴契爾夫人開始長達 12 年的主政生涯，有計畫的將提供退休經濟保障的責任轉移給私人部門，其重要之政策包含：

1. 1980 年社會保障養老金法改變基本年金的通貨膨脹調整因子為物價變動率，取消了工資變動率的選項，此舉實際有效的抑制政府相關支出，長期間降低公共年金在個人養老金財源的比重。
2. 1986 年社會保障養老金法的鼓勵以個人養老金代替與收入關聯的國家養老金以紓緩老人人口增加對國家財政可能的影響。
3. 1986 年社會保障養老金法的補貼個人參與外包年金計畫。

1998 年政府公布了「福利改革與年金法案」，預定要建立一個新的由國家提供的養老金計畫，其中包括一個新的持股者養老金與一個強制性的國家第二養老金。

二、制度內涵

英國的制度可以一個三層架構說明：第一層採強制、單一費率、公共基金以及隨收隨付方式辦理；第二層亦採強制，但是員工有較大的選擇性，其中公部門的退休金計畫是採隨收隨付制，私部門則以基金型態支應；第三層完全屬於自願性私人儲蓄計畫，運作方式以個別基金型態支應。

表 5-1　英國老年經濟安全保障

類型	主要內容
國家年金	1. 基本國家年金：基本國家年金完全由政府支應，採隨收隨付制，為政府最大單一的支出部分為基本國家年金。基本國家年金權利的取得，基本上是透過參加國家保險提撥計畫而來，所有收入超過基本收入上限者（Primary

	earnings threshold, PET），必須支付國家保險費。對於所得在最低收入上限以上而不足 PET 的工作者，必須以其本身名義進行提撥以累積領取年金資格，此一規定同時適用於生病、失業及殘廢期間。 2. 與收入關聯國家養老金：1978 年提出「與收入關聯國家養老金」，作為基本國家年金的補充性質，因此給付額度不高，設定在個人生涯最高 20 年薪資平均薪資的 25%。財源則是來自於對受僱者工作所得超過最低下限的部分強制提撥。
職業年金	1. 相較於其他歐洲國家，英國有一個極為發達的職域退休金與個人退休金體系，在第二層的保障層次範圍內。 2. 自 1988 年後，個人可以選擇退出國家退休金計畫改加入確定提撥制退休金計畫，如果發生爭議而使個人不願意加入其雇主的退休金計畫。 3. 亦可改參加國家退休金計畫或開放個人退休金計畫，而這些確定提撥制的計畫可由雇主提供或以個人帳戶方式儲存，即所謂的核准式個人退休金。
福儲年金	個人也可以額外提撥至私人退休金帳戶，即所謂第三層退休金保障，提撥額是採稅前所得提撥，對於基金運用的孳息及資本利得稅均免繳納，例如住宅供給或是個人儲蓄帳戶（Individual Savings Account, ISA）。ISA 運用的報酬可不納孳息及資本利得稅。

（資料來源：作者整理）

貳、美國老年經濟安全保障制度

　　美國是 20 世紀發展最迅速的國際強權，無論在政治上或經濟上都充滿自由主義的精神。這種精神，表現在整體的社會福利政策與老年經濟安全保障制度上，就顯現出與英國、德國以及瑞典等歐洲國家完全不同的風貌。雖然政府也有相當介入，但是私部門所發揮的作用卻更為重要，以致於就專門研究社會保障的觀點來看，政府對社會弱勢族群的照顧就相對不足於其他先進國家。美國是一個新興的移民國家，持續而豐富的發展機會使社會普遍不需要也不鼓勵依賴社會資源養老，因此在老年經濟安全方面的制度性保障出現很晚，全面性的保障法案直到 1935 年「社會安全法」通過後才算有一個決定性的開始。而私人部門自行提供的退休金制度則一直要到 1974 年「就業者退休所得安全法案」通過後才開始有系統性的法律規範與保障。整體而言，美國的老年經濟安全保障體系的發展即可據以劃分為公共養老金與私部門退休金兩大部分。

一、公共養老金體系

「社會安全法」以及其他相關法律保障包含老弱貧病等廣泛的社會風險，其中就老年經濟安全有關的部分，主要是普遍提供有一定的工作年資的 65 歲以上人民基本老年年金，其保障範圍包含配偶（含一定條件的已離婚配偶）及老弱遺族等，皆可在一定條件下支領被扶養人年金。

對年金的受領人而言，只要年滿 62 歲並具備完全被保險年資者，即可提前領取減額年金，反之，超過 65 歲退休者則可領增額年金。另外對於 69 歲以下的受領人，如果仍然有其他收入超過一定限額以上，亦須依一定比率減額給付。支應社會安全計畫的法定財源，是對參加者的在一定限額以下的薪資所得，課徵一定比例的社會安全稅，其稅額由勞資平均分擔。

二、私部門退休金

秉持對市場機制的尊重，美國對私部門所提供的老年經濟安全保障工具相當大的自由空間，政府並未以法令要求企業必須提供員工退休金保障，但是一旦企業作出承諾，則必須依據相關法律的規定辦理。其中政府提供相當優惠的租稅誘因，也提供受僱者或計畫參加者完善的保障機制。由於退休金相關法制完備，就民眾而言，退休金權利相當明確可得，因此成為選擇工作時十分重要的遞延工資考量因素，雇主也習慣透過各種工具提供受僱者退休保障，可以說是以私部門力量建立社會老年經濟安全保障制度的一個典範。其實際運作方式包含企業提撥資金建立的職域退休金計畫與完全屬於個人的退休金帳戶兩大類型。

　　1. 職域退休金計畫：由雇主提供的職域退休金計畫在型態上相當多元，其中最主要的型態是確定給付與確定提撥制，近年來亦有混合兩者的計畫如現金餘額型計畫等。就其適用對象而言，有適用一般企業員工的 401（k）計畫，有適用教師及研究機構的 403（b）計畫，以及適用州及地方政府僱員的 457 計畫。

　　　　歸納其立法精神，不外乎要求對參加者與政府資訊公開；要求
對一般低所得就業者降低參與門檻；保護就業者轉換工作時已有退
休金的權利；要求退休基金被高度善良管理義務的治理；以及確定
給付型退休計畫有足夠的基金提撥等。

2. 個人退休金帳戶：除了職域退休金以外，稅法也容許個人建立亦有
租稅遞延效果的個人退休金帳戶，存在這個帳戶的資金，其投資收
益免稅，其他如有免稅的本金，則在開始動支時必須納入稅基。對
這個帳戶中的資金，個人可以在退休後以任何方式提領及處分，唯
一的限制是必須在 70 歲以前開始動用。以規模而言，個人退休金帳
戶的重要性並不低於確定提撥型的職域退休金計畫。

參、日本老年經濟安全保障制度

　　日本在健康保護方面，1922 年訂定「健康保險法」，提供勞工疾病及職
災給付，同期間公私企業則以共濟組合方式提供員工健康保險；1938 年成
立厚生省訂定「國民健康保險法」、1941 年訂定「醫療保護法」，基本上法
規制度已經相當完備。

　　民間企業提供僱員退休後生活保障的方式大致採用「共濟組合」的形
式，最早提供員工退職年金的是共濟制度，於 1905 年仿效德國 Krupp 公司
的制度，給予連續工作十年以上員工最後薪資的一定比率的退職年金。這
個制度逐漸形成風氣，演變為永續性的制度，內化為日本企業終身僱用制
度的一環，政府於 1926 年開辦了郵政年金，至 1939 年擴大對受保人遺族
給付，同年開辦郵政團體年金並提供賦稅減免誘因。1950 年「社會保障制
度審議會」提出《社會安全制度建議書》，在年金制度上強調平等保障及確
定政府有保障民眾最低生活水準的責任，並建議分三階段將當時複雜的年
金制度整合為單一的雙層年金制度：不需資產調查、具備「國家最低標準」
保障、以稅收支應的第一層年金，加上與各類團體自行決定與所得關聯的
第二層年金制度。

　　受 1973 年世界性石油危機影響，1975 年開始日本在整體福利政策上進行了根本調整，從以高度經濟成長支撐高度福利社會的福利國家邏輯轉為社會自助的「日本式福利社會」，希望在整合各個年金計畫的長期目標之下，逐漸縮小政府在公共年金上的負擔。在國民年金方面，通過「國民年金制度及相關法修正法」，內容包括：1.擴大強制參加的普及性。2.建立定額基礎年金，投保不滿二十五年者領減額年金。3.對非受僱者收取定額保險費，受僱者與其配偶的保險費由各所屬年金攤提，並確保配偶領取權利。4.納入海員保險的年金給付部分。

　　經過長期演變，現行日本的老年經濟安全保障體系在涵蓋的範圍上已經相當完備，從制度上來講，在公共養老金領域可以概分為國民年金、厚生年金保險以及共濟組合年金三個部分，其中國民年金構成體系的第一層支柱，厚生年金保險（包含作為外包計畫的厚生年金保險基金）及共濟組合年金構成第二層支柱。除了發達的公共養老金外，職場養老金的部分也有相當的發展。

　　第一，國民年金：涵蓋所有 20 歲至 60 歲的日本國民，其下又分為三類：

1. 第一類為自僱工作者、農夫、漁民、學生等無就業者以及渠等 20 歲至 60 歲之配偶，按月繳納定額保險費及附加保險費。

2. 第二類為參加厚生年金保險以及共濟組合年金保險的工作者，其保險費由厚生年金保險以及共濟組合年金保險攤提。

3. 第三類為第二類參加者 20 歲至 60 歲之配偶，其保險費亦由厚生年金保險以及共濟組合年金保險攤提。

　　第二，厚生年金保險：對於私部門 65 歲以下之受僱者原則上強制參加厚生年金保險，其保險費依不同類別與不同薪資等級而異，由勞僱雙方平均負擔。其給付部分包含隨消費者物價指數調整的與所得關聯之老年厚生年金（其中定額部分納入國民年金的老年基礎年金體系）、在職老年年金以及遺屬厚生年金等。其財源除由勞僱雙方平均負擔外，另由政府負擔全部行政事務費用、基礎年金攤提金的二分之一等。

第三，共濟組合年金：對於公部門或是準公部門受僱者原則上強制參加共濟組合年金，又分為四類：1.國家公務員共濟組合，2.地方政府公務員共濟組合，3.私校員工共濟組合，4.農林漁牧協同組合團體共濟組合。其保險費原則上亦由勞僱雙方平均負擔。其給付部分包含隨消費者物價指數調整的與所得關聯之退休共濟年金及特別給付（其中定額部分納入國民年金的老年基礎年金體系）、殘障共濟年金以及遺屬共濟年金等。其財源除由勞僱雙方平均負擔外，另由政府負擔全部行政事務費用、基礎年金攤提金的二分之一等。

肆、智利老年經濟安全保障制度

智利是近年來拉丁美洲最受矚目的改革個案，她可以說是世界第一個真正將老年經濟安全保障事業私營化的國家。在 20 世紀初期，智利與其他拉丁美洲的主要國家如阿根廷、巴西、烏拉圭乃至於中美洲的古巴等，追隨當時先進的俾斯麥模式，建立起完全提撥制的公共退休計畫，經過數十年的演變，智利能引領風潮，帶領拉丁美洲諸國朝向普遍強制完全提撥式的個人退休帳戶的改革方向。

一、歷史沿革

智利的老年經濟安全保障制度發軔於 1924 年，開始仿效德國社會保險模式設計，針對某些政府受僱者如軍人、公務員、教師以及特別強勢的行業如運輸、能源、銀行等受僱者團體，建構一個採完全提撥方式並且強制參加的老年退休金計畫，由各個私有但國營的社會安全機構（social-security institutions, SSIs）負責管理。

1952 年，以一個隨收隨付的新系統取代了名不副實的完全提撥制，將醫療服務切割出去，提高提撥率，制定一個與過去薪資連結、高所得替代率的確定給付退休金制度，分別制定男女不同的強制退休年齡等。到了 1970 年代，節節升高的稅率與政府補貼，嚴重打擊這個隨收隨付的體系，終於

催生了 1979-1981 年的重大改革。1979-1981 年的改革可以說是空前的，可以說是現代老年經濟安全保障制度由公營轉向全面民營一個激烈變動的實驗。為了確保轉軌成功，政府做了兩件重要的工作：首先利用出售國有企業與一般稅收建立了龐大的準備金，以應付當大部分的勞動者轉入新制並停止對舊有隨收隨付制退休計畫繳納稅款後，為了給付舊制勞工退休金所需的龐大資金缺口；其次更重要的是，對轉入新制的勞動者發給其在舊制度下退休金權益的「認可債券」，由國家保證 4%的年利率，於勞動者退休時由國家編列預算給付其本金與利息。

1981 年將原來一層式的退休金計畫改為三層結構，明確區分了具備所得重分配功能的第一層保障，以及具備自我儲蓄功能的第二、三層保障：第一層部分分別對計畫參加者提供最低年金保障，對未參加者提供救助年金，兩者皆須經過資力調查；第二層部分建立確定提撥制的個人帳戶計畫，由政府提供最低收益保障並強力介入市場規範，而由民營資產管理業者及保險公司負責操作管理；第三層部分提供租稅誘因，鼓勵個人建立輔助性儲蓄帳戶，以厚植老年生活保障資源。

由於採行長期而漸進的改革轉軌模式，智利現行的老年經濟安全保障架構是以 1981 年改革為分水嶺的新舊制混合體。其中舊的制度逐漸隨其 1982 年以前參加者的退出就業市場而式微，至今其適用對象已不足全部就業人口的一成。新制度則剛好相反，隨著實行期間的拉長，其適用對象愈行擴大，領取新制退休給付的退休者快速增加，其累積的基金也快速成長。

二、制度內涵

從 1981 年建制以來雖然有一些規定的調整，按世界銀行所建議的三層架構模式說明。

表 5-2　智利老年經濟安全保障

類型	保障	主要內容
補助年金與最低年金保障	第一層	第一層的老年經濟安全保障機制分別對第二層計畫參加者提供最低年金保障，對未參加者提供救助年金，兩者皆須經過資力調

		查，以作為對第二層保障不足者的補充計畫。為避免影響第二層計畫的健全，其所需財源完全由一般稅收支應。
強制性的職域退休金計畫	第二層	第二層的老年經濟安全保障機制是透過一個完全私營的確定提撥制度加以實現，基本上屬於強制性的職域退休金計畫，不論是計時薪資或固定薪資，勞動者依法將個人所得的 10%提撥至個人退休帳戶，交由自己選擇且經政府核定的民營退休基金資產管理公司管理。當男（女）參加者繳費紀錄達 20 年最低標準以上並達到 65（60）歲時，可以開始領取老年年金，對於已經累積至一定金額年金者得申請提早退休，開始提領所儲存的老年年金。
租稅誘導儲蓄計畫	第三層	是透過兩種型態的租稅誘因進行；其一是鼓勵個人在強制提撥之外增加提撥至個人帳戶，其金額與強制提撥部分一樣享受本金及收益免稅，但於提領時計入當時應稅所得金額之內；其二是在前述個人帳戶之外另外成立獨立帳戶，就個人稅後所得自由提撥，投資收益免稅，因參加人可以隨時提領，故嚴格論之只是一種鼓勵儲蓄計畫，而非專為保障參加者老年經濟安全而設之計畫。

（資料來源：作者整理）

針對該制度，有兩項特色：

第一，政府的規範與保證：新制度雖然完全以私部門市場運作為主，但是為了有效保障人民的老年經濟安全，政府透過繁複的法律規範，對退休基金產業的參與者如退休基金資產管理公司與人壽保險公司等進行嚴密的管理，舉凡資產配置、個別投資標的投資上限規定、利益迴避限制等事項都有明確規範，對個別公司的是否遵守投資法規的監控乃至於整體投資表現都有積極介入。

第二，新舊制的轉換：對於一個施行久遠財務不佳的舊制度，智利在進行激烈改革的同時也提供了一個長期漸進的轉軌方案：其一是提供原來參加者自由選擇的權利，凡是在 1982 年底前之參加者必須在五年內作出是否加入新制的選擇，其選擇不變更者，繼續維持原來的權利義務方式，對轉入新制者則發給其在舊制下退休金權益的「認可債券」，就其認可之金額由國家保證 4%的年利率，於勞動者退休時由國家編列預算給付其本金與利息一併給付，將巨大的轉軌成本延長為幾十年的實現期間；其二是為提高

新制的轉入率，政府提供了相當大的誘因，對轉入新制者，不但將提撥（稅）率由大約 20%統一降至 10%，還利用一次調薪的方式使參加者的實際所得維持不變，因此吸引大多數中低年齡的勞動者轉往新制。

伍、德國老年經濟安全保障制度

　　德國可以說是一個相當注重社會保障制度的國家。在社會保障方面，德國可以說是現代社會保險制度的發源地，也是近代福利國家發展歷史上的一個代表性國家。這種體制的充分發展，使德國可以一方面享有獨立產權及自由市場的經濟發展優勢，一方面又可以透過國家的力量，對社會生產成果進行較佳的所得重分配。

一、歷史沿革

　　德國的老年經濟安全保障制度因其發展之源頭，早在 1871 年德意志帝國成立，俾斯麥擔任首相，實施社會政策及透過社會立法保護勞動者，如 1883 年的「勞工疾病保險法」、1884 年的「勞工災害保險法」以及 1889 年的「勞工老年殘疾保險法」。其中勞工老年殘疾保險法是德國首度實施的一般老年年金制度，這個制度雖然幾經修改擴大適用範圍，但基本架構沒有改變，形成以後德國實施社會保險的基本模式。

　　對於幾次年金制度修正演變，影響範圍廣泛，分述如下：

1. 1957 年年金改革及調整：在給付方面由以往分為定額給付加上與所得關聯部分的老年年金的方式，改為單純與所得關聯年金；對已退休者年金納入調整，避免與現職人員年金權益差距擴大；財源籌措從基金累積方式轉為隨收隨付方式，並保留一定期間足夠準備金（此次規定為一年變動準備金），如有不足則立刻調整保費，財政狀況每兩年整體評估一次。

2. 1972 年年金改革及調整：實施彈性退休年齡制度，最早可以在 63 歲開始領取老年年金；保障最低年金水準以及維持標準年金水準；

擴大年金保險適用範圍，另外，進一步實施為重建年金財政結構所必要的各種措施。

3. 1992 年年金改革：年金調整依據改以淨所得（即為可支配所得）增加率取代總所得增加率，其目標之所得替代率改為淨所得之 70%；男女性退休年齡下限預定於 2001 年起分由 60 及 63 歲統一提高至 65 歲；同時提高了育兒年資（由 2 年增至 3 年）以及提高低所得者的年金；將聯邦補助金額與僱員提撥掛勾並強化保費自動調整機制。

4. 2001 年年金改革：排除與老年年金無關的給付義務；擴張納保範圍，原則上所有長期勞動者都要納入；改革傷殘年金，將現行工作失能年金與無謀生能力年金改為兩級制之就業失能年金；加強對終身工作與老年部分工作的管制；特別為婦女另外設置有最低及部分工時的工資保障之老年安全體系；提高育兒期間設算薪資水準；簡化屬於救助性質的老年最低給付保障的資產檢查作業；建立預防人口結構變化影響的相關措施；加強對私人職業年金及個人年金制度的鼓勵措施。

二、制度現狀

德國現行老年經濟安全保障制度分為三層，第一層是法定年金保險；第二層是輔助性的職域退休金計畫；第三層則是自願性的額外儲蓄。

表 5-3　德國老年經濟安全保障

類型	主要內容
法定年金保險	即強制性的公共年金計畫，適用於全體受僱工作者與部分自僱工作者，但不包括公務人員、農夫以及一些專業人員如醫師、律師以及建築師等，其適用對象為年滿 65 歲具備 5 年以上投保年資者，或提前或延後退休者可以減額或增額領取，另外亦有部分年金領取規定；其給付與失能及殘疾年金皆屬與所得關聯之年金；其整體財務安排採隨收隨付方式，由個人及所屬企業按所得比例平均繳交，目前稅率約為 19.5%。
職域退休金計畫	在第二層的職域退休金部分，原本在公部門之就業者係以集體協議方式享有確定給付式的退休金，現在已經併入法定年金保險系統，依最後薪資一定比例給付。職域退休金在型態分為四種方式：

	1. 帳面準備（**Book Reserves**）：公司以帳面準備方式承認員工退休金權利，並透過退休金保險機制提供一定保證。 2. 支持基金（**Support Funds**）：是一種法定獨立的基金管理機構，由一個或一群公司組成的協會成立並且提撥所需基金，占整個職域退休金總資產的 7%。 3. 退休金保險基金（**Pension Insurance funds**）：由法定獨立的共同保險機構負責管理，由雇主單方或與僱員共同提撥基金組成，員工對基金資產有法定要求權，且雇主有義務提撥足夠支付能力的金額進入基金。 4. 直接保險（**Direct Insurance**）：由雇主付款，直接以員工名義向人壽保險公司購買一定條件的年金保險。
額外儲蓄	透過額外儲蓄方式之應老年生活所需部分之規模，並未有精確統計數據加以呈現，惟以資本收入僅占老人總所得比重 10%以及老人仍有正儲蓄的情況推論，依賴額外儲蓄作為老年經濟安全保障財源的比重應該很低。

（資料來源：作者整理）

　　除此之外，尚有包括公務人員、農夫以及一些專業人員如醫師、律師以及建築師等專業人士的老年經濟安全保障方式，其中公務人員及農夫是由國家提供以一般稅收支應的隨收隨付式計畫，而醫師、律師以及建築師等專業人士的計畫則另有提撥基金的制度負責，大致而言已涵蓋第一及第二層級之保障範圍，整體保障程度較高。

陸、瑞典老年經濟安全保障制度

　　瑞典是現代福利國家理論的一個代表性國家，向來以「瑞典模式」聞名於世，建立福利國家典範。在 1980 年期間，瑞典已覺察到全國之基本退休年金（National Basic Pension）與全國之補充退休年金（National Supplementary Pension）已無法因應將來之退休財政挑戰，因此促使政府將老年退休年金之一部分稅收改為民間私人公司經營設立私有化之個人退休專戶制度。

一、歷史沿革

19 世紀中期，瑞典開始其工業革命，並於 1889 年提出勞工老年年金案，主要參考德國的普及、強制原則與英國的實際執行方式。1913 年，瑞典的國民年金法案，也是世界第一個普及性及強制性的年金制度，其範圍普及全國 16 歲至 66 歲人民，由個人負擔全部保費，政府及雇主都不分擔，投保人至 67 歲開始領取年金。1948 年開始實施新制，改採免去資產調查的隨實質薪資增加率調整之等額國民年金制度，其財源由稅收支應，在制度上已經逐漸顯現消滅貧窮的積極政策意涵。在 1959 年完成全部由雇主繳納保費的所得相關聯式補充年金制度立法，使退休者能維持其在職時相對穩定之生活水準，同時強化其對所得損失的彌補功能，與基礎年金制共同架構起保障老年經濟安全保障的大網。發展至此，加上體系中原已存在的各種供老年人領取的年金津貼以及企業年金，瑞典的老年經濟安全保障制度基本上已經完備。

1999 年，政府評估年金制度實施成效，並提出改革新制度。新制度統合了原來方案中基礎年金、附加年金與各種津貼為一個充滿創新精神的單一多層次公共退休金系統，並將之與失能、遺屬等年金系統獨立，特別是其中所謂「名目確定提撥制」，將一個基本上是確定提撥性質的退休金制度，結合了隨收隨付的財政安排，引起廣泛的注意，使得瑞典的老年經濟安全保障制度又進入另外一個境界。

二、制度內涵

基於福利國家「從搖籃到墳墓」的政策傳統，瑞典現行的制度保持其公共性及強制性。其基本構想是，在維持長期不變的提撥率原則下，以預期壽命、個人退休年齡及實質薪資變動等因素調整參加人員的退休金權利，將給付面與提撥面緊密結合，並以隨收隨付的基礎實際調度基金財務；另外以一個較小的傳統確定提撥基金比率，提供參加者建立個人帳戶累積退休基金。保持了以一般財政收入為財源的對最低生活水準保障原則，以

保障年金取代了第一層的定額基本年金；在第二層部分，則在維持原有隨收隨付制的精神下以所得年金取代原來的補充年金，另外加上確定提撥方式的額外準備年金。

(一) 保障年金：保障年金係以一般財政收入為財源，對老年居民提供最低年金收入的保障。其計算方式是設定一個最低年金水準，對第二層所得年金不到這個水準的合格老年居民進行補貼，補貼額度最大從對完全沒有所得年金者給予 2.13 倍基礎金額的水準開始，隨所得年金的增加而遞減，當所得年金達到 3.07 倍基礎金額時，完全停止補貼，並且以物價變動率作為基本金額的調整因子，大幅提高了最低保障水準。據官方的初步估計至少有 40%居民可以獲得此一補貼。

(二) 所得年金：對應於舊制度第二層的補充年金，現制區分為主體的所得年金與附加的額外準備年金，其財源以所有參加者計算薪資的 18.5%計算，雇主與受僱人員各負擔一半。在所得年金的部分仍採隨收隨付方式，以所有參加者計算薪資的 16%且不超過依名目薪資變動率調整的法定上限金額，作為當年給付的財源，並且建立足夠的準備，以應付人口結構等因素導致的短期收支失衡，在附加的額外準備年金方面則以剩餘的 2.5%為財源。

在參加者的年金權利累計方面，對所有參加者都建立一個虛擬的累積帳戶，自 16 歲起每 5 年計算其所獲得的年金權利，加入逐年依名目薪資變動率調整的累積帳戶中，作為最後計算實際所得年金的依據。

因為建立了充足的給付準備，更足以支持提撥率長期的穩定於一個不變的水準，因此這個制度被部分學者稱之為「名目的」確定提撥制。

(三) 額外準備年金：除了隨收隨付制度下徵收的 16%金額，另外建立了完全提撥的額外準備年金，為每個參加者建立真正的個人帳戶，經由當事人的指定，投資於經額外準備年金管理局核定的各

種性質的公民營基金，由不同的基金管理機構獨立管理，基金參
加人自行承擔基金運用風險。

三、制度變革

瑞典政府改革其老年退休年金制度的主要原因為：1.長期之財政虧損。
2.人口結構變化。3.將來之財稅將相對地增加。4.經濟衝擊。瑞典國會
（Swedish Parliament, the Riksdag）在 1994 年同意改革老年退休年金制度，
並在 1999 年通過立法全國實施，其新法之改革重點包括了：

1. 部分私有化：所有勞動者必須將他們收入之 18.5%繳交為老年退休年
   金之稅金，其中 2.5%之稅金可指定為個人之退休專戶，勞動者本身
   可以選擇這個個人專戶之稅金，投資在企業界之私人公司。

2. 個人退休專戶：個人之退休年金之稅率為 16%要繳交給政府統籌之
   老年退休基金，政府會為個人之退休收入運用這個基金作有利之投
   資，將來政府依據個人一生之工作歷史、繳交多少稅金來計算一個
   人在退休時該領多少退休年金。

3. 保護貧民之安全網：瑞典之老年退休年金制度設立了一個安全網來
   保護貧民。政府將繼續使用一般所得稅來補充勞動者之最低退休年
   金收入，因此低收入之貧民工人也可得到保護。

4. 保護退休者與老人之轉移：雖然老年退休年金之新法已實施，但是現
   在已退休之勞動者與老人將依舊法案繼續領取他們之老年退休金。

瑞典政府之改革將帶給勞動者、退休者與社會經濟三方面許多益處：

1. 節省預算：部分私有化之退休年金制度加上政府主辦之老年退休制
   度可以導致節省預算，維護老年退休金制度之健全操作。

2. 提高退休收入：鼓勵工人勞動者自己負責將部分稅金投資在生產事
   業，可增加將來之收入，工人可以享受安全及舒適之退休生活。

3. 經濟成長：藉著減少工作稅率，創立一個終身收入與老年退休年金
   連結之制度，瑞典之退休年金制度改革將提高勞動者之工作動機與
   意願，更可增加全國之儲蓄與提供資金促進經濟成長。

柒、新加坡老年經濟安全保障制度

　　新加坡 1959 年正式獨立為一個國家，以老年經濟安全保障制度方面而言，採行的中央公積金制度（Central Provident Fund, CPF）獨樹一幟，強調以自助互助的精神，建立一個以家庭為中心的保障模式。就性質而言，是一種強迫性的儲蓄制度，由勞雇雙方每月固定提撥所得的一定比例存入個人帳戶，用以支應被保險人遭遇特定事故與老年之所需，其設訂的提撥率為 40%。勞雇雙方的提撥率，會隨著國家經濟狀況隨時調整。此外，政府為提昇企業競爭力，通常會在經濟不景氣時，將雇主負擔的費率調低。每個參加者的中央公積金帳戶又分為三個部分：

表 5-4　新加坡老年經濟安全保障

類型	主要內容
普通帳戶（Ordinary Account）	在三個帳戶的分配比例中占 30%，其基金以提供個人購屋、購買養老資產（投資）、教育需求以及購買中央公積金保險，或移轉增加父母退休帳戶的餘額等廣泛用途，占提撥薪資 33% 中的 18% 到 22%。其中普通帳戶的資金可以單向轉入特別帳戶，轉入後不能再行轉出。
特別帳戶（Special Account）	在三個帳戶的分配比例中占 4%，其基金專門提供個人養老及應急所需，占提撥薪資 33% 的 5% 到 7%，特別帳戶用於老年特殊狀況，在此帳戶內的儲金，除非遇有緊急的事故，被保險人不可以隨時支用。由於養老需求逐漸被重視，特別帳戶提撥比重的規定有逐漸增加的趨勢。
醫療儲蓄帳戶（Medisave Account）	在三個帳戶的分配比例中占 6%，其基金以提供個人醫療及醫療保險支出為限，占提撥薪資 33% 中的 6% 到 8%；醫療儲蓄帳戶僅可用於支付住院及特定門診費用，例如洗腎、放射療法、化學療法、支持療法、B 型肝炎疫苗注射，以及門診眼科手術等。

（資料來源：作者整理）

　　就基金運用而言，中央基金管理局依法透過購買政府公債方式，將其所管理的基金餘額轉給金融管理局（Government Investment Corporation, GIC）統一運用於國家建設或國內外金融投資，其所發生之損益因此與參加者無關，也因此，GIC 對其運作機制的相關訊息一直維持著高度封閉性，避免受到各種干擾。

　　就參加者人的個人收益而言，除了個人依法提出自行運用的部分之外，政府提供個人帳戶內所留存資金一定存款利率與最低收益率 2.5%的保障以及免稅之優惠，其中對醫療帳戶與特別帳戶的資金另外增加 1.5%的優惠收益率，若就之實際領取之收益而言，自 1999 年下半年起，已經因為利率大幅調降，只能享有基本保障的 2.5%與 4%了。

　　就請領條件而言，基本上只要到達年滿 55 歲，個人帳戶內資金總額超過一定金額的參加者，都可以開始動支其中央公積金帳戶資金。為了充分保障個人退休生活所需，年滿 55 歲以上之參加者如果開始提領資金，必須受到帳戶內必須保有一定足敷未來基本生活所需的金額之限制，這個金額由政府參考通貨膨脹與生活成本變動因素每年調整（目前規定為 80,000 新元，每年調整 4,000 新元），個人對這部分的資金，可以選擇繼續留在帳戶中或轉存政府指定的銀行，在參加者達到 62 歲開始按月支付個人一定金額退休金至帳戶金額用盡為止，另外亦可選擇向保險公司購買生存年金。

　　中央公積金制度當初成立的主要目的，就是為了解決就業者的老年退休生活保障問題，因此嚴格規定參加者只有退休才能領取其本身所被強制儲存的資金，作為受僱者退休後的生活保障來源。對中央公積金投資證券市場之可投資項目內容隨後持續的擴大，政府連續啟動了許多相關措施，以加速推動全民持股計畫，其中包括准許個人建立基本投資計畫（Basic Investment Schemes, BIS）或加強投資計畫（Enhanced Investment Schemes, EIS）以投資證券市場。以優惠認購價方式鼓勵中央公積金計畫參加者購買新加坡電信公司股票；透過中央公積金認股追加計畫以鼓勵個人多投入中央公積金儲蓄計畫並購買國營企業股票；將中央公積金的角色，從最原始的單純養老工具，經由初步擴展至推動自有住宅的政策工具後，進一步的發展為推動自有投資的政策工具。中央公積金計畫可說是新加坡作為國家總體經社發展政策一環的重要指標。整體說來，新加坡的中央公積金計畫發展到今天，已經是一個強制的、自我儲蓄的、綜合性社會風險規避計畫了。

捌、大陸老年經濟安全保障制度

大陸自 1949 年由共產黨取得政權之後，即積極推動共產主義社會制度，1978 年以後開始改革開放之路，社會制度結構受到嚴峻考驗，如何在急速的轉軌浪潮下納入整體老年經濟安全保障制度體系，建立「有特色的的老年經濟安全保障制度」，可以說是現在及未來所面臨的極大挑戰。對於中國大陸的養老制度的演變，須有三個基本認知：

1. 大陸一直是一個以農業為主的傳統社會，它的養老金制度在基本上不包括廣大的農民群眾，因此在作為普遍性的老年經濟安全制度意義上，範圍是有所不足的。

2. 以計畫經濟向市場經濟過渡的社會變革為背景，大陸的養老保險制度正處在急速的變革之中，未來發展如何需要進一步的觀察，非可遽下定論。

3. 一如在經濟改革中採各省分治，極大程度下容許各種制度並行的做法，對於受僱者從齊頭式養老金逐漸轉向與所得掛勾的退休金制度過程中，各省市自治區的做法有許多細節上的差異，特別是在上海等工商發達的城市地區，其制度經過先行試點的方式，與其他廣大的地區的制度有相當的不同。

大陸的職工退休制度經過多次的變革，不論參與人數或基金收支規模都不斷擴大，其中又可以概分為農村地區、公務部門與企業部門分別加以分析。

一、農村地區

在 50 年代初期基本確立城鎮職工養老保險制度的同時，對於廣大的農村勞動人口而言，情形卻顯得反向惡化，只有在 1956、1960 年間確定所謂「五保」制度，對農村中失去勞動生產能力的老人提供集體性的照顧，實際上仍是窮困的農村家庭自行承擔老年風險；同時為了避免大量農村勞動人口流入城市，也放棄了建政初期保障人民遷徙自由的做法，開始限制農

民不得任意移居都市，也確定了長此以後城市與農村老年經濟安全保障制度二元化的特殊現象。這個情況一直延續到 80 年代中期，負責農村工作的民政機構，開始試圖在農村發展社區型的養老保險但不成功。1992 年民政部頒發《縣級農村社會養老保險基本方案》，確定以「個人繳費為主、集體補助為輔、政府給予政策扶持」為基本模式的個人帳戶提撥方案。1998 年統一管理權責由新成立的人力資源與社會保障部接手，整個農村養老保險制度仍然停滯不前，完全依賴傳統由家庭透過土地生產所提供的保障機制與極少數的商業人壽保險產品，無法有效因應農村人口快速老化的衝擊。

二、公務部門

就其公務部門的公務人員、黨職人員以及事業單位職工而言，根據 1993 年實行的工資制度，依退休人員性別、身分、職位而有不同之退休條件與因此計算之月退休金與退職金。基本上，由於共產黨由機構照護其員工終身生活的傳統想法與公務人員在職時薪資不高的事實，退休人員普遍依賴機構所發給的退休金，因此退休金的所得替代率普遍高達 80%以上，其財源完全由政府或機關編列財政預算支應，造成機構沉重財務負擔。對於快速增加的財政負擔，許多省、市按照中央規定的精神進行改革，在各地進行了普遍的試點，歸納其大部分的經驗，都是以機關及事業單位內的合同制職工為起始，然後逐漸擴及一般職工，建立由國家、機構（事業單位）及個人三方面共同出資的社會保險制度，部分工商發達如北京、上海、天津等地區更進一步實施退休個人帳戶制度，嘗試與企業部門退休金制度接軌，逐漸將公務部門的退休金制度與企業部門接軌，以利人員流動。

三、企業部門

依 2000 年改革之架構，現行企業部門的退休金制度係實行社會統籌和個人帳戶雙軌並行的「統帳結合」制度，希望能透過建立規範、試點、修改法規、擴大推動的持續過程，逐步形成與現代世界潮流接軌的基本保險、企業補充保險和個人儲蓄性保險相結合的多層次養老保險制度。「統帳結

合」的基本養老金制度：新的養老保險改革起點是實行退休費用社會統籌，從企業保險轉向社會保險。實行社會統籌，有利於均衡企業的退休金負擔。隨著改革的進展，人們對開始要求養老金的提撥應該與個人勞動貢獻程度掛鉤。為此，上海等地率先改革，建立個人帳戶，推出「統帳結合」模式。這一模式很快被企業和職工所接受，進而在其他地區全面推展。「統帳結合」模式規定企業與員工按照一定比例承擔養老保險費的義務，其繳費金額一部分歸入職工個人帳戶，一部分計入經辦機關的統籌基金帳戶，以隨收隨付的方式提供當時退休金領取者的退休金財源。企業職工退休金也包含個人帳戶的本金與運用所得累積金額以及社會統籌支應兩部分，至於統籌辦理的行政經費與收支失衡的彌補則由政府負責。

大陸經濟保障制度極待推動的是：補充養老金──企業年金制度與個人儲蓄養老保險制度，在統一基本養老金的同時，中共國務院亦於 1995 年底在《關於建立企業補充養老保險制度的意見》中，提出了發展企業補充養老保險的基本構架。對生產經營狀況及民主管理基礎比較好的城鎮及外資企業，得以對其所聘用之大陸員工自行發展個別的補充性養老保險制度提出激勵，並確定其整體制度；另外亦開放個人儲蓄養老保險制度與各種商業保險制度。惟以配套措施不足、市場條件未成熟以及相關政府及民眾缺乏了解等原因，尚未能構成整體老年經濟安全保障制度主要環節。1997年 7 月，國務院發布《關於建立統一的企業職工基本養老保險制度的決定》，明確全國城鎮企業職工基本養老保險實行統一方案。該方案在「統帳結合」的基礎上統一了個人繳費比例、統一了個人帳戶規模、統一了養老金發放標準。1998 年人力資源與社會保障部，統一了行政管理職權，往後並取消了基本養老保險行業統籌的原則。2000 年 12 月，國務院發布《關於印發完善城鎮社會保障體系試點方案的通知》，在參考以往各地改革經驗的基礎上，對試行中的基本養老保險制度作了修正，其中包括分離基本養老保險的社會統籌帳戶與個人帳戶，對之進行分帳管理；落實個人帳戶的精神，嘗試與資本市場連結。

結語

　　經濟安全（economic security）的內涵指涉的是當個人或家庭遭遇到貧窮、退休、死亡、殘障或失業等等事故，以致於使家庭收入暫時或永久的中斷或減少時，所形成的一種生活困境的狀態，以此觀之，經濟安全直指的也正是一種所得維持（income maintenance）的概念範疇。戰後西方國家關於老年問題的政策發展歷程，存在著三個明顯不同的階段：（古允文，2002）

　　第一，1940 年代至 1970 年代初：老年退休後的經濟安全與所得穩定需求受到日益重視，刺激各國年金體系的建立與支出的成長，在這個階段中實現了普及全民之國民年金的理想，而年金政策的主要目標則是置於確保老年所得安全，進而協助老年人口平順地從就業轉換到退休生活。

　　第二，1970 年代中期至 1980 年代末：由於 1970 年代中期石油危機的影響，各工業化國家 55 歲以上人口群的經濟活動有大幅滑落的趨勢，自然選擇提早退休作為因應，並配合地降低領取年金的年齡限制，甚至包括提供優退方案，以加速勞動力的新陳代謝，對年金財務、以及尤其是對工作人口均造成沉重的負擔。

　　第三，1980 年代末以降：提早退休方案已逐漸受到捨棄，其中法國是歐盟會員國第一個取消提早退休約定的國家（1986 年），類似的作法也擴及了比利時、德國與英國。老年人口被視為是一個社會經濟不斷增加中的「負擔」，特別是那些已選擇退休的人並無法回到勞動市場，致使年金、健康與其他社會服務的成本居高不下，成為各國政府企圖刪減支出的首要目標。

　　經濟安全保障之於老人族群的論述意涵在於凸顯出老人此一族群所特有的生存處境及其相與對應的福利作為（welfare practices）意涵，在現代社會中，年老失依是個確實存在的風險，在全球化的衝擊下，年輕的一代也有其風險必須面對，這是個客觀能力的因素，並不完全是意願問題。因此，如何透過制度化的方式將生產者與依賴者、年輕者與年老者緊密凝聚在一起，構成社會穩定的基石，是我們在思考社會政策走向時所必須嚴肅面對的。

第六章　年金保障

前言

國民年金是指一種定期或長期繼續支付的現金給付，給付受益人可以每年、每半年、每季、每月或每週領取。國民年金是保障國民經濟安全的制度，讓國民於老年、身心障礙、甚至死亡時，本人或者遺屬能夠獲得經濟支持，以維持生活的基本需求。

亞洲地區實施國民年金制度的國家相對較少，其中，日本實施國民年金制度的時間雖久，但已面臨了財務上的困境，面臨改革的壓力，這是因為日本是亞洲人口老齡化最嚴重的國家，老齡化速度最快。在法國，老年人數量從占總人口的 7% 增加到 14% 經歷了 114 年；瑞典花了 82 年；英國和德國花了約 50 年。隨著經濟起飛，日本只用了 20 多年時間就步入了老齡化社會（1970 年到 1994 年）。日本所公布的《2007 老齡社會白皮書》指出，2005 年，日本 65 歲及以上老人占總人口的比例為 20.1%，即每 5 人中就有一名老人，預計到 2055 年，老齡人口將占到日本總人口的 40% 以上，平均每 1.3 個在職者就要支撐一個老人。這將對年輕一代和社會構成極大的壓力。

老齡化社會將帶來一系列新的問題：諸如勞動力短缺，將直接導致勞動力成本越來越昂貴，使國家面臨日益增長的經濟壓力；養老金及社會保障體系受到挑戰，社會保障制度建設落後於實際需要；人口遷移流動，導致家庭規模進一步小型化，老年人的居住方式發生變化，獨居老年人增多等等，值得關注。

壹、日本的老人年金保障

日本公共年金制度是由國民年金、厚生年金以及共濟組合年金三種保險制度組成。「國民年金保險」加保對象為所有 20 至 59 歲國民，提供老年、障礙及遺屬基礎年金保障，具定額保費和給付性質；「厚生年金保險」及「共濟組合年金保險」附加於國民年金保險之上，私部門的受僱勞工參加厚生年金，公務人員則參加共濟組合年金，依據加保年資及所得多寡決定保險費和給付水準，具所得比例性質。

對受僱者而言，公共年金制度雖然提供雙重保障，但不需繳納兩次保險費，而是由所屬之厚生年金保險或共濟組合保險先行彙收被保險人保費後，再由事業單位撥補部分保險費至國民年金保險制度中。被保險人所繳保險費均可抵稅；障礙及遺屬年金不課稅；老年年金給付在一定水準以下亦不需繳稅。

一、國民年金制度

在以民間受僱者為對象之厚生年金保險法（1942 年）實施 17 年，及以國家公務人員為對象之共濟組合法（1948 年）實施 10 年之後，日本始於 1959 年針對當時無任何老年經濟安全保障之國民通過非繳費式的國民年金法；又於 1961 年全面實施繳費式的國民年金保險，達成全民年金的目標；並於 1986 年整合各種保險基礎部分，創設了基礎年金制度，確定日本公共年金一元化架構。

（一）被保險人

1. 第一類：20 至 60 歲的自營作業者。
2. 第二類：厚生年金保險及共濟組合保險的被保險人。
3. 第三類：第二類被保險人所扶養的 20 至 60 歲配偶。

（二）保險費

1. 第一類：定額每月 13,300 日圓。
2. 第二、三類：由其投保之受僱者年金保險保險費中攤提。

（三）給付項目

老年基礎年金、障礙基礎年金、遺屬基礎年金、寡婦年金、喪葬津貼、外國人退出一次金、老年福利年金。

（四）給付條件

1. 老年年金
(1) 年滿 65 歲，繳費年資 25 年。
(2) 全額年金為每年 785,500 圓。
(3) 老年福利年金：繳費式國民年金開辦時（1961 年），年齡超過 50 歲者，年滿 70 歲者，每月定額給付 33,533 圓。

2. 障礙年金
(1) 依據生活自理能力分為兩個等級，加保前已殘者，於年滿 20 歲時，所得在一定程度以下者，亦可請領障礙年金。
(2) 一級障礙年金為每月 83,775 圓；二級為每月 67,017 圓，有依賴扶養者，另發給補助給付。65 歲時與老年年金擇優領取。

3. 遺屬年金
(1) 被保險人死亡，繳費達應加保年資的三分之二以上者，其結婚 10 年以上之配偶與 18 歲以下子女，或 20 歲以下之二級障礙子女，或孤兒，均可請領遺屬基礎年金。如無配偶與子女者，亦可依法定繼承順位請領遺屬基礎年金。
(2) 繳費滿 3 年死亡，未曾領過老年或障礙基礎年金給付者，其扶養之遺屬不符合上述請領條件者，得申請遺屬一次給付。

二、厚生年金保險

日本厚生年金保險制度始自 1941 年的勞動者年金保險制度。

（一）被保險人

1. 強制加保對象：所有事業單位 65 歲以下的受僱者。
2. 自願加保對象：65 歲以上未具備領取國民年金老年基礎年金條件之
   受僱者亦得自願投保。

（二）保險費

1. 由受僱者的薪資中扣除，其中已內含國民年金保險的保險費。
2. 保險費率：一般勞工月薪的 17.35%；礦工及船員為月薪的 19.15%。
3. 保險費由勞雇雙方各半負擔。

（三）給付項目

老年厚生年金、加給老年年金、老年厚生年金特別給付、障礙年金、
障礙津貼、遺屬厚生年金。

三、共濟組合（互助年金）保險

日本的共濟組合保險包括：國家公務員共濟組合、私校教職員共濟組
合、農林漁業團體職員共濟組合、地方公務員共濟組合四大類，分別於
1948、1953、1959、1962 年陸續設立。1997 年時國鐵、電信及煙草三共濟
組合納入厚生年金保險制度中。

(一) 被保險人：各類共濟組合會員為適用對象。

(二) 保險費率：保費均由被保險人和政府各半負擔。

1. 國家公務員共濟組合：18.39%。
2. 私校教職員共濟組合：13.3%。
3. 農林漁業團體職員共濟組合：19.49%。

　　4.地方公務員共濟組合：16.56%。

(三) 給付項目

　　1.國家公務員、私校教職員及地方公務員共濟組合：退休共濟年金、
　　　退休共濟年金特別給付、障礙共濟年金、障礙津貼、遺屬共濟年金。

　　2.農林漁業團體職員共濟組合：退休年金、障礙年金、遺屬年金。

　　大體而言，日本的法定年金保險制度大抵可分為六種，分別是共有國
民年金保險、厚生年金保險、國家公務員等共濟組合保險、地方公務員等
共濟組合保險、私立學校教職員共濟組合保險，以及農林漁業團體共濟組
合保險等六種。而每一種制度之被保險人均可以為國民年金之被保險人，
因此，許多被保險人皆享有雙重年金保障。日本國民年金保險制度的財務來
源，主要來自保險費及準備金的孳息收益，政府負擔給付費用的三分之一。

貳、美國的老人年金保障

一、制度起源

　　美國的退休金制度包括國家社會安全法案下的退休制度、民間企業的
退休制度，以及個人退休帳戶制度等三種，茲分別就其內容簡述如下：

表 6-1　美國老人年金制度

類型	主要內容	財務來源
社會安全法案	是根據美國社會安全法案下所制定的退休金制度，在此一制度下，政府對一般受僱者（包括自僱者）於退休時，需給付一定之老年年金，係屬於基礎年金的社會保險制度。	在社會安全法案制度下，老年年金之財務來源主要為平時按受僱者薪水之一定比率所提撥社會安全稅，由受僱者與雇主共同負擔，政府只負擔資產調查的補助。
民間企業退休金	民間企業的退休金制度，主要是根據民間企業所主辦的年金計畫與職工福利計畫訂定而成，係屬於職業年金的保險制度。	在民間企業退休金制度中，民間年金計畫與職工福利計畫之財務來源，大多數是由雇主全額負擔，部分計畫則由受僱者與雇主按比例負擔，政府並未負擔費用。

	1981 年所創立，它是一種遞延課稅的退休金帳戶，並將相關規定訂定於「國稅條例」第 401 條 k 款中，故簡稱為 401（k）計畫。個人退休帳戶制度係由企業員工將其部分的稅前薪資提存至特定個人帳戶，提存者可掌控存款金額，並得自由選擇加入雇主所規劃的投資組合；帳戶所有人暫時無須繳納存款與投資利潤的所得稅，直到退休提領時才須付稅。由於未來年老時所得較低，且享受較多的賦稅優惠，故退休時應繳的稅金相對減少。	在美國個人退休帳戶制度中，其財務來源主要係採自願性質，工作者可依其個人需求自由選擇政府核定之個人退休計畫，政府無權強制人民儲蓄，故其財務來源為個人提存之金額，政府則未負擔任何費用。
個人退休帳戶		

（資料來源：作者整理）

二、政府負擔之財源籌措

　　美國之社會安全法案制度係採社會保險方式辦理，惟其所收取的不是保險費，而是以薪資稅型態，依受僱者薪水之一定比率（雇主亦同）所繳交之社會安全稅支應；大體而言，美國政府對於公共年金的財務責任較為輕微。

　　美國的社會安全制度源於 1935 年的社會安全法案，該法案原是為了提供老年給付，爾後陸續於 1939 年增加遺屬給付，1954 年加入殘障給付，1965 年加入醫療保障，逐步建立起主要的社會安全體系，不過由於其社會安全體系僅限於勞動者，而非全民性的國民年金制度，所以其財務來源主要是來自雇主與僱員所共同繳納的薪資稅，並且財務獨立，甚少由政府提供補助。

參、英國的老人年金保障

　　英國較早提出關於國民年金制度的法令，首推 1908 年的老年年金法案（The Old Age Pension Act），法案中明令規定政府應提供非繳費但有條件的老年年金。1911 年英國頒布國民年金保險法（National Insurance Act），內

容包括健康保險和失業保險，並對於殘障者實施殘障年金。至 1925 年，由
於老年人口比例的日漸增加，政府財政負擔加重，遂頒布需繳交保費的「寡
婦、孤兒和老人繳費的年金法案」（The Widows, Orphans & Old Age
Contributory Pension Act），其內容為凡接受保險的工人，65 歲退休時得領
取繳費的年金，且原先符合老年年金法資格的人，仍可以繼續取得政府的
保險給付。

英國於國民保險法案中規定，該法案係以任何人均可以參加社會保
險，且將老年年金納入國民保險主要給付的項目之一，其保險費的繳納與
退休時的年金領取，皆採取均等制，凡繳納足額保險費且屆滿退休的被保
險人，可每週領取均等的退休金，當時將近百分之十的老年人口都涵蓋在
老年年金的保障之下，其後還有一連串的年金制度改革。而現行的國民年
金保險制度包括國民基礎年金與職業附加年金，其投保的範圍以所有受僱
者，其薪資所得低於投保的薪資下限，都有加保的義務。保險費的收取依
薪資所得的高低而有所不同，低所得者不需要負擔保險費用，給付資格為
男性年滿 65 歲，女性年滿 60 歲，全額的老年年金給付額其基準約為男性
勞動者平均收入的三分之一，若投保的年資不足，則年金按比例遞減，而
附加的年金則以投保的薪資為基礎的全額給付，可以達到退休前的薪資百
分之百的水準。

1975 年，英國政府通過社會年金法案，並成為所得相關養老法案（State
Earning Related Pension Scheme, SERPS），該法案的主要特色之一就是讓那
些已參加政府認可之私人年金方案得於退出政府方案，並對其他工作者提
出年金給付，對於基礎年金方案的內容有了較大的改善。

從 1979 至 1997 年之間將近 20 年的時間，為保守黨主政的時期，在這
段期間內，從柴契爾首相（Margaret Thatcher）到約翰梅傑政府（John
Major），為改善國家的經濟問題，均以削減政府的公共支出為主軸，惟社
會安全支出仍大於其他的公共支出，主要因請領年金的人口呈穩定成長。
直至工黨的湯尼布萊爾（Yony Blair）政府上台，並在 1998 年的社會福利政
策之白皮書中提出了尋求年金的夥伴關係（Partnership in Pension）為訴求，

其目的除了在保留基礎均等的繳費式年金之外，並提出了政府的第二年金（State Stakeholder Scheme）則針對無法加入私人或合夥年金方案者，提供了另一種比 SERPS 更為優渥的待遇。

從整體觀之，英國國民年金制度的財務來源主要為保險費，其係採取綜合保險費率制，政府不補助保險費，而僅負擔給付費用的 4%左右。此外，在國民年金制度下，有國民保險基金以及國民保險準備金基金兩種。前者由普通稅收項目下撥付，主要用來支應年金保險業務營運上經常性收支所需要的費用；後者則為保險費收入大於給付額部分所累積而成，運用上以購買政府債券為主，收益則直接撥付作為年金保險之用，主要用來支付未來年金給付之所需。

肆、加拿大老人年金保障

加拿大政府為了保障老年人的生活，推出了多種制度，以保證老年人退休後有足夠的經濟收入歡度晚年。聯邦養老金計畫分為三部分：基本養老津貼、收入保障補貼和配偶津貼等。這些津貼是由加拿大政府在每年的國家稅收總額中撥出。

一、養老津貼

養老津貼是每月發給符合加拿大居民條件的，年齡在 65 歲以上的老人的一種津貼。有條件領取這種津貼的老人一定要自己提出申請後才能領取。

1. 申請人的條件：以前沒有參加過工作的老人同樣有權申請。即使還沒有退休的老人也同樣有權申請，決定申請人是否能領取養老津貼的主要因素是年齡和在加拿大的居住時間，此外，老年人以前的收入高低也不會影響他的養老津貼領取權和可以領取的金額。符合下列條件者就有權申請養老津貼：（1）年齡已滿 65 歲，（2）加拿大公民或合法居民，從 18 歲起在加拿大居住時間超過 10 年。

2. 養老津貼的計算：符合以下四個條件中的一個，就可以領取 100%的養老津貼：（1）自 18 歲之後在加拿大居住的時間達 40 年以上。（2）1977 年 7 月 1 日時已年滿 25 歲，並是加拿大的合法居民。（3）在 18 歲與 1977 年 7 月 1 日之間在加拿大居住，並且在提出申請的前 10 年一直在加拿大居住。（4）在 18 歲與 1977 年 7 月 1 日之間在加拿大居住，並且在提出申請前 1 年在加拿大居住，而且申請前 10 年裡，在加拿大居住的總時間是離開加拿大年數的三倍以上。

3. 其他形式的養老金：除了上述的基本養老津貼外，養老金計畫還包括收入保障補貼和配偶補貼。

二、收入保障補貼

收入保障補貼是發給那些除了上述的基本養老津貼之外很少有其他收入的老年人，使其總收入保持在一定的水準上。申請收入保障補貼的人必須是正在領取基本養老津貼，並且除此之外很少有其他收入。申請者要填一份申請表格之後才能領取。收入保障補貼的金額主要根據下列幾個因素決定：

1. 申請人上一年的總收入和婚姻狀況。如果申請人已婚（法定婚姻或事實婚姻），則夫妻兩人的收入都應該考慮在內。

2. 有時，也可以根據申請人當年的估計總收入來計算。補貼的金額根據實際生活水平的提高，每三個月修正一次。

三、配偶津貼

配偶津貼是發給養老津貼領取者之配偶或鰥夫、寡婦的一種津貼。它與基本養老津貼、收入保障津貼一起構成聯邦養老金計畫。配偶津貼的領取條件主要有：年齡、在加拿大居住的時間、合法身分、婚姻狀況和收入情況。具體規定如下：

1. 申請人的年齡必須是在 60～64 歲之間（65 歲以上可以領取養老金）。

2. 申請人自 18 歲起在加拿大的居住時間已超過 10 年。

3. 如果申請人已婚（合法婚姻或事實婚姻），則其配偶必須是基本養老金津貼和收入保障補貼領取者；如果申請人是鰥夫或寡婦，則年齡必須是在 60～64 歲之間。

4. 配偶津貼的數量與申請人的收入有關，收入增加，津貼便減少。

在世界各主要國家中，加拿大是實施國民年金制度相對成功的國家之一，就其國民年金保險制度之財務來源來看其制度的特性，則其所施行的國民年金制度可視為是一種雙層制，其第一層為老年安全年金，其財源主要來自於稅收，由中央聯邦政府負責；第二層為加拿大（或魁北克省）年金，其財源主要則來自於保險費，其由勞雇雙方各半分攤或是由自僱者全額自負，政府不補助保險費，而只是負擔行政事務費。

伍、紐西蘭老人年金保障

澳洲地區實施國民年金制度的國家中，可以紐西蘭為代表。一般而言，紐西蘭的全民老年年金制度涵蓋了全體居民，只要在年滿 20 歲以後，在紐西蘭居住滿 10 年，其中並有 5 年是在年滿 50 歲以後，即可領取由一般稅支應的老年年金。但是紐西蘭擬議中的「強制退休儲蓄計畫」，與現行制度有著極大的不同，其主要內容可分為適用對象、不適用對象、費用與給付；少數民族的給付，以及外島居民的給付等幾個部分來作說明：

一、適用對象：就適用對象而言，可分為下列幾種，即：

1. 每週稅前所得在 96 紐幣以上之受僱者；
2. 領取各種所得補貼與學生津貼者；
3. 年所得在 5,000 紐幣以上之自僱者。

二、不適用對象：就不適用對象而言，可分為下列幾種，即：

1. 強制退休儲蓄計畫開始時，於 1938 年 3 月 31 日以前出生者，適用現行制度；

2. 任何不需要支付紐西蘭政府所得稅者；

3. 除利息與紅利所得者外，每週所得在 96 紐幣以下者；

4. 儲蓄已達目標金額 12 萬紐幣，並已轉存依法登記之基金者。

三、費用與給付

　　就費用與給付而言，每週稅前所得在 96 紐幣以上的部分，自 1998 年 7 月 1 日起，由所得申報單位代扣 3%後，向財政部繳交；但金額少於 2 紐幣者，不需要繳交。只要每週稅前所得在 96 紐幣以上，即必須繳交費用，即使年所得在 5,000 紐幣以下，亦不得免除。繳交率自 1998 年的 3%起，逐年調高至 2003 年的 8%。儲蓄的目標金額，則依年齡別而有所不同，自 25 歲的 12 萬紐幣，遞減至 60 歲的 1.5 萬紐幣，儲蓄的金額主要是用以購買商業年金。給付相當於退休時，全體勞工平均所得 33%的同額老年年金，但對儲蓄金額不足 12 萬紐幣者，由政府補足其差額。財政部收到費用後，支付給個人選擇的儲蓄基金。儲蓄基金係由銀行、財務管理公司等，依法登記成立經營，並接受政府監督；至於個人雖可自由選擇儲蓄基金及移轉存款，但 65 歲以前不得動支。

　　在紐西蘭擬議中的「強制退休儲蓄計畫」中，儲蓄基金並非由政府保證，因此，個人必須謹慎選擇基金的類別，因為一旦發生破產情事，個人必須重新儲蓄，但不足部分由政府補助其差額。如果商業年金提供者不能繼續發給，則由政府保證給付退休所得。另外，由於婦女所得不足，平均餘命相對較男性為長，所以年金成本亦相對較高，因此，政府將補貼儲蓄金額不足的差額，以保證取得與男性同額的老年年金。

四、少數民族的給付

　　在紐西蘭的居民中，尚有屬少數民族的毛利人，由於其所得偏低，且平均餘命較非毛利人為短，為解決其間可能產生的紛爭，紐西蘭政府提出三項措施，以保障其權益，包括：

1. 年滿 65 歲時若儲蓄金額不足，由政府補足其差額；

2. 未滿 65 歲死亡時，已儲蓄金額及利息轉為遺產；

3. 開始受領商業年金後，於 10 年內死亡者，則自繳部分的儲蓄金額轉
為遺產，但政府補貼的儲蓄金額餘額，則由政府收回。

五、外島居民的給付

除了本國居民、少數民族之外，紐西蘭尚有永久住在太平洋島上的人
民，這些外島居民於年滿 65 歲退休返國時，可繼續領取商業年金，並可依
其在紐西蘭居住年數的多寡，由紐西蘭政府部分或全部補貼，其補貼的比
例則另行研議。

陸、挪威的老人年金保障

挪威人口數量為 462 萬人。因擁有豐富的石油、天然氣等得天獨厚的
資源條件，挪威不僅是北歐最富裕的國家，而且也是歐洲人均收入最高的
國家。

一、挪威的養老保險制度

挪威最初建立養老保險制度主要是為老年人提供最低的收入支持，防
止出現老年貧困問題。早在上個世紀 20 年代初期，挪威就提出要建立一個
全國的養老保險計畫，但由於沒有資金支持而擱淺。當時，一些經濟條件
較好的城市和農村地區則開始在本地區建立養老保險計畫。到 1936 年，挪
威開始建立國家養老保險計畫。挪威國家保險計畫是一種現收現付制度，
它的經費來源依靠雇主繳費、僱員繳費和政府劃撥。其中，雇主和僱員繳
費分別占 37.7%和 27.3%，政府撥款占 33.9%，其他方式為 1%。挪威法定
退休年齡為 67 歲，但可以繼續工作到 70 歲。

補充養老金制度是國家養老保險計畫中的第二支柱，從 1967 年開始實
施，旨在提高退休者的生活水平。這是一項與個人收入相關聯的養老金計
畫。2006 年，挪威引入職業養老金作為其國家保險計畫的第三支柱，並通

過立法加以實施，要求所有的僱員都必須加入。實際上，公共部門僱員一直擁有職業養老金計畫。這項新的法案主要是把所有私營部門的僱員也納入職業養老金計畫。作為最低要求，雇主必須按僱員工資總額的 2%繳納養老費。

二、挪威的養老保險體制改革

挪威的國家保險計畫屬於一種福利型的社會保障制度，其基本特徵是實施全民保障，保障範圍從「搖籃到墳墓」，幾乎無所不包，保障資金主要來源於國家一般性稅收。這種高福利制度雖然為維持退休者的生活水平均等化提供了收入支持，但也產生了嚴重的經濟和社會問題。特別是人口老齡化對挪威養老體系帶來了較大的衝擊。根據預測，從 1974 年到 2050 年，退休人口的平均存活年限從 14 年將上升到 22 年。如果不對現有的養老體制進行改革，屆時國家保險計畫的支出將會成倍增加。

為了減緩人口老齡化的衝擊，挪威政府在 2002 年提交的一份初步報告中，提出了養老體系改革的三項目標：即必須能保證國家保險計畫在財政上有可持續性；必須能激勵人們的勞動參與率；必須能繼續為退休人員提供有保證的最低國家養老金。在具體政策上，挪威計畫採取在收入和養老金之間建立明確的關聯，根據預期壽命調整養老金給付水平，建立彈性而靈活的退休制度，建立與個人工資增長相匹配的養老金積累制度，建立強制性的補充養老金計畫等多項措施。

柒、匈牙利老人年金保障

匈牙利從 1991 年起，養老金發放制度有了較大的變化。法律對領取養老金以前的工作年限的規定延長了，1996 年國會通過了新法令，其中很多規定從 1998 年 1 月 1 日起開始實施。現在改革仍在進行，因此關於養老金領取和發放方面的很多規定還處於不斷調整的過程中。

在現行法律中，社會保險養老金、強制性私人養老金和自願養老金是養老金制度的三個主要支柱，各養老保險項目依各自的規則運行。按照現在的法律規定，退休年齡男性為 60 歲，女性為 55 歲。到 2009 年，男性和女性的退休年齡都將提高到 62 歲。工作年限滿 20 年才可領取全額養老金，工作年限 15 年可以領取部分養老金。在對身體有害的工作崗位上長期工作的人選擇提前退休和政策有規定被允許提前退休的人可以在 62 歲以前退休。

一、社會養老保險金

養老金是社會養老保險的核心部分，養老金數額是根據繳納養老保險費的年限和工作年限來計算的。法律還對部分享受和喪失工作能力的人享受養老金的待遇作出了規定，年齡在 55 歲者，20 年工齡可享受全額養老金，15 年工齡可享受部分養老金。部分養老金的數額由以下因素決定：收入水準、殘疾程度、工齡、投保年限和年齡。殘疾種類可分為以下幾種情況：殘疾但還有一些工作能力屬於三級；喪失了工作能力但不需要別人照顧的屬於二級；喪失了工作能力而且需要別人照顧的屬於一級。在發生職災的情況下（或由職業病致殘時），享受養老金沒有最低投保時間和工齡的要求，根據法律規定，因職災致殘的人享受養老金的水平高於殘疾人的水平。

二、強制性私人養老金

私人養老金是法定的養老計畫的組成部分，是養老金制度的第二個支柱。匈牙利養老金制度的特點是，投保人把一部分錢投到養老基金中的強制保險部分，這就保證了社會保險部分的養老金來源；另一部分投到私人養老基金，這樣投保人在到了退休年齡時就可以同時享受養老保險基金的社會保險養老金和私人養老基金中的私人養老金。參加這兩種養老保險的人，在到了領取養老金的年齡時，其養老金的四分之三來自社會保險基金，剩餘部分由私人養老金帳號補齊，這部分養老金來源於投保人的繳費及由此產生的利息。國家扶持私人養老金計畫的運行。國家制定相關的法律，國家設立的監督機構對私人養老金的運行進行監督。投保人可以在考察各

私人養老金機構的特點，獲得有關信息並對其投資回報率情況進行比較後確定參加哪一個機構。雇主、工會組織、專業性商會等都可以開辦這樣的機構，這是一種非營利性的由其成員所擁有的組織。由投資人組成的代表大會決定其運行方向，投保人可自行選擇，發現不合適還可轉向另外的私人養老基金。

三、自願養老金

自願養老金是 1993 年 12 月建立起來的，雇主一般都投資於這種養老金。進行這項投資的人可以享受免稅待遇。在過去的 5 年中，投資自願養老金的人數和資金額都有了很大增長。到 1998 年，大約有四分之一的勞動人口已參加了自願養老計畫。

四、養老金的籌集辦法

養老金的主要來源是雇主和僱員的繳費。1999 年雇主的繳費占養老保險基金總數的 22%，僱員的繳費占 8%。參加各種養老保險計畫的僱員向社會養老保險繳費 2%，另外 6%繳到他們自己選擇的私人養老金機構。從養老保險基金中轉向私人保險基金的那部分資金由國家財政補足。為了保證養老保險基金不出現赤字，國家還對它提供一定的支持。

五、養老金的管理

國家養老保險委員會是負責強制養老金管理的最高機構。它的作用是指導有關部門和人員完成相關法律規定的任務，對下級機構的工作指導，對各縣及其他分支機構的養老金發放工作進行監督和指導。財政部部長通過國家私人養老金監督委員會監督私人養老金的運行。國家私人養老金監督委員會有權向養老基金機構發放營業執照，檢查他們的工作，必要時可採取一定措施。私人養老金機構必須向監督委員會提交季度或年度報告。監督委員會每隔一年可能會要求某些基金會舉行聽證會。養老金理事會對監督委員會的工作提供幫助。理事會依據有關法律不斷對私人養老金在金

融和資本市場上的運行及資金保障進行評估，他們也會從專業和道德的角度
對私人養老金機構提出建議。自願養老金機構也要接受監督委員會的監督。

捌、德國的老人年金保障

德國的國民年金制度始於 1889 年，為全世界最早實施強制性社會保險
年金制度的國家之一，且其社會保險制度是以老年經濟安全的保障為主要
的內容，並以受僱者為主要的保障對象。大體而言，一個工作 45 年的德國
勞工，退休時即可以獲得退休前薪資 70～90%的年金給付，平均領取國民
年金的所得替代率亦超過 50%。由於社會福利經費普遍的提高，導致國家
的競爭力受到影響，1970 年代中期，西方國家普遍存在著「福利國家危機」
的問題，社會福利支出有愈來愈多之趨勢，由於社會福利給付及薪資額成
本逐漸提高，德國的社會福利支出由 1960 年的 21.7%上升到 1970 年的
29.2%，1972 年並達到 33.0%的高峰。

在東西德統一以前，其各有不同的社會福利制度，1990 年兩德統一，
再經過 1992 年的金融改革之後，新制度適用於全體德國國民，其老年年金
的計算方式為：

「老年年金＝總所得積點×年金類別係數×即期年金值」

至於其計算方程式中的積點、年金類別係數，以及即期年金值等，則
各有其估算的方式與試算的標準。但此種估算方式並沒有讓德國的老年給
付金額呈現好轉的現象，因為自 1990 年，社會福利支出占總支出的比率降
為 29.2%之後，在 1995 年又上升至 34.1%，這與德國企業的高成本有關，
企業經營者除了必須支付較高的工資成本之外，還必須與勞工共同支付國
民金保險、健康保險、失業保險，以及 1995 年才施行的長期照護險，而總
計各項保險的費用占勞動報酬的 42%；除此之外，雇主還必須單獨支付職
業災害的意外險，其中約有一半（約占 45%）的保險項目為法定的項目。

除了社會福利給付偏高，企業所支付的薪資之額外成本亦增加，造成
企業競爭力的下降之外，政府亦讓被保險人與企業同時負擔前東德邦境內

的社會保障成本，此一支出與社會保險無甚關聯，但卻成為「與社會保險無關的」社會福利支出成本。另方面，德國人口結構的改變也為其社會福利帶來更多的問題，根據德國的人口年齡結構預估，在 2000 年至 2010 年間，其年輕的人口（指 0～20 歲的年齡層）有下滑的趨勢，而 2020 年至 2030 年之間的青壯人口（指 20～60 歲的就業人口）則呈較快的下降趨勢，而 60 歲以上的人口則呈現大幅度的增加，顯示人口老化問題嚴重；而在相同時間內，德國婦女生育率則持續下降，平均生育的小孩僅有 1.4 人；人口的老化與生育率的下降，將使德國的社會福利問題更為嚴重。隨著出生率的下降，目前各國的人口結構亦逐漸在轉型中，年輕化的人口結構與老年化的人口結構對一個國家的退休金制度影響極大，特別是受到全球性經濟不景氣的影響，許多國家的預算赤字極為嚴重，相對地其所實施的退休金制度也潛在許多的問題。

隨著平均餘命的延長，未來的老人不但活得愈長，也活得愈健康，因此有愈來愈多的研究報告主張應延長退休年齡的上限，其立基的理由主要有以下幾點（Yazaki, 2002）：

1. 全體老人的功能性衰退並不表示個別的老人就是如此，仍有許多老人是身強體壯，可以再工作的。
2. 許多研究發現，老人在符合退休年的時候，身心狀態上正是可以發揮最大功能的時候，但我們制度設計通常並沒有加以善加利用，而讓他們從職場中退出。
3. 工作能力不只有體力表現，還包括技術與經驗的累積，但這常為企業主所忽略。
4. 對老人而言，功能退化可由輔具來支撐，如藉由老花眼鏡、助聽器等，因而對其生產力的影響不大。
5. 評估一個人的生產力不應只看體力，尚須考量工作動機等因素，而老人的工作動機遠高過年輕人。
6. 對一個勞工而言，工作能力應包含完成任務的能力與責任感，而這是需要靠經驗的累積，老人正具有這樣的特質。

玖、瑞典的老人年金保障

瑞典早在 1913 年即通過年金保險法（National Pension Act），但其給付方式並非為普及性，而是以資產調查形式的給付，直到 1935 年被修正為基本年金系統（Basic Pension System），使得 67 歲以上的老年人及殘障者皆可領取，才讓年金給付成為近代瑞典年金制度的雛型。然而，由於年金的給付額偏低，使得基本年金無法滿足人民的需求，多數老人仍然依靠貧民救濟生活，遂亦有「新濟貧體系」（New Poor Life System）之稱，直至 1946 年通過基本年金制度以後，其保障的內容才發生重大改變，將更多的國民納入，且提高給付額，方才降低老人領取貧民救濟的人數。1951 年，改採新的給付模式，並將年金緊扣「生活成本指數」（Cost-of-life-Index），使得年金的給付更具彈性；1959 年通過國民附加年金法案（National Supplementary Pension），將所得比例加入考量，退休年齡亦從原先的 67 歲降至 65 歲，且接受其自由選擇在 60 至 70 歲期間退休，隨著退休年齡的改變，年金給付額亦隨著調整。

1960 年代開始，瑞典的社會安全年金制度主要可分為基礎年金及附加薪資相關年金，且年金基數依消費者物價指數調整，以適時調高給付水準，而基礎年金部分則為人人平等，已婚者雖皆可請領老人年金，但兩者相加之年金總數卻少於一個單身年金數的兩倍。1976 年開始實施部分年金制度，1994 年，規定領取年資包括年齡須於 60～65 歲間，且工時至少須每週減少 5 小時，剩下之時需每週至少 17 小時，申領者須從 45 歲起，且須有 10 年的工作期。

大體而言，社會安全制度可視為是瑞典國家的核心，其採用的社會福利模式是由社會安全制度、積極的勞動市場政策，以及龐大的公共服務部門所形成，屬於普及式的社會福利安全制度，此外，相較於歐洲的其他國家而言，其所得較為平均，失業率較低，但經濟成長率相對偏低，通貨膨脹率則較高，在 1990 年代經濟尚未產生之前，瑞典的社會福利政策尚稱成功，但至二次世界大戰至 1997 年之間，瑞典的年金政策修正為與所得相關

的法定附加年金給付（Earning-related Supplementary），但該年金給付僅足夠老人的基本生活之所需，年金制度的內容仍有待改善。

從整體保險制度的財務觀點，瑞典在第二次世界大戰前，其國民年金給付的財務來源，大部分來自於被保險人所繳交的保險費所成立的「保險費預備金制度」基礎，只有小部分來自年金預備基金投資的收益。政府原則上並不給予任何保險費用補助，但是為了使年金給付額能支應被保險人及其家屬基本經濟生活之所需，瑞典政府在 1930 年代中期立法，允許由國庫稅收來支付年金的開銷。第二次世界大戰結束之後，年金經費即改為以徵收年金稅（Pension Tax）方式來支應。而在目前瑞典的國民年金保險制度中，基本年金制度下的各項給付之經費，來自於保險費收入及國庫稅收的補助，附加年金之經費來源主要來自保險費收入，部分年金部分給付之經費，則由社會保險局所監管的保險基金來支應。

拾、瑞士的老人年金保障

瑞士的養老保險制度建立在由國家、企業和個人共同分擔、互為補充的三支柱模式上。長期以來，這種制度以其健全、完善和覆蓋面廣的特點成為瑞士社會穩定的重要保障。但是近年來，隨著瑞士人口出生率降低、老齡化趨勢不斷加劇，養老金短缺問題日益引起人們的關注。

瑞士養老保險制度的第一支柱是由國家提供的基本養老保險，其全稱為「養老、遺屬和傷殘保險」。這是一種強制性保險，旨在保證退休老人、遺屬和殘疾人的基本生活費用。按照瑞士相關保險法的規定，在職人員從 17 歲生日後的第一個元月 1 日起開始支付養老、遺屬和傷殘保險金。支付方式是由雇主和僱員各支付 50%，僱員所承擔的 50%（稅前收入的 5.05%）將直接從薪水中扣除並和雇主支付的部分一起存入僱員所屬的保險基金。那些已開始領取養老金但還在繼續從業的人員，應繼續繳納保險金。包括大學生在內的無職業者和無財產者，則從年滿 20 歲後的第一個元月 1 日起開始支付養老、遺屬和傷殘保險金，支付期限截至法定退休年齡，支付金

額是每年最低 390 瑞士法郎。已婚而沒有收入的人則由其有工作的配偶為其繳納最低的保險金。

按照規定，瑞士退休人員可在法定退休年齡後的下個月的第一天開始領取養老金。目前瑞士法定退休年齡為男性 65 歲、女性 64 歲。提前 1 年或幾年退休者，其養老金將相應減少。相反，推遲 1 年至最長 5 年退休者，領取的養老金比例也相應提高。

瑞士養老保險制度的第二支柱是由企業提供的「職業養老保險」。這種保險是對第一支柱中的「養老、遺屬和傷殘保險」的有力配合。第二支柱和第一支柱所提供的養老金總和可達到投保者退休前全部薪水的 60%左右，足以使退休老人保持較高的生活水平。

按照相關法律規定，企業及年收入超過 19,350 瑞士法郎的職工須參加職業養老保險，費用由雇主與僱員各付一半。職工個人繳納的養老保險費因年齡和性別的不同，分別占其工資的 7%（25 歲至 34 歲）、10%（35 歲至 44 歲）、15%（45 歲至 54 歲）和 18%（男 55 歲至 65 歲，女 55 歲至 64 歲）。

在瑞士，職業養老保險由各個不同的保險基金組織管理和執行，所有公司和雇主必須參加其中的一個企業保險基金組織。

瑞士養老保險制度的第三支柱是各種形式的個人養老保險，這是對第一和第二支柱的補充，以滿足個人的特殊需要。所有在瑞士居住的人都可以自願加入個人養老保險，政府還通過稅收優惠政策鼓勵個人投保。個人養老保險的投保方式比較靈活，可向保險公司投保，也可在銀行開戶。

拾壹、先進社會老人年金的啟示

世界各國在推展社會安全制度時，都將國民年金制度視為重要的一環。台灣社會保險已開辦多年，97 年 10 月 1 日國民年金制度的實施，促使社會保險制度更加完善，補充原有制度之不足，使民眾擁有安全無虞的生活環境。國民年金是社會福利制度的重要一環，以落實社會安全及社會福

利制度。社會保險為推行社會福利制度的重要政策,其實施的方式一般可分為俾斯麥模式(Bismarck Model)及貝佛里奇模式(Beveridge Model)兩種,前者著重社會保險的精神,具強制性,且以勞工為主要的投保對象;後者則強調普及式的福利,其社會保險強調均一費率及均一給付,其中,均一費率是指所有的勞工及自僱者均繳交均等的費用,惟勞工所繳交的費用是由雇主及政府分攤;而均一給付是指每一位被保險人均有相同的給付,但對小孩及婦女等依賴人口的需求則由政府提供補充性的給付。

　　除了俾斯麥模式與貝佛里奇模式之外,還有強調普及式的社會安全制度的瑞典模型(Swedish Model),此一模型是由社會安全制度、積極的勞動市場政策,以及龐大的公共服務部門所共同形成的,而此一制度的支付方式大抵可分為三個層次,第一層為基本年金,第二層為法定強制性與薪資有關之制度,第三層則是依勞僱協約所提供之職業附加年金。

表 6-2　老人年金制度比較表

類型	德國	英國	瑞典
年金模式	俾斯麥模式	貝佛里奇模式	斯堪地亞模式
辦理原則	普及性,強制性	普及性,選擇性	普及性,強制性
實施方式	涵蓋範圍包括: 1. 受僱人員。 2. 自僱者。 3. 照顧未滿 3 歲子女者。 4. 領取社會給付(失業保險者)志願從事照護的勞工。	第一層 公共年金 (國民基礎年金) 第二層 公共年金、企業年金 第三層 個人年金 (私人商業保險)	第一層 基本年金 第二層 法定強制與薪資相關 第三層 勞動與雇主協約提供的職業附加年金

(資料來源:作者整理)

結語

在現代社會國家中，實施國民年金制度的國家有愈來愈多的趨勢，經由前述的比較說明可知，先進國家之國民年金制度近年來均有較大幅度的改革，此乃由於人口老化日趨嚴重，老年年金給付增加快速，已嚴重影響其國民年金制度財務的健全，加以經濟發展遲緩，不足以因應龐大的老年給付支出。如以提高費率來挹注的方式卻又導致雇主負擔的增加，進一步影響經濟發展，致使財務問題更為嚴重。因此，各國多以降低給付、減少支出或限制給付資格與條件，作為老年年金制度改革的重點，如美國即於1983 年的社會安全法案修正案中，即已規劃將給付年齡於 21 世紀初逐步提高至 67 歲，以求制度財務之健全，並減緩對經濟發展的不利影響。

大體而言，在 1990 年代開始，世界各主要國家實施國民年金制度的趨勢，便已逐漸視經濟條件的改變而逐漸調整其相關的費率或保費，若將各國實施國民年金制度的主要改革趨勢加以歸納，則可發現其未來的趨勢如下述：

1. 提高給付開始年齡或領取全額年金給付的繳費年資。

2. 改變給付計算其公式及降低年金給付額。

3. 提高合於領取年金的最低合格期間。

4. 依物價而非薪資增加來調整年金給付額。

5. 增加被保險人居住年限的規定。

6. 利用所得或資產調查來訂定給付額度。

社會保險開辦以後所產生的財務不平衡日趨嚴重，必須調高費率才能解決全民健保的相關問題，若從先進國家近年來的改革經驗，提高費率或增闢新財源以資因應，均有導致勞動成本上升、影響雇主投資意願之可能性，唯有訂定合理的給付支出，有效地控制成本，方能確保國民年金制度長期存在，並確保經濟之持續發展。經由前述的說明可知，不論是提高給付被保險人的給付年齡，或是改變給付的計算公式，抑或是降低給付的金額……等，基本上都是為了讓國民年金制度可以順利推動並實施，而所有各國實施國民年金制度，所必須考量的重要因素。

第七章　養老保險的多元發展

前言

　　大體而言，國民年金可視為是社會福利制度的一環，而在歐美國家所推動的社會安全及社會福利制度中，社會保險為推行社會福利制度的重要政策，其實施的方式一般可分為俾斯麥模式（Bismarck Model）及貝佛里奇模式（Beveridge Model）兩種，不論是採用哪一種模式，社會福利的產生基本上都是為了保護老年人的經濟安全。而針對老人經濟安全的議題，則根據世界銀行於 1994 年所出版的「避免老年危機」的研究報告中，曾提出老人經濟保障制度可透過三種功能來達成，分別是再分配、儲蓄，以及保險等三個層面來達到保障老人經濟安全的目的，其中，第一層為採強制性的法定公共制度，包括社會保險、社會救助，或社會津貼，以減少老人的貧窮問題；第二層採任意性的員工退休金制度；第三層則是採任意式的人保險持續方式，透過這三層的保障及其共保之方式，可以解決老人的經濟風險，從而達到經濟保障的目標。

壹、智利私營養老保險制度

　　在 20 世紀 70 年代初期，智利社會保障制度包括所有生、老、病、死各項待遇，幾乎包括全部人口，待遇優厚。但立法繁瑣、散亂（包括 100多個獨立的養老金方案），缺乏協調，造成了很大的經濟負擔（社會保障費用占工人薪資的 65%，在 1971 年占國民生產總值的 17%），造成金融失衡，需要國家大量補貼。有鑑於此，於 1980 年代初的智利養老保險制度進行改

革並且取得了巨大成功。其成功以及其一反傳統的現收現付制模式的私營個人帳戶模式引起了國際上廣泛的關注和爭論。1981年，智利政府對其退休制度作了徹底的改革，把由政府計畫提供的養老保險改為一種以私營保險基金為基礎的制度。改革動因是原先的社會保險方案不能達到其計畫的養老金水準以及使全體公民享受養老保險，結果導致了養老保險方案信用的危機。改革還與智利原先的社會保險制度以及經濟發展趨勢有關，主要包括：1.一體化的社會保險制度發展不成熟。2.覆蓋範圍過寬。3.高程度的分層。4.經濟蕭條，高通貨膨脹。5.不利的人口統計趨勢。

儘管原社會保險制度貫徹了互濟、平等和效率的原則，但它實際惡化到非進行徹底改革不可的程度。在80年代初期，隨著智利經濟自由化的發展，改革社會保險制度的方案被批准。政府試圖協調建立在削減政府開支的反通貨膨脹政策與主要依賴私營企業的長期經濟政策。

改革主要是把社會服務由行政管理改由私營企業管理。改革的另一個目的是把積累起來的資金引入市場以促進經濟發展。新的智利養老保險制度，其顯著成就已促使一些拉丁美洲國家步其後塵。對智利養老保險改革的讚許與反對帶有意識型態色彩。智利養老保險方案常被看作是與「公共」計畫相對應的私營計畫的縮影。這兩種看法並沒有真正反映該方案的實際情況，而忽視了政府的作用。實際上政府提供了擔保和建立了調控機制。

一、主要特徵

一、個人帳戶：所有薪資的公民都屬於這個方案範圍，願意繼續享受原先的社會保險制度的人例外。每個工人向幾個私營養老基金（AFP）中的一個繳其工資的10%（繳費上限為24美元），扣除手續費之後，由私營養老基金代個人進行投資，所有的繳費和投資收入存入每個工人單獨開設的帳戶中。在退休時，積累起來的錢可以用來購買年金或養老金。在退休前，工人不能領取或借支。津貼要徵收入稅，退休時，繳費者有三種選擇：第一，可以從私營保險公司購買終身年金。該公司的私營養老基金接受工人全部的養老金並保證對被保險人及其遺屬每月支付養老金。保險公司對建

立年金收取一定的費用。年金合同簽訂後，不能更改。年金依投保人的年齡、性別建立在預期壽命、保險公司預期獲得的投資回報以及它所使用的死亡率表上的安全幅度上。第二，可以選擇程序化的退休養老金。由私營養老基金直接從其積累的基金中支出，此種情況下，養老金數量依據由國家監督機構決定的公式計算。該計算公司考慮到個人的預期壽命、目前投資回報比率，以及基金的規模。然後在預期的退休階段把積累的養老金與利息發完。在每年初，對養老金的數量作一次調整，依據變化的經濟條件（尤其是投資回報率的變化）和受益者個人情況（如撫養人數和預期壽命）對養老金進行重新計算。第三，自 1988 年開始，繳費者可以領取幾年程序化的養老金，然後購買年金。

　　二、政府在該方案中的角色：政府扮演一個很重要的作用，其發布決定基金運行的詳細的規定，提供某種擔保和補貼。承擔新舊兩種養老保險方案的轉換安排，盡量確保一個有利的金融和經濟環境。為那些有一段合理繳費歷史的工人提供有保證的最低養老金，以使那些人在年老時免於貧困。另外，還存在一些政府資助、以收入調查為基礎的養老方案，適用於那些沒有繳費又無其他生活來源的人。這些措施在一定程度上防止了上面提到的一些風險。私營的養老基金機構由一個新的主管部門對其進行嚴格的控制、監督和審計。它們作為有限責任公司，其唯一目的就是管理養老基金。其自己的財產要與投保人交的錢分開，每個月其必須獲得不低於：1.所有由私營養老基金機構管理的基金過去 12 個月中的平均利潤減去 2 個百分點。2.所有這樣的基金過去 12 個月中的平均利潤的 50%。

　　就投資而言，政府有限制性規定，大部分基金要投資於政府或中央銀行證券。該方案的顯著特徵是其公開性和個人繳費的可攜帶性。繳費者可隨時查詢其帳戶上的錢。帳戶可以在不同的私營養老基金上面轉換。如果投保人和其個人的基金可獲得的養老金低於某種水準，政府則可以彌補其差額，亦負責工人在新舊制度中的轉換。即政府保障一個最低養老金。條件是：該工人繳費 20 年，男退休年齡不低於 65 歲，女不低於 60 歲。

貳、美國私營養老保險制度

全球性的人口結構已逐漸在改變，這樣的改變造成各國老年經濟安全保障制度在財務上出現收支不平衡的現象，甚至造成制度瀕臨破產的危險，而這些改變主要來自於以下幾個因素：

第一，平均餘命的延長，隨著醫藥科技的進步，現代的人愈來愈長壽，平均餘命的延長相對地造成許多的問題，包括扶老比的增加、老年退休保障制度需要更周全的設計。

第二，生育率的下降，現代人生得愈來愈少，以致各國人口結構已由過去的正金字塔型轉變為倒金字塔型，其意味著以後的年輕人對老年人口須負擔更多的照顧責任，世代間的責任移轉更形重要。

第三，失業率的上揚，全球性經濟不景氣的結果不只造成技術的藍領階級失業，具有高技術的白領階級亦會遭到裁員的命運，相對地經濟保障將更加減弱。

第四，勞動參與率的成長緩慢，勞動參與人口在未來幾年成長有限，特別是婦女的勞動參與率，並不會因雙薪家庭的增加而劇增，這表示在未來的日子裡家庭經濟的主要來源仍將依賴男性，若主要維生者遭逢意外，家庭隨時有崩潰瓦解的可能。

由於各國的退休金制度因上述的諸多問題，在財務上已經出現捉襟見肘的現象，各國政府為了要解決退休養老保障制度的財務危機，不得不提高年金給付的年齡、降低政府在第一層基礎年金上的給付水準，甚至提高保險費（Dunnewijk, 2002），希望透過種種制度的修正，減少其財務上的壓力，同時又能對老年提供基本的經濟保障。

秉持對市場機制的尊重，美國對私部門所提供的老年經濟安全保障工具有相當大的自由空間，政府並未以法令要求企業必須提供員工退休金保障，但是一旦企業作出承諾，則必須依據相關法律的規定辦理。其中政府提供相當優惠的租稅誘因，也提供受僱者或計畫參加者完善的保障機制。

表 7-1　社會保險與商業人身保險之比較

類型	商業保險	社會保險
目的	商業保險以營利作為主要目的，權利和義務的對等關係，以「多投多保，少投少保，不投不保」的等價交換為前提。	社會保險是國家的一項基本社會政策，由國家通過立法強制實施，不以營利為目的。
權益	保險人和被保險人之間只是一種完全商業契約關係。	1. 只要參加社會勞動履行了繳納社會保險費的義務，就有權享受保險待遇。 2. 待遇的高低與個人繳納的保險費沒有絕對的對等關係。
對象	商業保險以全體國民為對象，加入保險的唯一前提是繳納保險費。	社會保險以社會勞動者以及其供養的直系親屬為保險對象。
作用	1. 在被保險人遭遇規定的保險事故時給予對等性經濟補償，與被保險人的基本生活無關。 2. 不具有調節收入水準，維護社會公平的作用。	1. 保障勞動者在喪失勞動能力或失去工作機會而中斷工資收入時的基本生活需要，維持勞動力再生產的正常進行。 2. 實施國家對國民收入再分配的干預，發揮調節收入水準，實現社會公平的作用。
保障	商業保險的保障水平完全取決於被保險人繳納保險費的多少和實際的損失情況，其保障水準的確定原則，往往有利於高收入的社會成員。	社會保險的保障水準要考慮勞動者的生活水準，以及其在職員工平均工資的增長幅度、物價上漲的影響和國家由經濟發展水準所決定的財政負擔能力，其立足點是保障勞動者的基本生活和現實社會安定。

（資料來源：作者整理）

　　由於退休金相關法制完備，就民眾而言，退休金權利相當明確可得，因此成為選擇工作時十分重要的遞延薪資考量因素，雇主也習慣透過各種工具提供受僱者退休保障，可以說是以私部門力量建立社會老年經濟安全保障制度的一個典範。其實際運作方式包含企業提撥資金建立的職域退休金計畫與完全屬於個人的退休金帳戶兩大類型。

一、職域退休金計畫

　　由雇主提供的職域退休金計畫在型態上相當多元，其適用的法律條文也有不同，甚至可以說相當複雜。就其風險分攤特性而言，其中最主要的

型態是確定給付與確定提撥制，近年來亦有混合兩者的計畫如現金餘額型計畫等。就其適用對象而言，有適用一般企業員工的 401（k）計畫，有適用教師及研究機構的 403（b）計畫，以及適用州及地方政府僱員的 457 計畫，相對屬於聯邦公務員適用的為 TSP 計畫。就僱用型態而言，有單一雇主或多雇主或自僱者適用的計畫型態。

　　歸納其立法精神，不外乎要求對參加者與政府資訊公開；要求對一般低所得就業者降低參與門檻；保護就業者轉換工作時已有退休金的權利；要求退休基金被高度善良管理義務的治理；以及確定給付型退休計畫有足夠的基金提撥等。不論型態為何，所有「確定給付型」退休金計畫都有類似但寬嚴略有差異的條件。以標準的 401（k）或 403（b）型退休金計畫而言，容許超過 21 歲以上受僱滿 1 年的就業者參加，參加者可以提撥最高達薪資毛額 20%以及上限 10,500 美元（2000 年標準）以內金額進入退休金帳戶，雇主則可以相對提撥高達薪資總額 25%以及上限 30,000 美元（2000 年標準）以內金額（包含所有受僱者的確定提撥型帳戶總和）。

　　其中受僱者提撥部分有立即的賦益權，雇主提撥部分則有 5 至 7 年的充分賦益權限制；提撥金額及其投資收益可以享受遞延課稅的優惠，到退休後實際領出時才計入當年總所得課稅；受僱者如果在 59.5 歲以前提領退休金帳戶內的資產，除了應納稅額外還要繳納 10%的罰金；受僱者最遲應該在 70.5 歲前開始分期提領帳戶內的金額。

二、個人退休金帳戶

　　除了職域退休金以外，稅法也容許個人建立亦有租稅遞延效果的個人退休金帳戶，存在這個帳戶的資金，其投資收益免稅，其他如有免稅的本金，則在開始動支時必須納入稅基。對這個帳戶中的資金，個人可以在退休後以任何方式提領及處分，唯一的限制是必須在 70 歲以前開始動用。以規模而言，個人退休金帳戶的重要性並不低於確定提撥型的職域退休金計畫。

參、先進社會的養老保障趨勢

　　根據世界銀行（World Bank）對老年經濟安全保障制度的規劃，其將老年經濟安全保障建構出三層保障體系（pillar），第一支柱是包括資產調查方式提供年金，主要採隨收隨付制，財源來自稅收，是為強制性公營層次，其形式包括社會救助（means-tested program）、最低年金保證（minimum pension guarantee）或差額補貼方案（top-up scheme）、普及式定額年金（universal flat benefit）、就業相關定額年金（employment-related flat benefit）。第二支柱的保障為強制性職業年金或個人儲蓄帳戶，採完全提存準備之確定提撥制，功能為強制儲蓄。至於第三支柱則為自願性職業年金、商業年金或個人儲蓄，功能為自願儲蓄（World Bank, 1994）。

表 7-2　福利先進社會的社會險制度建立時間表

國家	時間	項目	國家	時間	項目
奧地利	1887	工傷保險	瑞典	1891	疾病保險
	1888	疾病保險		1901	工業傷害保險
	1906	老年保險		1913	養老保險
	1920	失業保險	荷蘭	1913	老年保險
法國	1898	工傷保險		1916	工傷保險
	1905	失業保險			
	1910	養老保險			
英國	1908	養老保險			
	1901	工業傷害保險			

（資料來源：作者整理）

　　在世界銀行所規劃的制度中，第一層係以稅收為主要財源，故具有達到所得重分配之目的，而第二層次係採強制性民營層次，故可採民營之完全提存準備制，同時具有強迫個人儲蓄的效果，第三層次當中屬於自願性質，其型態包括購買個人所需之年金保險，或由企業提供之員工退休金計畫，主要在加強個人對退休準備的憂患意識。此外，根據國際勞工組織（International Labor Organization, ILO）所規劃的老年經濟安全保障則可分

為四層：第一層以消除貧窮為主，政府角色介入較深，屬「國民年金」方式，財源主要來自是稅收，給付水準則較低。第二層是強制性的職業年金，其所得替代率在 40%～50%，採隨收隨付制方式。第三層為強制性的個人帳戶制，主要在補充前兩種公共年金保障的不足，並且可以透過稅賦優惠方式來獎勵企業主辦理。第四層為自願性的個人帳戶制，希望能補充第三層的不足或提供個人額外的保障，其主要取決於市場機制的供需及個人的負擔能力（辛炳隆，2002）。

各國老年經濟安全保障制度對退休人員所提供的養老金，常依個人過去的工作年資、薪資所得、年齡、性別及對養老制度所做的貢獻，在給付制度設計或計算方法上，約略可以區分為以下兩種：

表 7-3　社會保險與商業人身保險之比較

類型	確定提撥制 （Defined Contribution, DC）	確定給付制 （Defined Benefits, DB）
內涵	指事先明訂個人參加年金制度期間之提撥金（periodic contribution）金額，經累積後而決定其最後之給付（benefit）的制度方式。	社會保險是國家的一項基本社會政策，由國家通過立法強制實施，不以營利為目的。
特色	1. 提撥率是固定的，但提領的退休金則與工作年資、提撥比率和基金投資收益有關，因而其給付內涵不受個人存活年數之影響，有點近似強迫儲蓄，因此又可稱為「現金購買計畫」（money-purchasing scheme）。 2. 在個人年輕時提撥一定的保險費，在退休時依據個人過去所提繳的基金，加上政府、雇主及投資效益而領取退休金。	1. 只要參加社會勞動履行了繳納社會保險費的義務，就有權享受保險待遇。 2. 待遇的高低與個人繳納的保險費沒有絕對的對等關係。 3. 退休人員所領取的年金主要是根據事先於法令中明訂公式（pension formula）來提供給付，其計算基礎係依據個人之受僱年數及某一期間內之薪資決定其給付金額，特別是以退休前的最後薪資作為計算基礎，因此又可稱為「最後薪資計畫」（final salary scheme）。
實例	1. 智利： 　(1) 由政府辦理。 　(2) 採強制性之私人保險制 　　（mandatory private insurance	我國 97 年 10 月 1 日實施的「國民年金保險」及 98 年 1 月 1 日實施的勞保條例中的老年給付都是採用此種計算方式。

	system）。 2. 新加坡： 　(1)由民營保險公司承辦。 　(2)採公積金制（provident fund 　　 system）。	
優點	退休金的成本估算容易。	退休金較不會受到通貨膨脹的影響，可提供較適切的經濟安全保障。
缺點	1. 退休準備金易因通貨膨脹而貶值，以致於晚年經濟安全保障的不足。 2. 潛在「投資風險」（investment risk），亦即由於公營或民營基金管理公司對退休基金投資收益不佳，結果常會導致個人未來退休時給付水準的降低。	1. 退休金成本估算不易，而且確定給付制較易有財務危機，也就是所謂的「無清償能力風險」（insolvency risk）。 2. 受到政治與輿論的壓力，確定給付制潛藏「政治介入風險」（political risk），因為給付條件經常會被要求放寬，而給付水準亦須隨著物價上揚而提高，但在保險費率上卻不易隨實際的財務狀況進行調整。

（資料來源：作者整理）

　　無論是確定給付制或確定提撥制，這兩種制度皆具有「失能風險」（disability risk），即個人在工作生涯中會因為個人的因素喪失提撥或繳費之能力，如失業、殘廢或死亡，以致無法先行領取這筆費用安定其生活。另外，「長壽風險」（longevity risk）亦是任何一種老年經濟安全保障制度都無法預期的風險，亦即個人壽命過長會導致累積的提撥不足，或給付成本過高而降低給付水準，結果反而無法讓退休者在有生之年獲得妥適的照顧。

　　配合前述老年經濟安全保障制度財務處理及給付計算方式，我們可以將現行各國所採行的退休養老制度整理如表 7-4，由表中我們可以看出，在提供基礎年金保障上，為確保其基本經濟安全無虞，宜採確定給付制，且其世代移轉的負擔較輕，故可使用隨收隨付的財務處理方式。至於在附加年金的養老保障上，為提高雇主的照顧責任則可以採行確定提撥制，且基於財務健全與基金安全的考量，財務處理宜採完全提存準備方式為宜。

表 7-4　老年經濟安全制度之比較

項目		財務處理方式		
		隨收隨付制	部分提存準備	完全提存準備
給付計算方式	確定提撥制	在波蘭、拉脫維亞、瑞典等國實施確定給付制。	提存準備很少，主要是藉由確定提撥制度來實施。	實施強制儲蓄制度，如智利、秘魯和墨西哥。
	確定給付制	財源由賦稅提供，如丹麥和荷蘭；財源來自強制繳費方式，如法國和德國。	實行比隨收隨付制累積較多基金的方式，如日本、塞浦路斯和美國。	以職業類屬的老年保障制度，如英國；或以社會安全保障的制度，如科威特。

資料來源：辛炳隆（2002），就業服務政策之新方向，頁 5。

肆、先進社會的養老保障啟示

由於新管理主義的引進，政府不再是萬能的政府，因而未來我國在規劃老年經濟安全保障制度時應有以下幾點的認知：

一、關係群體的參與

一個國家要發展完善的老年經濟安全保障制度，除了須考量國情以外，同時還要做全盤性（holistic）的規劃，其在制度設計上應該考量利害關係群體（stakeholder）的參與。老年經濟安全保障制度的利害關係群體包括國家（政府）、執行的機構、制度參與者（雇主、受僱者），以及制度的實際受益人（包含遺屬），因而在規劃時必須要充分了解每一個群體的需求與應扮演的角色，方能設計出較合宜的老年經濟安全保障制度。

二、照顧責任的轉變

最早對老年人經濟安全的保障主要是家庭的責任，隨著 60 年代福利國家危機，各國政府逐漸從社會福利當中抽離，至 80 年代新保守主義崛起，個人儲蓄觀念的培養遂成為各國大力倡導的觀念。老年經濟安全保障責任的轉變不只出現在政府照顧角色的轉移，同時出現在制度的轉型。

三、經濟保障多元化

老年經濟安全保障民營化（privatization）的方式可透過補貼（subsidies）、強制辦理（mandate）及契約外包（contract out）的方式來經營，政府在老年經濟安全保障制度中所扮演的角色也逐漸轉變為規範者、最低所得提供者及制度維護者的角色。

四、民眾的主導角色

因為政府不再提供像過去那樣完善的保障，意味著新世代的年輕工作者必須要及早做養老的規劃，透過個人儲蓄方式或購買其他養老商業保險，才足以支應未來晚年的生活所需；亦即工作者在年輕時不應揮霍所賺得的錢財，而應及早做養老退休準備。

五、退休的薪資調查

許多人在退休時並非完全從工作職場中退出，而是採半退休或部分工時的狀態，特別是現代人較健康長壽，在退休時通常還有良好的體力與豐富的工作經驗，因此常從事兼職的工作，為避免這些仍有部分收入的人口影響實際無收入人口的老年經濟安全保障，有些國家會對請領退休金的人進行所謂的「薪資所得調查」（earning test），以確認其薪資所得並未超過一定的水準，符合真正的「退休」身分。

六、所得重分配效果

在老年經濟安全保障中「重分配」（Redistribution）乃是指世代間的所得移轉，所得重分配效果愈高時，愈容易受到世代間人口波動的影響。而為達到重分配的效果，在計算養老退休金的提撥率時有採個人工資成長率為計算標準者，亦有以全體國民生產毛額（GNP）的成長率為計算標準，端視該國所欲達到的所得重分配目標為何而定。

七、制度的潛在風險

　　老年經濟安全保障制度的運作是一個動態的過程，會隨著環境的變化而有所不同，而其中亦潛存著諸多的風險因素，如人口結構的變化、經濟成長的榮枯、政治的安定與否、政治人物的選舉承諾、行政運作的效率及個人的不確定因素等，而其中又以人口因素影響最大，因為個人退休金的提撥不論採用何種計算方式，都與世代間人口結構的變化有密切的關係。

結語

　　現代社會保障最早產生於德國，1871 年德意志帝國建立，統一後的德意志帝國，加快國內經濟發展，擴大殖民勢力。此時德意志帝國首相俾斯麥知道，想要取得對內對外政策的勝利，關鍵在於照護工人，調和勞資關係，給工人以更多的生存和發展的權利。德皇威廉一世在 1881 年 11 月 17 日發表《黃金詔書》，宣布建立「社會保險基本法」，聲稱「社會弊病的醫治，一定不能僅僅靠對社會民主黨進行鎮壓，同時也要積極促進工人階級的福利。」因此，德國開始設計並頒布社會保險政策。1883 年，德國首先頒布了《疾病社會保險法案》，這是世界上第一部社會保險法規，它代表著現代社會保險制度的誕生。隨後，德國政府於 1884 年和 1889 年分別頒布了《職災保險法》和《養老、殘疾、死亡保險法》，1911 年德國政府又頒布了《社會保險法》共 185 條，將以前的社會保險條例合併，並增加了遺囑保險。至此，德國的社會保險體系已經初步形成。德國的社會保險政策的出現，順應了當時工業生產加速發展的客觀需要。從客觀效果來看，它對改善勞資關係，解除勞動者對各種勞動與社會風險的擔憂，促進德國經濟發展確實發揮積極作用。到 20 世紀 20 年代，大多數國家都相繼建立各種社會保險制度，至此，社會保險制度得以確立，並逐漸形成社會保險體系。

第八章　社會保障

前言

社會保障體系是一項綜合保障，以確保社會公民包括：僱用、醫療、教育、住宅、勞資等的基本需求的安全。社會保障種類分為傷病、殘疾、死亡、生育、兒童、養老、失業七大方面，運用對經濟收入進行再分配原則，調節貧富差距。繳納的保險金額不與領取的保險金額掛鉤，實行均等支付制度。關於社會保障制度的財源問題。國家是社會保障的推動者，應該承擔部分保險費用及全部事業管理費；國民也應該承擔一部分保險費用。同時讓國民了解參與社會保險是一項社會義務，特別是強調政府對國民最低生活進行保障的最基本責任。

壹、英國的退休金計畫

英國是世界上第一個福利國家，以及較早跨入高齡社會，自20世紀70年代以來，進行了一系列旨在加強養老金保障體系私人化成分、弱化國家因素的探索與改革，並取得了相當明顯的成效。

英國早在1929年時，65歲以上的老年人口即占了總人口的7%，邁入了老齡化社會的門檻，分別比美國、日本早了13年和41年。在經歷了80年的社會老齡化過程，英國的養老金制度已經引起了國際社會的廣泛關注，主要展現在：第一，覆蓋範圍極廣，達到75%。第二，資產規模巨大，超過GDP的80%。第三，投資績效良好，1980～1995年平均年收益率超過10%。當然，英國的養老金制度也存在一些問題，主要體現在監管制度的不

當可能引發許多陷阱，例如：保險公司的高佣金、低繳費標準和個人養老金的誤售等。儘管英國的養老金制度存在上述問題，但對於進行養老金制度改革的國家來說，英國的養老金制度尤其是職業養老金計畫的監管制度仍然有許多值得借鑑的地方。

一、英國職業養老金計畫簡介

英國實行的是三支柱的養老金體系，包括公共養老金、職業養老金和個人養老金。

表 8-1　英國實行的養老金體系

類型	內涵
公共養老金 （Public Pension）	對每個人提供的基本養老金和對僱員提供的與收入相關聯的國家養老金，兩者都採用現收現付制。
職業養老金 （Occupational Pension）	由私人和公共部門的雇主給僱員提供的，包括：確定給付型（Defined Benefit Plan, DB）、確定提撥型（Defined Contribution, DC）和混合型（Hybrid Plan）三種計畫類型，絕大多數大公司提供的都是確定給付型（DB）職業養老金計畫。
個人養老金 （Personal Dension）	向自僱人員（self-employed）和沒有參加職業養老金計畫的人群提供，通常都是確定提撥型（DC）養老金計畫。

（資料來源：作者整理）

其中，由職業養老金計畫構成的第二支柱，是英國養老金體系中最重要的組成部分。職工退休後由國家基本養老金提供最低生活保障，而退休後主要收入來源於職業養老金，所以英國職業養老金計畫的地位相當重要。

英國職業養老金計畫的規模相當龐大，到 2004 年英國養老金計畫已經達 227,085 個。其中註冊的職業養老金計畫的數目達 94,071 個，總成員人數超過 2,500 萬（包括公共事業職業養老金計畫）。大部分職業養老金計畫成員人數很少，而數目很少的幾個大型職業養老金計畫擁有大多數的成員。

由於英國職業養老金計畫的類型多樣，規模龐大，為保證職業養老金計畫的良性發展，英國政府在對職業養老金計畫的監管上做出了不懈的努力。

二、英國職業養老金監管的特點

（一）完善的監管體系

英國的職業養老金計畫是歐洲最完善的，尤其體現在養老金監管體系上。英國養老金監管的一個重要特點是多體系監管，其中還包括自我監管。不過，英國政府是由一系列的政府機構和非政府機構來完成對養老金進行監管。

英國的養老金監管體系由養老金計畫辦公室、職業養老金監管局、徵繳局（Contribudon Agency）、職業年金諮詢局、金融服務局（FSA）等幾個部分組成。其中，主要監管機構的職責如下：

英國職業養老金監管局（The Occupational Pensions Regulatory Anthorty, OPRA）是職業養老金計畫的法定監管者，其主要功能包括確保職業養老金計畫合法運行和按計畫兌現承諾，阻止和預防職業養老金計畫受託人出現不當行為，調查哪些對職業養老金計畫穩健經營有損害的活動以及不誠實的受託人行為，並可以採取相應的行動。英國職業養老金監管局有廣泛的監管權利，主要包括：

1. 有權對嚴重或長期違反自身職責、涉嫌有不忠誠或欺騙行為、提交過破產申請和已經被取消作為公司董事資格的受託人進行資格註銷或停職審查。

2. 如果受託人因違反《養老金法》被註銷資格或被開除，或為了保證恰當地管理計畫資產，職業養老金監管局有權任命新的受託人。

3. 如果某個職業養老金計畫已被其他的計畫所取代，而終止計畫可以保護計畫參與者的普遍利益，職業養老金監管局有權終止這個計畫。

4. 在計畫被終止的情況下可以將剩餘資產分配給僱員，在整個計畫規定的期限內允許「協議退出」。

5. 對「不當行為」進行民事處罰。「不當行為」包括：將計畫資產轉移給雇主、沒有獲得精算評估和授權證書、沒有提供給付計畫或投資指南等。

6. 申請法院禁令防止誤用或挪用計畫資產；如果挪用計畫資產的罪名成立，職業養老金監管局可以申請法院命令，要求違法機構歸還計畫資產。

7. 在雇主已經從僱員工資中扣減了養老金繳費卻沒有將繳費及時轉賬到僱員個人帳戶的情況下，職業養老金監管局有權命令受託人及時歸還僱員繳費，並要求計畫受託人向僱員支付延期轉帳的利息損失。

8. 有權要求受託人、管理人、專業顧問或雇主呈報有關某一養老金計畫的特定文件。

9. 有權要求任何一個養老金計畫提供有關計畫參與者的就業情況、計畫文件的保存情況、養老金計畫的管理情況等。

英國在《2004 年養老金法》中創建了一個新的監管機構——養老金監管局（Tne Pensions Regulatory），以替換職業養老金監管局（OPRA），養老金監管局的主要活動集中於使成員利益面臨最大風險的計畫上。養老金監管局以保護職業養老金計畫成員的利益和促進職業養老金計畫的良好監管為目的，從而降低成員利益的風險並且能有效改進計畫運行方式。養老金監管局繼承了 OPRA 的大部分權力，在必要時靈活適當地對各個計畫行使其權力，目的是幫助計畫有效運行。若出現「不當行為」，則運用權力保證計畫正確運行。主要展現在：

1. 支持計畫運行。養老金監管局有權使用多種方式支持計畫運行。例如，為委託人、雇主等提供實踐原則和指南，在與委託人、顧問、投資管理人及雇主協作的基礎上，養老金監管局可以運用這些權力提高養老金計畫運營的標準。

2. 發布實施原則（Codes of Practice）。養老金監管局新的監管手段之一是利用權力發布實施原則。實施原則可以為委託人、雇主和其他人在遵守養老金法律時提供作業規範。

3. 促進計畫正確運行。養老金監管局的活動焦點是幫助計畫正確運行，當問題發生後，可以提供幫助。養老金監管局可以決定取消或禁止一個或多個委託人的資格，可以在刑事法庭上徵收罰款或批准起訴。養老金監管局允許其可以要求雇主在計畫中支付具體的金額以補充基金積累的赤字，為計畫提供融資，使計畫的融資恢復到適當的水準。

（二）嚴格的監管制度

英國職業養老金計畫的輔助性監管制度體系。為加強對英國的職業養老金計畫進行監管，英國政府還建立了兩大輔助性監管制度。一項是「仲裁」機制（whistle-blowing），引進專業裁判或者仲裁者，代表委託人的利益；可以對受託人的不當行為進行有效的約束。另一項是「申訴」機制（member-complaints），鼓勵成員透過該機制，直接將自己的意見或者不滿反映給監管機構。

英國職業養老金計畫監管的法律體系。英國對職業養老金計畫的監管體現了高度的法制化特徵，其職業養老金計畫的監管在法律保障下順利運行。由於英國的職業養老金計畫監管強調以信託為主，《信託法》是最基本的監管法律，而 1995 年的《養老金法案》對養老金的託管等方面作了補充性的規定。英國政府還經由專門的法律對養老金計畫進行監管，主要有《1986 年金融服務法》、《社會保障法》和《養老金計畫規則》等。《2004 年養老金法案》是特別針對職業養老金計畫的監管。

（三）有效的監管模式

英國職業養老金計畫監管實行的是「審慎人」規則監管的模式。「審慎人」規則的主要特徵有：

1. 應當勤奮和依據規則行事。
2. 細心、熟練，受託人必須像一個審慎處理自己財產的人一樣細心、熟練地履行自己的職責。

3. 監督的職能，受託人有責任監督和評估被委託的職能是否被合適和審慎的履行。

4. 忠誠職責，要求受託人的言行必須全部以計畫參與者的利益為出發點，爭取最大利益。

5. 分散化原則，受託人為審慎管理資產採取各種有效措施，儘可能分散資產運作過程中的風險和避免不適當的風險，使資產管理效應最大化。

英國對職業養老金的資產組合沒有太多限制，一般只規定了發行人、各類投資工具、風險、所有權集中度，而沒有規定資產持有類別的上限。具體來說，就是對 DC 計畫有集中度限制，投資於任一共同基金不超過10%，投資於一個管理者運行的基金不超過 25%，自我投資不超過 5%，對海外資產投資則沒有限制。由於「審慎人」規則監管模式具有相當大程度的靈活性，衡量的是投資決策過程，是一種適應資本市場和金融理論發展的動態型自我監管，但同時對投資管理人的內部控制和治理結構、監管當局的監管能力和司法體系都有較高的要求。英國的經濟發展已經很成熟，金融體制比較完善，基金管理機構也得到一定程度的發展。

（四）全面的監管項目

英國職業養老金的監管項目非常全面，主要體現在 1995 年《英國養老金法案》中，各個方面的詳細情況如下：

表 8-2　英國職業養老金的監管項目

項目	主要內容
資產組合	審慎人原則；5%自我投資限制，DC 計畫的集中度限制。
基金累積	計畫必須進行基金累積以獲得稅收優惠。
成員資格	養老計畫成員資格對於雇主和僱員都是自願的。
受益保險	共同保險避免由於詐欺而產生的損失。
可攜帶性	必須有 2 年累積繳費，累積受益指數化達 5%，可以在其他養老金計畫中轉移。
資訊披露	大量的訊息披露要求，給予「最佳建議」是推銷員的義務。

年金給付	養老金計畫成員必須購買年金，並受到有一定數量稅收減免的一次性支付的限制。DC 計畫允許在 75 歲前購買年金。
監管機構	負責的機構包括國家稅收局和金融服務局等。
受託管理	DB 計畫中受託人的組成必須有三分之一的人選由養老金計畫成員推選產生，DC 計畫中受託人的組成必須有三分之二的人選由養老金計畫成員推選產生。並在法律上規定受託人的義務。
受益指數	職業養老金計畫受益指數化必須達 5%。

（資料來源：作者整理）

三、英國職業養老金計畫監管的綜合評價

　　作為國家提供的基本老年生活保障，由於國家老年人口的絕對數量上升得更快，領國家養老金者占退休年齡人口的比例從 1951 年的 60%成長到 1979 年的 91%，從 1960 年到 1981 年，國家養老金支出增長了 25%，對國家財政造成了巨大的壓力。

　　70 年代末期，英國政府開始逐漸地限制國家基本養老金和補充養老金的作用與地位，轉而發展職業養老金和個人化的商業養老金。比如，政府取消了國家基本養老金數額與平均薪資水準相連接，只保留了與物價指數的掛勾。由於薪資水準的增長率要高於物價水準的增長，這實際上就是進一步降低了國家基本養老金的待遇水準。

　　對國家補充養老金制，政府全面加大了干預作為，對其中的繳費、待遇計發和管理細則都作出了非常詳盡的規定，並由政府強制執行，幾乎沒有使其留下自主性的空間，從而幾近將其完全納入到了政府的主導之下，變成為又一項國家基本養老金制。

　　20 世紀 80 年代末，柴契爾政府經過數年的摸索與總結，制定了如下政策：第一，國家基本養老金制度不變，但只能提供最低限度的生活費用，數額不能高。第二，對 50 歲以下的男子和 45 歲以下的婦女，雖可繼續繳納國家補充養老金保險費，並在退休後領取該項養老金，但發放標準降低，即根據各人工作時的平均薪資水平，將補充養老金數額從相當於平均薪資水準的四分之一降到五分之一。

但在此方針下，英國的國家養老金待遇水平卻持續走低。據統計，戰後初期，國家基本養老金相當於體力工人平均收入的 20%，到 20 世紀 90 年代中期下降至 15%，目前又降到了 10%的水準，預計到 2040 年將下降到 8%。即使加上發放的補充養老金，本世紀初個人所獲得的國家養老金總額也僅相當於平均收入的 30%，這明顯難以達到政府所謂的最低生活保障水準。對此，政府大力倡導下的職業養老金制和私人養老金制無疑扮演著越來越重要的角色。

英國職業養老金的監管採用「審慎人」規則的監管模式，和多數歐盟國家不同，英國對於基金投資範圍基本沒有太多限制，但是引入了最低基金積累要求（MFR）。同時，英國職業養老金計畫有更高的最低繳費水準以避免養老金持有者年老時的貧困。

從經濟學和金融學理論以及國際上的「最佳實際原則」來看，英國職業養老金計畫監管從大體上來說是比較適當的。例如「審慎人」監管不是給資產組合組成制定詳細的指南而是要求資產組合更多的分散化。

從英國職業養老金計畫的發展歷史來看，英國 DB 型職業養老金計畫的監管希望在發起人的成本和對受益人的保護之間取得一個大致的平衡。但是，近年來由於監管特別是由於最低基金積累要求和對養老基金的強制性指數化，使計畫發起人的成本大幅度上漲，直接導致一些公司拋棄或結束 DB 型職業養老金計畫的運行，而這種結果是不盡如人意的。

對 DC 型職業養老金計畫的監管也存在不足之處。養老金持有者的資訊不夠，他們不知道面臨的複雜選擇有哪些（如退休年金類型的選擇），而是完全依賴於基金管理人的績效。在一定程度上，養老金持有者必須理解投資市場和得到培訓。再者，對於養老金的佣金收費及在不同計畫之間的轉移費用一直都很高。此外，監管機構太繁雜（有多個法定機構共同負責監管）及養老金監管變化太頻繁等問題。

在 1988 年 4 月保守黨政府試圖強制性推行職業養老金制的法令中，也對僱員參加私人養老金計畫做出了規定。明確宣布每名職工都有獲取私人養老金的機會。法令規定，任何職員都可以跟銀行、單位信託公司和保險

公司等掛聯，按期繳付一定費用，到退休時，則由衛生和社會保障部負責
支付個人養老金。職員繳付的費用越多，所領取的私人養老金也就相應
增加。

　　為鼓勵私人養老金計畫的推行，政府在 1988 年到 1993 年間對計算私
人養老金所依據的薪資基數增加 2%。在布萊爾政府的綠皮書中，私人養老
金與職業養老金的地位同等重要。英國現在擁有世界上最發達、最廣泛的
私人養老金市場，當然也不可避免地存在著不少問題，例如私人養老金款
項被濫用等。政府也正努力尋求各種途徑以期對複雜的私人養老金部門加
以監督和規範。有了政府的提倡和協調，有了廣大民眾的積極參與，私人
養老金制必將愈加蓬勃地發展起來。

貳、美國的退休金計畫

　　在美國，除社會保障等政府支助項目為個人提供退休金收入外，政府
還透過立法，以稅收優惠的政策來鼓勵雇主與僱員及個人建立退休金計
畫。凡是符合政府法定要求而能享有稅收優惠的退休金計畫，稱之為「合
格的計畫」；凡是不符合法定要求而不能享有稅收優惠的退休金計畫，稱之
為「非合格的計畫」；雇主或僱員投入退休金計畫中的資金稱為「醵出金」。
這些退休金計畫就是補充養老保險。

　　在合格計畫中，雇主為僱員支付的醵出金在一定限額之內可以作為當
期營業費用列支，從其應納稅所得中扣除，並且不計入該僱員的當前應納
稅收入，而僱員支付的醵出金有的可以從其應納稅收入中扣減或享受稅收
折扣，但在僱員退休後從該計畫中領取退休金時，則必須依法繳納所得稅。
同時該合格計畫的投資收益也只在僱員領取退休金時才繳納個人所得稅。
由於個人所得稅稅率實行超額累進率，在僱員工作收入高時應繳所得稅部
分遞延到僱員退休後收入低時繳納個人所得稅，從而為僱員帶來極大利益。

　　美國合格的退休金計畫主要有：

一、團體退休金計畫

　　一個團體退休金計畫通常包括三個組成部分：第一，計畫的類型及其內容，包括計畫參與者資格條件規定，領取退休金的時間規定，領取退休金的計算公式等。第二，計畫的管理，通常計畫的支助者（雇主）會指定管理者來負責計畫的營運。第三，基金積累工具，也就是運用退休金計畫資金的方法，比如將該計畫的資金用來購買年金保險、人壽保險、相互基金或其他投資類型。

　　儘管計畫的支助者（雇主）可以將該計畫的資金直接進行投資，但該支助者通常由人壽保險公司、銀行、投資公司等從事金融服務的機構來提供投資服務。各個金融機構分別提供各種不同的基金積累工具來吸引退休金計畫的支助者，人壽保險公司提供的基金積累工具主要包括團體延期年金、存款管理合同、退休金專用基金、投資保證契約。

　　退休金計畫：由雇主支助的該計畫的首要目標是在參與該計畫的僱員退休後，為其以終身年金的形式提供定期的退休金收入，雇主每年向該計畫支付一定數額的醵金，以此作為員工福利的一部分。該計畫可分為兩類：第一，固定退休金計畫。該計畫事先確定僱員在退休時每年或每月應得的退休金，精算師根據對僱員的死亡率、僱員工資額、管理費用、投資收益率等進行測算後，決定雇主應支付的醵出金數額。在 1995 年，該計畫年退休金最高限額為 120,000 美元。第二，繳費固定計畫：

1. 是由雇主按固定公式支付退休金計畫的醵出金，通常是按僱員工資收入的一定比例支付，通過替每個僱員設立單獨帳戶來存入醵出金並進行投資積累，僱員在退休時一次性領取退休金或購買適當形式的養老年金。在 1995 年，向該計畫中支付的醵出金最高限額為僱員工薪的 25%，但每年不得超過 3,000 美元。

2. 利潤分享計畫：利潤分享計畫是一種儲蓄性計畫，主要由雇主將其所得利潤用來支付該計畫的醵出金。與固定繳費退休金不同點在於其醵出金來源於雇主的利潤，雇主支付的醵出金可能隨利潤逐年變

動，甚至某些年裡不支付醵出金。美國法規對利潤分享計畫有一些限制性規定。第一，雇主支付的醵出金必須有相當數額且逐年支付。第二，支付給高薪僱員的醵出金不得過多。大多數利潤分享計畫無須僱員支付醵出金。

3. 合格的退休金儲蓄計畫：設計該計畫是為了鼓勵僱員為其退休金進行儲蓄。在美國，大多數雇主以提供節儉儲蓄計畫採鼓勵僱員為退休金進行儲蓄，該計畫與利潤分享計畫營運方式大致相同，不同點在於；在僱員參加該計畫並支付醵出金的情況下，雇主必須以僱員名義為其支付一定數額的醵出金；在利潤分享計畫中，在沒有利潤的情況下雇主一般無義務支付醵出金。在該計畫中每位僱員設有單獨的帳戶，所支付的醵出金以僱員名義借記在該帳戶上，並根據規定進行投資。僱員支付的醵出金有法定限額，雇主支付的醵出金通常等於僱員的醵出金或是其一定比例。根據聯邦所得稅法的規定，僱員支付於該計畫的醵出金不能從其當期應納稅所得中扣除，為了鼓勵僱員參加該類計畫，美國稅法允許僱員參加一個特別類型的節儉儲蓄計畫，稱為 401（k）計畫，支付於 401（k）計畫的醵出金可以從僱員當期納稅所得中扣除。

1996 年，僱員每年支付於 401（k）計畫的醵出金不得超出其工薪的 15%，但以 9,500 美元為最高限額；雇主與僱員每年支付於 401（k）計畫的醵出金合計不得超過僱員工薪的 25%，但以 9,500 美元為最高限額。此外，還有一個類似於 401（k）的退休金計畫，稱之為 403（b）計畫，也稱為避稅年金。該計畫是由學校和非盈利機構為其僱員建立的退休金計畫，在 1996 年僱員支付於 403（b）計畫的醵出金不得超過其工薪的 20%，但以 9,500 美元為最高限額。

二、個人退休金儲蓄計畫

1. 個人退休金帳戶：該計畫是指由個人建立的一種符合聯邦所得稅法規定的享有稅收優惠的退休儲蓄帳戶。個人退休金帳戶的參與者每

年存入帳戶內的醵出金在不超過規定限額的情況下可以從其應納稅所得中扣除。根據美國現行法律規定，在下列三種情況下每年投入個人退休金帳戶的最高限額為 2,000 美元。第一，該納稅人不滿 70.5 歲。第二，該納稅人有可靠收入（薪資收入或贍養費）。第三，該納稅人與其配偶都沒參加其他合格的退休金計畫，有些參加了其他合格的退休金計畫的納稅人，可以將其投入個人退休金帳戶的醵出金的一部分從其應納稅所得中扣除。個人退休金帳戶通常由銀行、經紀人公司、保險公司、相互基金公司、信用社等金融機構主辦，該主辦機構負責處理個人退休金帳戶的管理工作，如主辦機構確保該帳戶符合法定要求而成為一個合格的退休金帳戶，並從國內稅收單位獲得許可。主辦機構將個人退休金帳戶內的資金投資於股票、債券、房地產等。此外，大多數保險公司還提供一種個人退休年金，也可享有相同的稅收優惠。儘管個人退休金帳戶的參與者可隨時從該帳戶中提取收益，但如果他在 59.5 歲以前提取，則他在交納提取收益部分的所得稅外還需另支付罰金，這種罰金是為了鼓勵參與者在其達到退休年齡後領取退休金。對於參與者年齡超過 70.5 歲而未領取退休金的，也同樣收取罰金。

2. 自營者退休金計畫：1962 年美國國會通過一項法案，其目的是透過稅收優惠使自營事業者參與一般企業一樣得以建立一個退休金計畫，在該法案下的自營者退休金計畫，准許自營事業者設立合格的個人退休金帳戶，享有稅收優惠，這些計畫由銀行、保險公司、相互基金公司、信用社等金融機構主辦。如同個人退休金帳戶一樣，主辦金融機構負責自營者退休金計畫的經營管理，使其獲得稅收優惠，並將該計畫的資金投資於股票、債券、房地產等。該計畫的參與者每年可以將其年收入的一個特定比例的資金投入該計畫，並可從其當期應納稅所得中扣減，但不得超過法定的最高限額。如同在個人退休金帳戶中一樣，對於未按規定提前或延遲領取退休金者會處以罰金，以鼓勵參與者將該計畫作為退休金收入來源。

　　由於能享受稅收優惠，許多雇主建立了合格的退休金計畫，但也有一些雇主建立了不享有稅收優惠的退休金計畫，稱之為「非合格的退休金儲蓄計畫」。該種計畫的主要優點在於不必像合格的計畫那樣受眾多複雜的法規的嚴格限制。例如，非合格計畫的雇主可以為特定的僱員，如高級行政人員提供額外的收益，而在合格計畫中，由於受非歧視條款限制，則高級行政人員不可享有特別優待。

　　由於規範合格的計畫的法規複雜，許多雇主尤其是小雇主難以達到法定要求，為了使退休金計畫具有適應性，聯邦稅法經修訂後提供了一個稅收優惠計畫，稱之為「簡易僱員退休金計畫」。在該計畫中，僱員建立一個個人退休金帳戶，雇主按期將醵出金存入該帳戶，在不超過規定最高額的情況下，雇主可以將該醵出金作為營業費用列支，從當期應納稅所得中扣除。儘管雇主支付的醵出金被視為僱員的應納稅收入，但通常僱員可得到稅收折扣。

　　嚴格說來，年金保險合同不是合格的退休金計畫，但由於年金保險也具有類似合格的退休金計畫那種遞延納稅的作用，在領取退休金的方式上兩者也十分相似，而且年金保險沒有諸多限制，因而年金保險合同常被僱員用來作為雇主支助的退休金計畫的有效補充。

　　近年來，退休金計畫市場發展迅速。銀行、保險公司、相互基金公司、信用社等金融服務機構競相提供各種不同的基金積累工具來競爭這一市場。人壽保險公司提供的基金積累工具由於能應付金融風險和死亡率風險，因而吸引了眾多的退休金計畫，在退休金計畫市場上占有相當數量的份額。

　　在年金保險屬發展最具規模的險種，作為退休金計畫與醫療保健、教育、公務員和非盈利性組織相結合，這部分如：「教師保險和年金協會的大學退休公平基金組織」（TIAA-CREF）。

參、義大利的退休金計畫

義大利自從 1874 年開始對地方政府工作人員實行退休金制度，隨著社會的發展和政治、經濟形勢的變化，社會保障制度及體系也得到不斷的修訂與補充。如今，義大利的社會保障幾乎涵蓋全體國民。

義大利社會保障制度主要由「社會保險」、「保健醫療」、「社會救助」三部分組成。「社會保險」是對遭受某種事故的公民補足其所喪失的收入，養老保險、工傷保險和失業保險都屬於此；「保健醫療」是指「國民保健醫療服務制度」，即醫療保險；「社會救助」則是為預防或消除其他社會保障制度覆蓋不到的貧困狀態，公共救濟、殘疾人福利、兒童福利、高齡者福利等都屬於「社會救助」。

義大利社會保障（主要是養老、醫療）制度始建之初，由於繳納社保稅者多於社保受益者，所以社保基金尚有結餘積累。但隨著時間的推移，尤其是進入 80 年代後，不僅人口結構發生變化，出生率低、社會快速向老齡化推進；與 5、60 年代相比，年輕人進入勞動力市場年齡推遲，自由職業者、個體經營者等非工薪勞動者逐增，其結果使得納稅人減少，享受社保待遇者增多。

就穩健的作為，領取養老金人數和其投保人數之比，理論上應 1：4，而現義大利為 1：1，社保基金產生了嚴重的入不敷出，以 1997 年為例，當年社保收入 3,079,210 億里拉，支出 3,260,380 億里拉，支出大於收入 181,170 億里拉。政府貼補給社會保障基金缺口的經費占財政總支出的 25%以上；1999 年社會保障支出占國民生產總值的 17.4%，負擔甚重，苦不堪言。為此，近十幾年來，義大利政府多次對社會保障的相關制度進行改革，以擴大資金來源，減少赤字。

在近十幾年的數次社保改革中，1995 年的改革可謂是「大手術」，其著重從以下三方面入手：

第一，改變養老金計發辦法：1995 年前，義大利養老金是以勞動者職業生活中最後兩年的平均工資為基數，按其工作年限計發，與整個投保期

繳費多少關聯不大，造成養老保險的過高。1995 年的改革，將養老保險的現收現付制改為個人帳戶積累制，詳細記錄每個勞動者每月繳費情況，使養老金與繳費多少掛鉤，多繳多受益。這實際上，從總的看，是降低了養老保險的給付。但因目前養老基金赤字嚴重，個人帳戶亦是空帳，僅是一種繳費紀錄而已，並且新制度並未完全取代舊制度，只是適用於 1996 年後參加工作的勞動者，對舊人採取逐步過渡的辦法，即以 1996 年為界分兩階段計發養老金。儘管如此，這項改革還是取得了初步成效，養老金替代率已由過去的 80%降到 65%左右。降低的 15%養老金，政府希望通過補充養老保險補上。

第二，提高退休年齡：為進一步減少養老金的支付，1995 年改革提高了退休年齡。1995 年以前，不管實際年齡多少，只要滿足了 35 年工齡即可退休，領取全額養老金。改革後將退休年齡統一到男 65 歲，女 60 歲，但操作上採取逐步到位的辦法，每 1.5 年提高 1 歲。據專家講，這項措施可大大減少年金領取者數量。

第三，擴大養老保險適用範圍：1995 年前，義大利的自由職業者、個體工商戶等非工薪勞動者可不加入社會保障。但 20 世紀 90 年代後，這類勞動者參保銳增。義政府認識到不論是從社保擴大面角度講，還是從勞動者晚年生活保護角度講，都必須重視這一群體的參保問題。所以，1995 年的社保改革對這類群體作了強制性規定，即必須加入社會保障，並制定了詳細的加入和繳費等方面的規章制度。

一、積極推行補充養老保險

在 80 年代，義大利效益好的大企業就有了類似補充養老保險的做法，但一直未得到法律支持。為減輕養老保險基金的壓力，尤其在 1995 年改革養老保險給付待遇後，義政府更希望通過建立補充制度來填補政府的基本養老保險。

1993 年 4 月義政府通過法律，確認了補充養老保險作為養老保險第二支柱的地位，開始提倡後，又於 1996 年、2000 年兩次立法以補充養老保險

的籌資、管理、運作、監督及投保人的權利、義務及其稅收優惠等作了原則性規定，以確保補充養老保險制度的順利、有效運行，將建立補充養老保險制度作為養老保險體制改革的主要內容之一。補充養老保險運作的要點是：自願組織、開放經營、金融機構操作、個人主要繳費、國家稅收優惠、國家監督運營。

補充養老保險基金的組織。補充保險與商業保險的不同是商業保險是個人選擇，而補充保險是為某一群體而建，所以要以行業為一個基金單位，在得到勞動社會福利部認可後，即可成立補充養老保險基金，所屬行業的勞動者均可參加。行業工會與雇主聯合會可就補充養老保險的費率用勞動資雙方應承擔的比例進行談判，達成一致後，委託某一金融機構，主要是保險公司、銀行或投資公司經營動作。補充保險必須是實帳。

參保人員及費率。參保人員主要是與企業簽署了勞動合同的固定員工，自由職業者和個體工商戶亦可通過其行業協會組建基金。費率根據勞資雙方談判及與金融機構協商而定。目前，雇主普遍為職工繳 2～3%。自由職業者和個體工商戶則全由自己繳費。國家在稅收政策上對補充養老保險繳費有優惠。2000 年 1 月新的法律規定：補充養老保險繳費在薪資收入的 12%以內。

義政府通過法律對補充養老保險基金運營作了原則性規定，即基金必須委託給被同行認可的金融機構經營運作。並為避免基金集中在少數金融機構手中，義政府還規定委託經營合同期為 3～5 年。期滿後，既可續簽，亦可轉入其他金融機構。基金由金融機構採取金融手段無風險運作，主要投資於中長期股市、國債、短期借貸及儲蓄。基金組織必須最大透明地告知投保人基金使用、運作情況。國家財政部、工會、企業聯合體等組成基金監控委員會負責基金監控。現義全國有 28 個補充養老保險基金，700 萬勞動者加入，約占就業人口總數的 35%。

政府規定參保勞動者達到法定退休年齡後，方可享受補充養老待遇。一般給付辦法是：退休後可一次性支取 50%的養老金，其他 50%按月支付，

具體是由勞資雙方協商而定。另外，參保 5 年以上的勞動者，可隨時向經營機構借款，用於醫療或購置不動產。

　　由於補充養老保險在義大利正式起步後為時尚短，目前還存在一定問題，尤其是和國家的基本養老保險制度的銜接配合不夠，有些各行其是。然而公民已感到今後國家只能提供最基本的保障待遇，再加上各金融機構的積極規劃，所以專家認為補充養老保險會在義大利興旺起來。

二、大力發展商業保險

　　由於養老保險、醫療保險基金日益匱乏，補充養老保險又方興未艾，義大利政府把大力發展商業保險也作為填補社會保險不足的一個重要措施，並相繼頒布了一系列支持政策，以激勵人們參加商保。例如，從 2001年起，商保的投保人死後，可由家人繼承其保險金，並免繳繼承稅；投保資金不得沒收或充公；投保人可向保險公司低貸款等。在政府的鼓勵、商保公司的努力下，並且眾多投保人也確實從商保中受益，所以現在很多義大利公民，有的甚至是舉家參加商保。

　　義大利與社會保障相關的商業保險主要是醫療、養老、職災，其中醫療保險最受重視。它的運作是：投保人自主選擇一保險公司，簽訂合同，確定投保金額、年限，投保人患病後持保險公司發的醫療卡去保險公司簽訂合同的私立醫院就醫。醫療費（包括化驗費、藥費、手術費、護理費等）先由患者自付，而後去保險公司報銷。但如費用過高，保險公司亦可為其預支。如果投保人到公立醫院就醫，保險公司則負責支付本應由社會保障局支付的病假薪資，減輕了社會社保負擔。

　　義大利政府和學者一致認為，補充保險和商業保險存在的意義不僅是對社會保險的一種填補，它還可促使社會保險不斷改革與完善。因為是商業保險，它只是社會保險的輔助，絕不能替代。要使社會機制穩定，社會保障必須由國家負責。但時代發生變化，國家不能全包，需要集體保險、私人保險加入社會保障體系。

肆、保加利亞的退休金計畫

近幾年來，保加利亞政府借鑑歐盟國家的做法並結合本國實際情況，對退休保險制度進行了全面改革，為保持社會穩定創造了良好條件。

退休保險制度實施已有上百年的歷史。1989 年，政府在城鎮及農村普遍推行了退休保險制度。但如今，退休保險正面臨著高齡社會的嚴峻挑戰。60 歲以上的居民在全國人口中約占 22%，而在農村，老齡人口所占比重超過了 30%。針對這種狀況，政府於是實行新的退休保險制度。新的退休保險制度有以下幾個特點：

一、人人須交納退休保險金。《國家社會保障法》規定，在職公民須按月繳納退休保險金。占就業人口絕大多數的普通勞動者繳納的保險金為其工資的 32%，其中 25.6%由用人單位承擔，6.4%由本人承擔。為照顧特殊群體的利益，軍人和地下、水下、空中作業者在退休後可領取額外補貼，法律規定用人單位須按月為其繳納相當於薪資 12%的「補充保險金」。對於教師，學校須按月為其額外繳納相當於工資 4.3%的「教師退休」基金，供其退休後使用。

二、增加退休金種類。新制度把退休金分為四種：

1. 一般退休金，即退休者在取得退休資格後，按工資收入、工齡等領取的退休金。

2. 殘廢金。

3. 繼承性退休金，即退休者亡故後，由其配偶或未成年子女領取的一定比例的退休金。

4. 特種退休金，即同實際勞動或活動無直接關係的退休金，如殘廢軍人補貼金、殘疾人補貼金、特殊貢獻補貼金等。

三、提高退休年齡。男子的退休年齡由 60 歲增至 63 歲，女子則由 55 歲增至 60 歲。2000 年至 2009 年是逐年提高退休年齡的過渡期。軍人和特殊行業的勞動者則可提前退休。例如，有 30 年教齡的男教師和 20 年教齡的女教師，其退休年齡比一般人少 3 年。

四、設立自願性質的「退休」基金。這是一種機構投資基金，基金會從事投資活動，並每年核算紅利，投資者主要獲取這種紅利。投資者可隨時抽回投資，但如在退休前領取紅利，投資者必須納稅，退休後領取則不納稅。

另外，法律還規定，對於到了退休年齡而又從未繳納過退休保險金者（包括到了退休年齡的農民），如無其他經濟來源，國家將以「社會救濟金」緩解其生活困難。受資金來源的影響，國家統一標準的社會救濟金的數額每年都有變化。

結語

20世紀80年代社會保障改革的基本走向，在政策上採取的措施有：第一，社會福利服務供給社區化。發展以生活意識為樞紐的共同體社區社會，將其發展為福利服務的提供和經營實體的機體。透過發展社區福利重建新的社會支援網絡和人際關係。強調文化中的自助、互助精神，探索社會福利發展模式。第二，化國家集權為地方分權福利。國家直接計畫、運作的福利項目逐漸移交地方政府。第三，進行福利財政改革。促進國家對福利財政的負擔逐漸向地方政府轉移。第四，壓縮的社會保險支付制度。第五，設定社會福利、社會工作的專業職稱國家考試制度，推行社會福利專業化道路。

改革的步驟是削減老人公費醫療制度，其次調整年金制度以及社會救助政策等。創設老人健保制度，將老人的醫療與保健統合為一個體系。新設的老人保健制度的財源，不是依靠國家財政負擔，而是由各個保險機構相互協調分擔，轉嫁給保險機構和保險者。改公費醫療為個人適當負擔，改老人免費醫療為適度負擔費用。養老保險改革的主要動向是創設基礎年金制度，在國民年金的基礎上又增設了基礎年金制度的第二個台階，構成

了國民年金和養老基礎年金的雙重構造，目的在減輕下一代的負擔，實現養老保險公平負擔。此外，對分立型的養老保險體系進行調整和整合，盡量弱化制度與制度之間的隔閡，達到社會資源的有效利用。社會救助的改革主要體現在強調地方政府主義，將負擔和義務由中央政府轉移到地方政府。

第九章　養老保險

前言

　　養老保險是社會保障制度的重要組成部分，是社會保險五大險種中最重要的險種之一。所謂養老保險（或養老保險制度）是國家和社會根據一定的法律和法規，為解決勞動者在達到國家規定的解除勞動義務的勞動年齡界限，或因年老喪失勞動能力退出勞動職務後的基本生活而建立的一種社會保險制度。這一概念主要包含以下三層含義：第一，養老保險是指在保險契約中約定一個固定的保險期間，在保險期間內被保險人死亡或全殘時，保險公司依約定給付死亡保險金，而當保險期間屆滿，被保險人仍生存時，則保險公司依約定的金額給付滿期保險金。養老保險對於即將屆臨退休年紀的人是非常有幫助的，因為一個人在退休後的生活收入減少，唯一的生活資金來源只能靠自己的退休金與平日的儲蓄金，養老保險在受益人活著時會定期給付保險金，若是保險期間死亡也會另外給付保險金。第二，養老保險是在法定範圍內的老年人完全或基本退出社會勞動生活後才自動發生作用的。這裡所說的「完全」，是以勞動者與生產資料的脫離為特徵的；所謂「基本」，指的是參加生產活動已不成為主要社會生活內容。需強調說明的是，法定的年齡界限（各國有不同的標準）才是切實可行的衡量標準。第三，養老保險的目的是為保障老年人的基本生活需求，為其提供穩定可靠的生活來源。

壹、加拿大的養老金保障

一、加拿大的養老保障體系

　　加拿大的養老保障體系由三部分組成，一是政府收入保障計畫，為退休者提供合理的最低標準的生活待遇。這個標準是根據經濟發展狀況以及多層次的養老保障而建立起來的，一方面減少僱員退休後對政府的依賴性，另一方面加強僱員自我保障的主動性。加拿大政府規定，正常的退休年齡為 45 歲，延緩退休年齡不得超過 69 歲，提前退休年齡不得早於 55 歲。

　　政府收入保障計畫主要由三種養老保險計畫組成；加拿大／魁北克省養老金計畫（C／QPP）、老年保障計畫（OAS）、保證收入計畫（GIS）。二是僱主承擔的退休計畫，主要提高加拿大人的生活質量，如實施由僱主倡議的退休計畫和儲蓄計畫。政府制定出一系列稅收優惠政策，促使僱主、僱員以及自謀職業者積極加入各種養老保險計畫，以提高退休者的待遇，減少收入損失風險，提高生活質量。三是個人儲蓄性計畫。與其他發達國家一樣，加拿大的人口老齡化程度正在加劇，僱員與退休人數的比例將由現在 8：1 降低到 2020 年的 7.8：1，這表明，多層次的養老保險體系將成為加拿大養老保障的重要安全網。

二、加拿大補充養老保險體系僱主倡議的退休計畫

　　僱主倡議的退休計畫是加拿大養老保險體系中最重要的支柱。此支柱計畫由政府法規定約束，實行統一稅收徵管。僱主為僱員建立此類保險計畫，應以契約形式委託私人公司進行管理。計畫的基金完全由私人公司營運，但投資管道、分享形式以及投資方法等由僱員或僱主自己選擇或按具體協議操作。這一保險計畫的發展，不僅豐富了養老保險的金融市場的活躍，如住宅、汽車等消費的抵押消費。當然，占加拿大養老金收入較大比例的此類計畫並不是簡單地自發產生的，它是受到經濟和社會的壓力、企業競爭、人力資源的開發和保護以及僱員的生活保障而產生的。

（一）註冊養老金計畫（Registered Pension Plans, RPP）

RPP 計畫的建立是自願性的，也就是說雇主並不被要求一定要建立相應計畫，但一旦選擇建立，就必須保證執行由稅務局和各省養老金法規部門設定的最低標準，到各省養老法規部門進行註冊，而且要提出相應的法律文書，明確設立計畫的法律動機以及與各項計畫相關的一切事宜（諸如繳費率、投資渠道選擇方式、待享受條件、待費計畫辦法等），稱為「計畫文本」（Plan Text）。所建立的計畫要能同時滿足加拿大聯邦稅務局和各省稅務部門的要求，不要嚴格遵守各類養老金法規（在加拿大，聯邦政府制定了各類養老金法案，各省還有不同的非常詳盡的養老金法規）。註冊的養老金計畫 RPP 到各省養老金法規部門進行註冊，一旦獲得批准，就可以享受有關稅務減免優惠條件。此類計畫主要分為兩種類型，其一是確定給付制養老計畫（DBPP），其二是確定提撥制養老計畫（DCPP）。許多企業還將兩種計畫綜合起來，建立的註冊的養老金計畫 RPP，通常稱為「混合計畫」。

1. 確定給付制養老計畫（DBPP）：所謂養老金待遇由具體公式進行表述，參保人在退休前已預先知道自己的養老待遇的保險計畫。關於待遇確定型養老計畫 DBPP，加拿大聯邦稅務局規定了待遇的最高限，這主要是防止雇主盲目將待遇標準定得過高，降低未來支付風險。此類計畫的繳費率並不確定，需要每 3 年進行一次精算，然後公布，對繳費率的上限，加拿大聯邦稅務局同樣作了規定，目的是防止雇主和僱員利用多繳費進行逃稅。

2. 確定提撥制養老計畫（DCPP）：所謂繳費確定型計畫，是指參保人事先知道繳費比例、繳費基數（如工資、薪水、補貼等），而退休待遇並不能預先明確的保險計畫。為了防止雇主和僱員利用保險計畫逃稅，加拿大聯邦稅務局為繳費確定型計畫設定了繳費上限，即雇主繳費和僱員繳費之和每年不能超過僱員總收入的 18%，最高繳費總額不得超過$13,500。在繳費確定型養老計畫下，保險計畫承辦者（通常是私人保險公司）受託將雇主和僱員的繳費投資於各類基

金，投資收益如利息、股息、分紅等將進入僱員個人帳戶累積。在僱員達到退休年齡時，需要將由雇主和自己在個人帳戶中共同積累的基金從保險公司一次性全部取出，也就是脫離由雇主倡議的團體保險。基金取出後，僱員可以自行選擇購買各種年金，年金的多少由多方面因素決定，包括基金額、年金購買率、所選年金類型、購買人及其配偶年齡、購買人身體健康狀況等。年金的形式非常靈活，購買者可以選擇購買一定領取年限的年金，也可以選擇購買可以一直領取直至生命終結的年金。

3. 確定給付制養老計畫（DBPP）與確定提撥制養老計畫（DCPP）的共同點：

(1) 無論是 DBPP 計畫，還是 DCPP 計畫，雇主和僱員的繳費都可以進行減稅和避稅。雇主和僱員進行繳費後，可以每年向聯邦稅務局和各省稅務局申報享受稅務方面的優惠。

(2) 兩項計畫的繳費上限都由加拿大聯邦稅務局作了規定，目前均為雇主繳費和僱員繳費之和每年不能超過僱員總收入的 18%，最高繳費總額不得超過$13,500。

(3) 兩項計畫都要求雇主和保險承辦機構（即保險公司）定期公布有關計畫的一切事宜，包括每年向廣大僱員提供計畫的年度報告。

在加拿大，過去確定給付制養老計畫（DBPP）比較流行。在待遇確定型計畫下，僱員並沒有風險，他們只需按時繳費，到退休時領取待遇；而雇主則承擔了相當大的風險，一方面他們要為僱員繳費，另一方面，由於繳費率、投資收益等變動因素的影響，到期收益無法確定，而他們卻要無條件保證有僱員退休時支付所承諾的待遇。此外，每 3 年進行一次精算評估確定繳費率，以及相應的檔案管理等對雇主來說也是一筆不少的開支。這項計畫的高風險和高成本使得現在絕大部分成員在建立註冊的養老金計畫時，選擇了確定提撥制養老計畫（DCPP），將風險轉嫁到僱員身上。就連不少從前為僱員建立確定給付制養老計畫（DBPP）的雇主，目前也正在轉向確定提撥制養老計畫（DCPP）。

（二）儲蓄和利潤分離計畫（Savings and Profit Shaving Plans）

註冊的退休儲蓄計畫 RRSP 是一項典型的儲蓄計畫（SP 計畫），它不屬於養老金計畫範疇，因此被要求遵守聯邦稅務局的稅法而無須按照聯邦和各省的養老金法規執行。此項計畫規定僱員必須繳費，雇主不用繳費。如果雇主同意，也可以為僱員進行繳費，所繳費用一併計入僱員個人帳戶。同註冊的養老金計畫 RPP 相同的是，加拿大聯邦稅務局規定了註冊的退休儲蓄計畫 RRSP 的繳費上限，即繳費總額每年不能高於僱員總收入的 18%，最高繳費總額不得超過\$13,500；不同的是，註冊的養老金計畫的註冊部門是各省的養老金法規部門，而註冊的退休儲蓄計畫 RRSP 需要到加拿大聯邦稅務局進行註冊。註冊後的 RRSP 計畫，僱員的繳費可以依法享受減稅，而雇主的繳費不能夠享受減稅政策。

一般情況下，註冊的退休儲蓄計畫 RRSP 的基金投資渠道由僱員進行選擇，然後統一由承辦機構進行投資，投資收益計入個人帳戶（特殊的，如果僱員同意，可以協議形式委託雇主或承辦機構進行選擇）。此項計畫下的基金屬於鎖定基金性質，除兩種特定情形下僱員可以暫時借用個人帳戶中的基金，否則基金必須保留到僱員到達退休年齡時方可動用。這兩種特殊情形，一種是參保人首次購房時可以申請暫借 RRSP 基金支付部分房款，另一種是參保人參加教育培訓時可暫借基金支付發生的費用。暫時借用期限不能超過 15 年，逾期不歸還基金者，必須向加拿大聯邦稅務局就借用基金補稅。

註冊的退休儲蓄建立的計畫，在加拿大這樣一個重稅國家，一項計畫的受歡迎很大程度上是因為可以最大限度減稅或暫時避稅。RRSP 計畫就是一項充分利用了聯邦稅務局稅務優惠政策的計畫；僱員除為自己繳費可以減稅外，還可以參加在 RRSP 計畫裡的配偶計畫（Spousal plan）。即便受益人可以選擇為配偶所有，但繳費者可以依此減稅，又能幫助沒有經濟收入或收入較低的配偶在退休時拿到一定待遇。所以，許多人選擇了 RRSP 計畫。

三、補充養老基金的管理

(一) 加拿大的養老金體制結構：加拿大的養老金主要由政策的基本養老金、雇主倡議的退休計畫的退休待遇和個人退休儲蓄性養老金組成。政府的基本養老金除雇主和僱員的繳費外，大量來自國家稅收。雇主倡議的退休計畫的退休待遇和個人退休儲蓄性養老金來自雇主和僱員、政府提供稅收方面的政策優惠，其基金完全由私人公司進行管理和營運。

　　加拿大的養老金市場比較成熟，也極為複雜。加拿大採用了「多支柱養老保險體系」，由政府養老保險計畫所構成的基本養老金，具有收入再分配的特徵，對在職和退休職工之間、貧富之間進行宏觀調節；雇主倡議的退休計畫和個人退休儲蓄性計畫的種類繁多，適合不同工作年齡的職工選擇對自己有利的方案。這些計畫的資產均由私營機構經營管理，即使服務於公有經濟的部分的僱員也不例外。加拿大這類補充性計畫並非法律強制性規定，但雇主為了吸引人才、留住人才，這些計畫越來越普遍和受到重視。加拿大私營機構投資管理者，在高度競爭的環境下，依據政府的調控機制負責基金資產的經營和管理。政府主要致力於建立一套充分有效的監控機制、預防欺詐，並通過控制投資風險樹立公民對於養老基金的信心。

(二) 養老基金的建立的投資：加拿大的補充養老基金是為僱員設立的，養老基金作為一個實體，旨在保障退休人員的利益並為之服務，不具有任何其他目的。加拿大的補充養老基金大都以信託基金形式存在，這些由雇主設立的養老基金是不可回收的捐贈，雇主對於這些資產不再擁有進一步使用、支配的權利。補充養老基金是由許多不同的計畫所籌集的，其中參加人員較多、較普遍的計畫，包括：確定給付制養老計畫（DBPP）、確定提撥制養老計畫（DCPP）、註冊的退休儲蓄計畫（RRSP）、延期的利潤分享計畫（DPSPS）、僱員利潤分享計畫（EPSPS）等。補充基金的投資渠道的選擇方案在計畫文本中明確，可以由雇主

選擇，也可以由僱員選擇，或雙方共同選擇。目前，加拿大有以下幾種基金：

1. 保證基金：可分為以下幾類：5 年保證基金，4 年保證基金，3 年保險基金，2 年保證基金，1 年保證基金。保證基金由私人保險公司進行投資，每年的利息保存。如果參保人因死亡等原因提前支取，用於遺屬補貼，那麼支取的基金價值就由市場價值調節來決定，即由利率變動和提前支取的時間決定。

2. 統籌基金：國際信託基金，PHAN 養老信託基金。這些基金主要投資於歐洲及遠東市場，因為亞太地區經濟增長較快，而歐洲的經濟發展較為成熟、投資環境也較為透明。加拿大類似的這種基金的海外投資比可高達 2%。統籌基金因大都投資於時間較長（7～14 年）的證券領域，所以它是一種長期投資，適合於年輕人或中年人的投資取向。

3. 互助基金：互助基金是一種簡單的儲蓄性繳費統籌基金，它由專門的基金管理者進行投資。互助基金是加拿大金融市場的主要部分。

(三) 補充養老基金的監督和管理：加拿大的補充養老基金通常由外部審計師、精算師、法律顧問以及一位或多位投資管理者、工會代表來審核、管理。在操作上主要採用以下途徑：

1. 補充養老基金理事會制定出合理的投資方針，以指導重要的管理決策。

2. 由若干家基金管理公司合作經營，經管投資收益，其中商業保險公司發揮主要作用。

3. 投資公司一般都設立了「內部統一監管」，以保證經營操作與投資方針、準則的準確性。

4. 補充養老基金每年必須由獨立的外部審計師進行審計。

5. 確定給付制養老計畫（DBPP）的基金，被要求進行至少 1 年兩次的外部精算評價，評估資產與負債的平衡關係，以及為滿足支付時所需的繳費額。

6. 由於加拿大的補充養老基金一般是免稅的，財務和稅收部門也規定了一些限制養老金投資活動的辦法。只有滿足這些規定後才可獲得免稅待遇。因此，稅務也是一個監管人。

(四) 加拿大私營機構與政府部門的職責分離：在加拿大的養老保險市場，養老基金的日常經營管理是在高度競爭環境下由私營機構承擔的。因私營機構對風險管理比較敏感，為養老基金實現了資本的最佳配置和投資的最佳回報。基金管理人之間的競爭及轉換管理人的自由使得這些私營機構必須以高效率的經營管理來贏得成功。「受信託責任」保證了在私營機構經營不成功，有風險的淨值是由基金管理者作為最後債務人來承擔的，而不是屬於僱員和退休人員。加拿大聯邦和省政府對私營公司的投資管理有一些明確的要求，以保護僱員利益。

(五) 加拿大的補充養老基金市場與金融市場的互惠：補充養老基金除了起到老齡保障外，當養老基金投資於資本市場時，還能帶來重要的宏觀經濟效益。它能夠刺激金融市場的發展，提高勞動力市場的效率。高效的勞動力市場和資本市場能夠促進經濟的增長，因此有助於為老齡人口提供更好的待遇，而不加重在職勞動力的負擔。在加拿大，發達的金融市場為養老金提供了複雜的資產配置方式和更多樣的風險分散手段。同時使養老基金投資實現較低的風險，獲得較高的收益便成為可能。通過在資本市場上恰當的投資選擇，取得較高收益，能夠顯著地降低保險的繳費率，進而降低勞動力成本以及老齡人口壓力。另一方面，大規模養老基金的廣泛投資，刺激了資本市場的發展。因此加拿大養老基金市場發展促進了金融市場的發展，在穩定經濟方面起到重要的作用。同時，多樣化的投資中、長期投資，能夠鼓勵多種類型的金融工具的產生。養老基金作為大型機構投資者，會給市場施加壓力，使資本市場現代化、多元化，如改善精算和結算系統，提供及時調整和最佳資源配置。目前，加拿大的養老基金市場非常活躍，基金種類繁多，投資組合變動迅速。

貳、匈牙利的養老金保障

匈牙利是一個經濟轉型國家，目前，匈牙利人口老齡化水準為 15.2%。根據預測，到 2050 年，匈牙利人口老齡化水平將達到 29.0%，相當於每 3 個人口中就有將近 1 個老年人。

在計畫經濟時期，匈牙利建立了惠及全民的養老保險和免費醫療保險。社會保障支出直接納入國家財政預算，由國家財政負擔。轉型初期，依然維持傳統模式，但由於經濟衰退、失業加劇和老年人口比例上升等問題，社會保障支出急劇膨脹。在這種情況下，匈牙利從 1996 年開始，對原有的社會保障體制著手改革，試圖建立一套適應於市場經濟的三支柱養老保險體系。

一、第一支柱為強制性的、由國家管理的、現收現付性的基礎養老保險。雇主繳納僱員總工資額的 20%，僱員繳納自己薪資的 8%。

二、第二支柱為自願性的、私人管理的養老基金，採取個人儲蓄帳戶或職業年金計畫兩種形式。

三、第三支柱為自願的職業年金或個人儲蓄計畫，主要由商業性養老保險組成。

1997 年，匈牙利國會通過立法，將第二支柱改為強制性養老金，交由私營養老基金管理公司管理，並決定從 1998 年 1 月 1 日起實施。第二支柱由個人繳費的 6%建立完全積累的個人帳戶，由私有養老保險基金會進行管理並支付年金。

在管理主體上，第一支柱以財政部為主監督、審核。財政部負責做出徵收目標計畫，稅務部門在徵收個人所得稅時同時徵收養老保險費。養老保險局負責資訊管理和支付養老金，養老金主要通過郵局發放。第二支柱由財政部和國家金融服務監管局共同負責監管。稅務部門的權威性和強制手段保證了養老金的收繳率達到 90%以上。為抵禦通貨膨脹和經濟波動的影響，匈牙利政府承諾財政承擔第一支柱全部資金缺口的補償責任，並明確規定，社會保險管理部門一旦發生基金赤字，財政部門隨時進行彌補。

參、西班牙的養老金保障

西班牙養老保險與歐盟的許多國家一樣，在資金上實行現收現付制，但其養老金計發辦法卻很有特點，與其社會經濟發展、歷史文化傳統等諸多因素有密切聯繫。國家的社會保險工作，下設兩個獨立的社會保險經辦機構：

第一，TGSS（Tesoreia Genral di la Seguridad Social）：負責社會保險基金的徵繳和營運。

第二，INSS（Inst. Nacional de la Seguridad Social）：負責社會保險基金的分配、發放以及相關的管理服務。

西班牙的養老保險是透過 TGSS 和 INSS 從中央到地方進行垂直管理，在全國範圍內實行統籌互助互濟。西班牙退休人員養老待遇的計發也在全國範圍內實行統一的辦法，不論是公司老闆、企業僱員，還是政府公務員退休時均執行統一的退休條件和統一的養老金計發辦法。

西班牙退休人員按月領取養老金必須同時滿足以下三個條件。首先，本人要有參保的經歷，在職時要按規定參加養老保險費。法律規定單位（企業）和個人（從業人員）要承擔繳納社會保險費的責任和義務，企業以及所有合法薪資收入的從業人員均要繳納社會保險費。其中，個人繳費基數以純工資收入計算，其下限為最低薪資標準，上限為平均薪資的一定比例。個人繳納養老保險費的比例每年根據預算情況進行調整。個人參保繳納社會保險費以實際工作的天數來計算，繳費紀錄均作為檔案即時存入電腦系統中。個人繳費滿 15 年才能領取基本養老金，基本養老金相當於足額養老金的 50%，如果要領取足額養老金必須繳費滿 35 年。其次，從業人員要年滿 65 周歲，男性、女性一樣。最後，個人申請養老保險待遇時要停止工作。如果按月領取養老金後，本人再接受聘用重新就業，社會保險經辦機構可停止發放其養老金。

符合退休條件人員的養老金按統一辦法計發，當年退休的人員養老金為：根據本人退休前 24 個月繳費工資基數計算的養老金，以及退休前第 25

個月到第 156 個月（13 年）指數化工資計算的養老金之和除以 182。退休人員的養老金計發比例的高低由本人的繳費年限長短決定，不同的繳費年限設定不同的養老金計發比例，繳費年限長，養老金計發比例高，反之則短。如對 1997 年 8 月 5 日以後退休的人員，繳費年限滿 15 年的計發比例規定為 50%，從第 16 年到 25 年，繳費年限每增加 1 年，比例增加 3%；從第 26 年繳費到繳費滿 35 年，繳費年限每增加 1 年比例增加 2%，直到 100%。

　　由於西班牙的退休年齡從 1967 年起由 60 周歲正式延長為 65 周歲，所以規定，對 1967 年以前參加工作的人員可以提前退休，即在 60～65 周歲之間退休，但如提前退休養老金的計發比例要相應降低，按照每提前 1 年，計發比例遞減 8% 的辦法處理。例如：在 60 周歲退休，養老金計發比例減少 40%；在 61 周歲退休，計發比例減少 32%。對工作年限滿 40 年的人員、井下礦工、西班牙鬥牛士等，在退休條件上有一定的照顧；對由於職災事故等特殊原因導致喪失工作能力的人員也可以提前退休，這些特殊人員提前退休遞減的比例可以按照 7% 執行，但其提前退休必須是非自願的，提前退休的年齡不得低於 60 周歲。自僱人員、農業勞動者、家政服務人員則不能提前退休。

　　退休人員每年可以領取 14 個月的養老金，退休人員死亡後，遺孀或鰥夫只要曾經按規定累計繳納社會保險費滿 500 天，就可享受亡夫或亡妻的養老金，如果本人也有按規定享受的養老金，一人就可以同時享受雙份的養老金，但如果再婚則只能享受本人的養老金。

　　按月領取養老金的退休人員實行正常的、規範的養老金調整制度。退休人員的養老金每年根據生活指數的上升幅度進行相應調整。由於在職人員的工資水平主要取決於勞資雙方的談判，為爭取選票，每屆政府均要對人數眾多的退休人員的養老待遇的增長作出許諾。因此，將退休人員養老金與生活指數掛鉤，曾出現養老金增長比在職人員工資增長幅度大的問題。全國退休人員平均養老金 2001 年比 1992 年（5.9 萬元比塞特）增長了 58%，平均每年增長 5.2%。

　　西班牙的 INSS 設立專職部門對退休人員的財產收入進行登記、檢查，監督退休人員工除了養老金以外是否還有其他收入來源，其他收入與養老金有無衝突，如果發現退休人員重新就業並有工資收入，則立即停止對其發放養老金。

　　西班牙養老金計發辦法的主要特點是，養老待遇的給付主要依據本人歷年繳費薪資的平均水平，以及工作年限（繳費年限），國家每年對養老金水準進行精算，並通過計發辦法進行適當調節。不同時期退休的人員在計算本人養老金時，可根據當時的居民消費價格指數調整過去從業時期養老金計算基數。西班牙是福利國家，養老保險待遇水平較高，而由於個人繳費不建帳戶，統帳不分，政府承當責任大，每年需精算調整繳費比例，基金迴旋餘地小，風險大。為此，興革的措施為：

　　一、延長法定退休年齡：西班牙現行法定退休年齡男女均為 65 周歲，但西班牙在 1967 年以前的法定退休年齡為 60 周歲，是透過一段時期逐步完成過渡的，開始的時候是每隔 2～3 年將退休年齡延長 1 年，儘管當時在社會上一度引起震動，政府也承受了一定壓力，但是最終還是為人們接受。

　　二、調整養老保險最低繳費期限：延長繳費年限，設定一個較長的領取全額養老金的最低繳費期限，是保證養老金給付的重要措施，並使養老保險基金得以擴大。西班牙目前的基本的繳費年限為 15 年，從歷史上看，這個期限也是逐步延長的，其社會保險制度開始的時候（約 1946 年），基本繳費年限為 2 年，以後延長為 5 年、7 年，逐步過渡到 15 年。但繳費滿 15 年只能領取足額養老金的一半，對有資格領取全額養老金的人員規定了較長的繳費期限，規定滿 35 年才能領取全額養老金，並且嚴格執行。即使如此，西班牙政府仍認為，領取基本養老金的年限仍有延長的必要。

　　三、統一養老金計發辦法：西班牙的國家公務員與企業從業人員實行統一的養老金計發辦法，公務員在養老待遇上也沒有額外的補充年金，但西班牙的公務員也認為這樣是比較合理的，因為公務員的職業穩定，薪資福利待遇有保障。目前西班牙的失業人數眾多，失業率居高不下，公司老闆的競爭壓力也大，各種稅費負擔比較沉重，因此，公務員還是比較令人

滿意的職業。且西班牙退休養老待遇計發以本人 15 年的平均繳費基數為依據，實際上也是相對綜合地考慮了個人歷年的平均薪資水準，較為合理。

四、適當限制退休人員再就業：西班牙規定退休人員不能再工作。

肆、法國的養老金保障

一、基本養老保險制度

法國的社會保險是從工薪勞動者的互助形式逐步發展起來的。19 世紀 30 年代，法國海員、礦山、鐵路工人自發地組織了各種互助會，在年老、疾病等原因喪失工作後互相救助，度過生活的危機。1910 年，法國頒布了第一個強制性的養老保險法律，以工人和農民為保障對象，嘗試建立統一的養老制度，但這一計畫因不久爆發的第一次世界大戰而未能予以實施。

1930 年，法國實施了第一部社會保險法，保障項目包括職災、養老和喪失工作能力等內容，實行基金積累制的運作體制。但在 30 年代發生的經濟危機中，嚴重的通貨膨脹衝擊了基金積累制，改革這種體制的要求被不久爆發的第二次世界大戰粉碎了。因此，法國真正現代意義上的社會保險制度是在二戰以後建立的。1945 年 10 月，法國國民議會通過了社會安全法，由戴高樂政府頒布實施。這項法律是法國在戰後構建社會保障制度的基礎，也是其養老保險制度的基礎。從 1945 年迄今，其養老保險制度在這個法律基礎上進行了多次調整。

法律規定：基本養老保險是國家的社會保險制度，具有立法的強制性，所有有僱傭勞動關係的勞動者都必須參加；領薪者根據本人的職業按收入比例繳納社會保險費，只有繳納了社會保險費的才能領取養老金。

養老保險基金的來源由雇主和僱員共同繳納，費用標準隨著社會經濟情況進行調整。目前，一般工商業僱員，基本養老保險的繳費費率為 16.65%，其中僱員承擔應保薪資的 6.65%再加所有薪資的 0.1%，雇主承擔

僱員應保薪資總額的 8.3%再加所有工資總額的 1.6%。繳納養老保險費的月薪資上限是 2,589 歐元。

　　領取基本養老保險的條件和標準也隨著社會經濟的發展情況進行調整。目前執行的是從 2003 年 1 月 1 日起，領取全額基本養老金的參保年限必須達到 40 年，達不到這個年限要按一定比例扣減養老金。全額養老金相當於基礎工資 50%。基礎工資的計算標準是 2007 年 12 月 31 日後，以僱員本人工作期間最高的 25 年工資作為基數，不夠 25 年的則按全部工作年限計算。領取保險金的人員不到 60 歲死亡後，其養老保險金的 50%可以由符合條件的遺屬領取。領取的條件有的是遺屬沒有別的收入，有的是家庭孩子多等等。

　　法國基本養老保險目前面臨的突出問題是隨著人口老齡化，養老金的支付壓力越來越大。二戰以來，婦女的平均壽命增加了 25.6 歲，男子的平均壽命增加了 20.2 歲，目前，婦女的平均壽命是 83 歲，男子為 76 歲，2005 年人口撫養比達到 1.6：1，預測到 2040 年將達到 1：1。

　　為了應對人口老齡化給養老保險帶來的巨大壓力，法國採取了二項措施：

　　第一，延遲退休年齡。目前，雖然還實行男女都到 60 歲退休的制度，但已經提倡 65 歲退休。不夠 60 歲退休不能拿全額基本養老金，60 歲以後不退休繼續工作，每增加一個季度，退休金增加基礎工資的 1.25%，65 歲以後退休能拿全額養老金。

　　第二，延長領取全額養老金的繳納年限，從 2003 年 1 月 1 日起參保年限必須達到 40 年，到 2020 年，領取全額養老金的年限延長到 42 年。

二、公務員補充養老保險制度

　　法國公務員輔助養老保險制度從 1973 年法國國民議會通過法律，成為一種強制性的制度。這項制度的覆蓋對象主要是國家機關的公務員、教育、公立醫院、廣播電視系統的工作人員、電力公司和煤氣公司的工作人員、地方民選議員和其他公共機構的工作人員。公務員補充養老保險屬於國家

立法實施的強制性保險，參保人員必須按時繳納費用。公務員補充養老保險同基本養老保險一樣，也實行積累「點值」的制度。每年的 1 月 1 日宣布點值，例如，2006 年 1 個積分點的點值是 2,813 歐元。如果某人在 2006 年繳納保險費是 30,068 歐元，那麼將這個數乘以理論費率，再除以 2,813 即今年可以積累的點值。積累的點越多領取的養老金就越多。同時，法律規定，對失業人員、殘疾人、服兵役者、多子女的家庭、為照顧孩子的母親可以得到一些免費的點。

公務員領取全額補充養老金的條件分四種情況：第一種是年齡達到 65 歲；第二種情況是年齡達到 60 歲，要繳納夠 40 年的費用或喪失勞動能力；第三種是 56 到 60 歲退休但工齡要相當長；第四種情況是沒有到 55 歲，但已經殘疾。符合這四種情況的都可以領取全額養老金，不符合的則不能領到全額，要按一定比例扣除。

同其他養老保險制度一樣，法國針對公務員的補充養老保險也建立了相應的工作機構。該機構實行委員會管理方式，選舉產生委員會成員，其中既有雇主代表，又有僱員代表，還有基金機構的代表。委員會既負責制定政策，又負責發放養老金。

三、農場主和農業工人的養老保險

法國農民的社會保險制度是隨著經濟社會的發展逐步建立起來的。在二戰以前，農民主要依靠家庭養老。二戰以後，農村開始有了農民自發組織的互助會，採取互助的形式養老。1952 年建立了農民的養老保險制度，1961 年將疾病、生育、殘疾納入保險範疇。2001 年，在保險體系中增加了強制性的人身意外險，2003 年又建立了補充養老保險制度。

法國農民的社會保險有三個特點：第一，其是一項綜合性的社會保險制度，不僅包括養老保險，還包括醫療、職災、生育保險，不僅有基本保險項目，還有補充保險項目。第二，農民社會保險項目是在互助基礎上發展起來的，在歷史上與工會組織存在著緊密聯繫。第三，實行委員會管理體制，各級機構負責人都經過選舉產生。

　　法國農村人口約 1,100 萬，其中真正從事農業的人口為 440 多萬人。這些人大致可以分為兩大類：一類是農場主及其家庭成員，另一類是受僱傭的農業工人。農民的社會保險制度就是針對這些人設立的。農場主和農業工人都按一定比例繳納保險費。1990 年之前，以農場主所擁有的地產價值或房產價值為繳費的基數，由於這個基數難以準確估價，1990 年之後改為以農場主的年收入為繳費的基數，一種是固定費率，另一種是比例費率。對農業工人來說，本人要按薪資收入的一定比例繳納，雇主按僱員的薪資總額為僱員繳納一部分費用。各地繳費比例有所不同。

伍、俄羅斯的養老保險

　　在俄羅斯的社會保險中，老殘卹金（養老金、殘疾金、遺屬撫卹金）保險是最主要的組成部分，從 20 世紀 80 年代開始對其進行了改革，改革既涉及財政問題，也涉及法律問題。經過改革，形成兩種獨立與社會保險有關的基金，即老殘卹金基金和社會保險基金。其經費來源是企業、機關、團體，根據勞動報酬基金提取並上繳的社會保險費。自 1992 年開始，勞動者也開始繳費，其比例為薪資的 1%。老殘卹金保險有廣泛的法律、法規作為根據。在俄羅斯，涉及老殘卹金保障的聯邦法律和法規有 50 多件。其中，最主要和基本的是《俄羅斯聯邦國家老殘卹金法》、《軍人、內務機關人員及其家庭成員老殘卹金保障法》。這些保障的內容為：

　　第一，養老保險金：男子年滿 60 歲，在保險範圍就業 25 年；婦女年滿 55 歲，在保險範圍就業 20 年；對北部邊遠地區工作人員、從事艱苦和危險工作的人員及有 5 個以上或殘疾子女的母親，享受養老金的條件放寬。不向國外支付，除非有互惠協議。

　　第二，殘疾卹金：根據致殘時的年齡，受保人至少在保險範圍工作 1～15 年。

　　第三，遺屬卹金：受保人有 15 年工齡，支付給沒有工作的受供養人（包括子女、配偶、殘疾或達到領取年金年齡的父母、沒有其他經濟來源的祖

父母以及死者僱用照顧不滿 8 歲的孫子女、子女或兄弟姐妹的其他親屬，對這些親屬沒有年齡自欺欺人工作能力的要求）。

第四，社會年金：殘疾公民或符合年齡要求者（年滿 65 歲男子、年滿 60 歲婦女、18 歲以下孤兒、16 歲以下殘疾子女），以及不符合就業關聯養老金、殘疾和遺屬卹金條件者。

提供老殘卹金的條件和標準有很多規定。如養老金按照一般規定，只有在男子年滿 60 歲並具有 25 年工齡，女子年滿 55 歲並具有 20 年工齡的條件下方可獲得。對一些特殊工種和在特殊勞動條件下工作的勞動者，規定退休年齡可比其他降低 5～15 歲。此外，在對極北及其類似地區的工作者和車諾比核事故受害者也規定了提前退休的年齡。軍人、內務機關人員和檢察官等人可以不按年齡，具有不少於 20 年工齡的情況下即可退休並領取養老金。

養老金根據工齡的長短，分別為退休前工資的 55%～75%，但不得超過最低工資的 3 倍。軍人和其他類似人員的退休金根據從事的行業，分別為相當於其他服務期間所獲津貼的 50%～85%。如果退休者還可獲得津貼。

陸、英國的養老金保障

英國是世界上第一個福利國家，自 20 世紀 70 年代以來，進行了一系列加強養老金保障體系的改革。英國早在 1929 年時，65 歲以上的老年人口即占了總人口的 7%，邁入了老齡化社會的門檻，分別比美國、日本早了 13 年和 41 年。在經歷了 80 年的社會老齡化過程，在當今的先進國家中，英國的老齡化問題對社會所造成的衝擊相對是較輕的。僅從養老金的角度看，在先進國家中，英國的養老金債務最低，預期國家養老金水平也最低。在英國社會養老制度的發展歷史上，兩個具有轉折意義的社保法案豐富並改變了英國社會養老制度結構。1975 年社保法推出了國家收入關聯養老金計畫。在此之前，在法定的意義上，英國只有國家基本養老金計畫，雖然一些在大公司工作的僱員可能有自願繳費的職業養老金予以補充，但是，

雇主所設立的職業養老金計畫的覆蓋面從未超過 50%，一直比較低。那些全部靠國家基本養老金生活的人往往會陷入貧困。1975 年社保法案要求全部工薪僱員參加強制性的國家收入關聯養老金計畫，如果雇主機構保證僱員在職業養老金計畫中獲得的養老金等於在國家收入關聯養老金計畫中可能獲得的最低保證養老金，可以「協議退出」國家收入關聯養老金計畫。

1976 年，正當英國在經濟滯脹和石油危機的雙重衝擊下疲於應付之際，其老齡化率也發展到一個新的階段，突破了 14%，其所帶來的經濟後果異常明顯，也因此成為英國政府進行養老金制度改革的直接刺激因素。推出國家收入關聯養老金計畫以後，英國政府開始建立和完善對職業養老金計畫的監管。職業養老金計畫早不再是雇主純粹自願設立的，而需要政府審批、符合一定規範並能保證最低養老金水準。

1986 年社保法推出了一個全新的養老金計畫類型，即個人養老金計畫。工薪僱員可以「協議退出」國家收入關聯養老金計畫，也可以不參加其雇主提供的職業養老金計畫而選擇建立一個完全屬於自己的個人養老金帳戶。該帳戶的繳費實行完全的積累制，由養老金計畫的管理人負責投資運營，退休後用積累的基金價值購買年金。個人養老金計畫不是由國家提供，也不是由雇主機構提供。保險公司和其他金融中介機構負責設計個人養老金計畫。這樣，英國政府為僱員提供了可供選擇的三種收入相關聯的養老金計畫：國家收入關聯養老金計畫、職業養老金計畫、個人養老金計畫。同時，國家通過為加入到個人養老金計畫而退出國家收入關聯養老金計畫的成員提供特別獎勵金等形式，鼓勵僱員參加新推出的個人養老金計畫。

進入 20 世紀 90 年代後，英國私人部門養老金計畫發展迅速，職業養老金計畫和個人養老金計畫覆蓋的工作人口合計超過了公共的國家收入關聯養老金計畫。但私人部門養老金計畫管理中存在的問題也逐漸暴露出來，其中最突出的問題是職業養老金計畫養老基金的安全問題和個人養老金計畫的高管理成本問題。為此，1999 年又分別推出了「存託養老金計畫」和「最低收入保證」制度。「存託養老金計畫」是低管理成本的個人養老金計畫，現在被看作是其他各種個人養老金計畫的範本。它規定，養老基金

管理人可以收取的最高管理佣金不得超過養老金價值的 1%。「最低收入保證」制度是對社會中的弱勢群體（主要是老人、婦女和兒童）實行的「收入支持」，如果他們的收入沒有達到國家規定的最低收入標準，政府將提供補貼使之至少達到最低收入線。這兩項制度都是解決社會貧困問題的有效舉措。

英國的養老金制度包括國家基本養老金、國家補充養老金、職業養老金和自選私人養老金四項內容。二戰之後，在政府大力改革措施下，其之間所發生最突出的變化是國家養老金作用及所占份額的日益減少，職業養老金和私人養老金得到了國家的大力提倡和支持。

英國的國家基本養老金制和補充養老金制度（即國家收入關聯養老金制 SERPS）分別建立於 1908 年和 1959 年。國家基本養老金是英國，也是世界上其他實行社會福利制度國家在保障勞動者基本權益方面的國家政策底線之一，是現代社會保障必不可少的一環，展現著當代社會福利的普遍性原則。自二戰後，其就與物價指數和平均薪資水準相連結，不論收入高低，個人繳納的保險費用標準全部一致，退休後所獲得的養老金數額也全部一致，並覆蓋到所有退休的公民。

補充養老金制則是在國家基本養老金之外運作，為退休者提供基本養老金之外的待遇。其從實質上看，本應算作是一種職業養老金計畫，其比較強調雇主的資金支持和員工的自由參與。但在實際操作中，英國的補充養老金已基本上褪去了其職業養老金的色彩，日益變成政府政策主導下的另類國家基本養老金制，而這正是英國歷屆政府改革的結果。

職業養老金又可稱為企業補充養老金，其一般由某經濟單位單獨舉辦，只覆蓋其單位職員，在保險費的繳納上，由企業與職員共同承擔，且企業所繳額須占到一定比例，而個人所繳額往往並無限制，繳費越多退休後的養老金就得到越多，具有相當大的靈活性。

相對於其他歐洲國家而言，英國的文化傳統比較注重以「自助」為特點的個人價值觀，人們更傾向於自己在整個就業期間安排將來的養老生活，而不是完全聽任國家或社會的安排。在國家養老金制建立以前，英國的職業養老金制就已經存在了，其歷史可以上溯至 19 世紀末的工人互助社。

自選私人養老金也是英國政府增加養老金保障體系私營化成分計畫中的重要組成部分。這種制度就是個人遵循自願的原則，自行與銀行或保險公司等機構訂立協議，開設個人帳戶，定期按協議條款繳納一定費用，退休後便可從該帳戶中領取現金。在這一過程中，政府的作用僅限於監督協議的合法性而不會干涉協議的具體內容，其自由靈活度更甚於職業養老金，同樣也頗受人們的青睞，在一定程度上可視為是對職業養老金制的一種補充。

英國的職業養老金在二戰前就與國家養老金並存，只是其地位和作用較為有限。由於戰後國家養老金待遇的不足，參加職業養老金的人數開始逐漸增長。儘管人數不少，但此時政府卻對之極少干預，持一種可有可無的態度，放任其零零散散地存在。

在布萊爾政府1998年福利改革綠皮書為英國福利制度「新藍圖」所提出的八項原則中，公私福利合作原則處在第二位的重要位置，其要求政府不應當壟斷福利行業，公營部門和私營部門應進行福利合作，鼓勵公民的私人養老保險，要求「勞、資攜手共建職業養老金和個人養老金」。由此不難預見，養老金體系中職業養老金勢必占據非常顯要的位置，成為該體系的重要支柱之一。

英國現在擁有世界上最發達、最廣泛的私人養老金市場，當然也不可避免地存在著不少問題，例如私人養老金款項被濫用等。政府也正努力尋求各種途徑以期對複雜的私人養老金部門加以監督和規範。有了政府的提倡和協調，有了廣大民眾的積極參與，私人養老金制必將愈加蓬勃地發展起來。

柒、澳洲的養老金保障

澳大利亞養老金制度始於1909年，主要沿用英國模式。在人口老齡化趨勢日益明顯的形勢下，1986年，澳大利亞進行了養老金制度改革，改革的重點是通過立法強制雇主為僱員提供一定薪資比例的私營養老金。改革後澳大利亞養老金體系主要由三個層次構成。

一、政府養老金

　　政府養老金是指政府向無收入者或低收入的退休僱員提供基本生活和養老保障，覆蓋面廣但保障水準不高。僱員退休時會對其收入和財產進行調查，如果收入和財產達到一定數額，政府養老金就按比例進行扣減，一旦其收入超過國民平均收入的 38%，將不再享有政府養老金。退休僱員收入和財產發生變化時也要隨時申報。政府養老金每兩週發放一次，男女標準相同，65 周歲以上的男性和 61 周歲以上的女性，只要符合條件均可領取。單身領取數額為社會平均薪資的 28%，夫妻雙方只能領取一份，領取數額為社會平均工資的 43%。領取標準隨物價消費指數的變化在每年 3 月、9 月作兩次調整。退休僱員在領取政府養老金的同時，還可享受藥品、電話、房租和偏遠地區津貼。因政府養老金標準較低，不足以維持退休前的生活水準，退休僱員往往需要以繼續工作、私營養老金及個人儲蓄來彌補。

二、私營養老金

　　私營養老金是通過立法強制實施並給予稅收優惠的一項社會保障制度。雇主按僱員的一定工資比例繳費，沒有收入的人不享有私營養老金，但僱員可為無收入的配偶繳費，並享受部分稅收減免。私營養老金單列個人帳戶，歸僱員個人所有。僱員退休前的帳戶餘額必須放在一個私營養老金計畫中，當僱員退休時方可領取。一旦僱員發生永久性殘疾不能工作，或因疾病、意外傷害死亡，僱員及其家屬可以提前領取。如僱員變換工作，可將其個人帳戶轉移到其他私營養老金計畫中。僱員退休時，可選擇一次性領取或按月領取個人帳戶餘額。

　　根據企業大小，雇主可選擇設立本企業的養老金計畫或參加一個集體養老金計畫。目前，絕大多數澳大利亞企業參加的是集體養老金計畫。集體養老金計畫有兩種：一種是以行業劃分的行業養老金計畫，《產業關係法》要求雇主必須把私營養老金繳納給本行業的基金計畫，行業基金的委託管

理人由行業協會代表、雇主代表和工會代表等組成。另一種是綜合養老金計畫，任何小型企業均可參加。

私營養老金計畫由一組受託人管理，受託人中來自雇主方和僱員方的代表人數應相等，雇主代表一般為企業高級管理人員，僱員代表通過選舉產生。受託人對雇主和僱員具有同等的代表權，對全體成員的利益負責。

在私營養老金的運作過程中，受託人一般不參與實務操作，而是將日常管理和投資業務進行分包：一是將日常管理事務委託給服務機構經辦，二是為保證基金的有效保值增值，受託人會要求分包的投資機構設計一系列低風險、高收益的投資組合方案，僱員從中進行選擇，每年可選擇一至兩次，投資結果取決於僱員選擇的方案。對於不願選擇或不具備專業知識的僱員，受託人負責代為選擇，並獲取平均回報。受託人需投保職業責任保險，確保一旦在履行受託責任過程中由於過失導致僱員利益受損時進行賠償。

私營養老金減緩了政府養老金的支付壓力，使絕大多數退休僱員獲得了比政府養老金更為優厚的退休收入。

三、個人儲蓄

在大力發展政府養老金和私營養老金的同時，澳大利亞非常重視對個人儲蓄必要性和家庭保障功能的教育，積極鼓勵僱員增加個人儲蓄，更多地依靠個人和家庭來保障退休後的生活，這就構成了第三層次養老金。

第三層次養老金包括個人銀行存款、家庭住宅投資、單獨從保險公司購買的以養老為目的的年金產品等。個人儲蓄雖不享受稅收減免等優惠政策，但靈活方便，無須像私營養老金中的個人繳費部分要到退休時才能領取，因而也不失為一種有效的輔助養老手段。

捌、瑞士的養老金保障

經過戰後幾十年的發展，瑞士逐步建立起了強制性、全民性、可靠性、均衡性和效益性兼容的養老保險制度。瑞士現行的養老保險制度建立在如

下三大支柱上：第一，政府對老人、遺屬和殘傷人員支付的基本養老金。第二，企業職工養老保險金。第三，個人投資養老保險。這三者互為補充，共同形成了瑞士由國家、企業和個人共同分擔的養老保險制度。

　　瑞士政府從 1948 年開始實行基本養老保險金制度，其宗旨是保障老年人的最低生活需求，保險金來自居民上繳給國家的義務保險費。瑞士憲法規定，凡年滿 20 歲的居民和年滿 18 歲的在職者都必須向國家交納養老保險金，無工作的家庭婦女由其丈夫為她交納最低的養老保險金。在職者交納的義務養老保險費一般占其收入的 10%，由雇主和職工各承擔一半，上繳的這部分錢可免稅。無職業者和無財產者每年也必須上繳 390 瑞士法郎，為支付這種義務保險費，他們可動用失業金甚至社會救濟金。現在領取政府基本養老金的每月最低金額為 1,005 瑞士法郎，比 1948 年初時的最低額增長了 24 倍，一般人每月可領到 2,000 多瑞士法郎。

　　企業職工養老保險金始於 1985 年，國家明文規定每個企業和職工都必須按薪資的一定比例交納企業職工養老保險金，費用也由雇主與職工各付一半。保險費占工資的比例依年齡而定，34 歲以下職工的保險費率為 7%，55 歲以上職工的保險費率為 18%，平均為 14%左右。在瑞士，大的企業一般都有自己的養老基金組織，小企業則大多建立跨企業的聯合養老基金組織。此外，企業也可委託保險公司等第三者來履行這種任務。

　　目前，企業職工養老保險金已經超過了瑞士每年的國民總收入。作為第二大支柱的企業職工養老基金對於老人退休後能夠保持高質量的生活水準正發揮越來越重要的作用。在瑞士，每個居民（尤其是無法參加企業職工保險基金的自由職業者）都可以參加個人養老保險。政府還透過對個人投資養老保險的費用免稅的方式，鼓勵個人保險。

　　隨著瑞士人口出生率降低和平均壽命的延長，瑞士年輕勞動力逐漸減少，人口老齡化嚴重，因而個人養老保險的重要性日益增加。就一般人而言，每年最多可投保 6,000 瑞士法郎的養老保險，但獨立經營者和自由職業者最多可投保 30,000 瑞士法郎，投保人交納的費用在個人的帳戶上積累、生息。瑞士對養老保險金的管理十分嚴格。法律規定，國家的養老和遺屬

基本保險金起碼要保持足夠一年開支的準備金。各企業職工養老基金組織須受各州政府和聯邦社會保險局的監督。

企業職工養老保險基金的管理人員將資金進行投資時,要受到法律規定的嚴格限制,以確保投資的效益性與安全性,如法律規定在國外的投資不能超過總數的三分之一;在股票和房地產方面的投資不能超過總數的一半等等。另外,企業和個人都不能隨便動用養老保險金,只有職工到了法定年齡後方可領取。

在瑞士,男性從 65 歲、女性從 62 歲起,就可領取養老金。退休人員單從政府的基本養老保險和企業職工養老保險這兩項,就可領到相當於其退休前工資 60%的養老金,一般為每月 2,000 到 6,000 瑞士法郎,再加上他們的個人養老保險,完全能夠保證晚年的生活需要。除此之外,從 1966 年起,瑞士政府還對鰥、寡、孤、獨者給予養老保險金的特別補貼,他們每月至少可領到 1,205 瑞士法郎的基本養老金。這樣,瑞士基本上做到了老有所養。

玖、荷蘭的養老金保障

荷蘭為規範企業集體協議中養老保險的內容和行業或企業建立的基金會,政府於 1949 年、1952 年及 1957 年分別頒布《職業養老保險基金法》、《養老保險和儲蓄基金法》和《國家養老金法》(簡稱 AOW),該法律規定國家養老保險實行普遍的保障制度。荷蘭養老保險制度最突出的特點是「三個支柱」的制度框架,即第一支柱為普遍保障的國家養老金,每一個年滿 65 歲的荷蘭居民都有權享受;第二支柱為行業或企業舉辦的職業年金(補充養老保險),補充養老保險組織機構的形式分三類:行業(職業)基金會、企業基金會和保險公司;第三支柱為私人年金(個人儲蓄性養老保險)。

一、國家養老金（第一支柱）

荷蘭《國家養老金法》規定國家養老保險實行普遍的保障制度，所有
65 歲以上的荷蘭居民，無論性別、職業，是否曾經繳費，都可以享受標準
統一的國家養老金。其主要內容有：

1. 保險費收繳：每個 15～64 歲之間的就業者都必須繳納國家養老保險
    費，繳費基數為 8,000～53,000 荷蘭盾之間扣除其他社會保險繳費之
    後的毛收入。荷蘭國家養老保險費率自 1980 年以來已提高 8 個百分
    點，1997 年的費率是 16.5%，1998 年提高到 18.25%。荷蘭政府決定
    將這個費率一直維持到 2020 年，繳費者每繳費 1 年，便積累了 2 個
    百分點的國家養老金收益，如果繳足 50 年，便可以 100%的領取國
    家養老金；如果少繳 1 年年費，則在應享受的國家養老金中扣除 2%。
    荷蘭公民的薪資或收入用於繳納國家養老保險費的部分是免徵個人
    所得稅的，但在領取國家養老金時與其他收入合併徵稅。

2. 給付水準：從 70 年代開始，國家養老金的水平與最低薪資掛鉤，並
    與家庭結構相聯繫。目前，荷蘭的最低薪資為 29,485 荷蘭盾，相當
    於社會平均工資的 54%。在 1985 年以後，65 歲以上單身者的待遇水
    平的規定沒變化。65 歲以上有配偶（或同居）者不分男女都可享受
    相當於最低薪資的 50%的國家養老金。其配偶（同居者）若在 65 歲
    以下，沒有薪資收入的，亦可領取相當於最低薪資的 50%的國家養
    老金；有薪資收入的，最少可享受相當於最低薪資的 15%的國家養
    老金。荷蘭分別在每年 1 月和 7 月按社會平均薪資增長幅度調整最
    低薪資標準，每次上調幅度約為最低薪資的 1.5%。由於國家養老金
    與最低薪資相連接，也就等於調升了國家養老金的水準。

3. 基金模式：荷蘭國家養老金實行現收現付模式。1997 年出現支大於
    收，財政補貼 3.45 億荷蘭盾的資金缺口。隨著人口老齡化進程的發
    展，國家養老金的支出將逐年增大。對此採取的辦法是：從 1997 年
    起設立專項儲備基金，每年從國家預算劃撥。預計到 2020 年這項基

金將達到 1,632 億荷蘭盾。並規定在 2020 年之前,此項基金只能投入不能支出。

二、職業年金(第二支柱)

補充養老保險金屬於荷蘭養老保險的第二支柱,1996 年,公共部門100%的僱員和私營部門 91%的僱員都已納入補充養老保險計畫,其中私營部門由於雇主沒有提供計畫而未參加的占 2%。在荷蘭,政府不直接經辦補充養老保險,一般由行業或企業基金會負責管理。補充養老保險的籌集模式現在普遍採用最終薪資積累模式,這種方式是以僱員退休前一定時間的平均薪資為最終工資,作為計發補充養老的基數。由於最終薪資積累模式,購買成本高和支付風險大,因此,平均薪資積累模式越來越受到基金會和保險公司的重視並採用。

法律對稅前列支的補充養老保險繳費比例未作統一規定,目前全國平均繳費比例在 8%左右。據統計,有 32%的行業(企業)保險費全部由僱員繳納,28%的行業全部由雇主繳納,另有 40%的行業(企業)由雇主和僱員共同繳納,具體繳費比例均由雇主和僱員協商確定。僱員應交納的補充養老保險費,由雇主從工資中代扣。雇主與基金會或保險公司協商後,定期統一將應交納的保險費向基金會或保險公司繳納。

行業建立補充養老保險須成立基金會,成立基金會前,應由行業內 60%以上的社會夥伴協商一致並報社會事務與就業部部長批准。一旦批准,行業內所有企業都應按照統一的辦法和標準執行。但大企業可按照行業統一的辦法和標準自己建立補充養老保險,建立企業基金會。所在基金會必須對補充養老保險基金實行再保險。基金會的基金投資運營的主要原則是基金總額的 30%用於收益相對穩定的國家債券或定期儲蓄;留足一定數額的周轉資金;其餘部門基金會可自主決定投資。投資收益國家免徵稅費,扣除成本費用後的餘額全部併入基金。

三、私人年金（第三支柱）

在荷蘭，個人儲蓄養老保險屬於第二支柱，一般由個人自願投保。就養老保險而言，所有的人壽保險除經辦一部分第二支柱外，其他都屬於第三支柱（個人自願）。經辦的養老保險可分成兩個部分：

1. 補充第一、二支柱的缺口。主要包括僱員在第一、二支柱中的積累沒有達到最終工資 70%的缺口，以及不能享受補充養老保險的私人老闆的保險缺口。

2. 法律規定，每人每年投保一定數額以內。以上兩個部分免徵個人所得稅。但在領取保險金時要與其他收入合併計稅。

任何人壽保險公司都可以經辦個人儲蓄養老保險，包括第二支柱中有些基金會組織經辦的人壽保險公司。

四、三個支柱的監督體系

荷蘭的養老保險制度，除了養老保險的立法、行政和經辦機構外，也有健全的監督機構，主要包括三個層次：

1. 對社會保險監督委員會（CTSV）和保險監事會（VK）實施行政監督的社會事務與就業部監督司。

2. 對國家養老金實行監督的社會保險監督委員會和對第二、第三支柱實施監督的保險監事會，這兩個監督機構都是不隸屬於立法、行政部門的獨立機構。

3. 經辦機構（包括基金會和保險公司）的內部監督。

三個層次的監督有機結合，形成了較為完備的監督體系。同時，社會保險接受中央上訴委員會（專門負責社會保險領域的司法機構）、財政、社會中介審計和輿論的監督。社會保險監督委員會有 3 名理事會成員，由社會事務與就業部部長提名，女王任命，任期 4 年。理事會聘用僱員，主要負責監督社會保險法律的執行情況，特別是社會保險銀行支付、運營養老金的情況，將合法性和效率性作為監督的重要目標。監督的執行情況向社

會事務與就業部部長和議會報告。保險監事會是在 1923 年建立的，設有管理委員會（5 人）、監督委員會（3 人）和保險委員會（10～12 人），前二個委員會由社會事務與就業部部長提名，女王任命，任期 5～6 年，保險委員會由雇主組織和僱員組織提名，社會事務與就業部部長及財政部部長任命。

五、荷蘭政府在建設「三個支柱」中的作用

處理公平與效率的關係，是任何一個政府在推行經濟和社會發展過程中都要面臨的問題。荷蘭政府注重發展和完善激勵社會效率的養老保險體系，尤其在養老保險制度的發展過程中，一方面要注重完善體現公平的基本養老保險制度；另一方面也注重發展體現效率的補充性養老保險，主要通過實施補充養老保險制度和個人儲蓄金計畫。

在荷蘭，政府積極倡導協商文化，營造寬鬆和諧的社會發展環境。注重宏觀調控，以間接管理為主，盡量減少國家行政干預。採取的調控措施主要體現在兩個方面：第一，建立健全社會保障法律體系，運用政策調節手段，調控養老保險制度的發展。從 1949 年起先後制定了 11 部社會保障方面的法律。到 90 年代中期，荷蘭社會保險法律體系已基本確立，荷蘭政府從法律上明確規定了養老保險的決策機構、經辦機構（社會保險銀行、行業或企業基金會、保險公司）的法律責任。並由監督管理機構從合法性、有效性方面對經辦機構進行監督。第二，研究養老保險發展趨勢，制定預防人口老齡化政策措施。荷蘭中央統計局從全國定期收到最新人口統計資訊資料，每個月在全國進行抽樣調查核實數據，並進行人口老齡化發展趨勢預測分析。中央計畫局每年根據社會發展對宏觀經濟進行預測和分析，進一步對稅收、財政和養老保險制度進行系統分析。在研究人口老齡化對經濟影響的基礎上，編制荷蘭國民經濟中、長期發展規劃。荷蘭社會事務與就業部根據養老保險制度發展情況，以及中央計畫局、中央統計局對經濟發展的分析和人口老齡化趨勢預測的結論，提出了解決人口老齡化問題的政策建議，並付諸實施。

拾、德國的養老金保障

德國「鐵血首相」外交家俾斯麥 1889 年創建了德國公共養老金制度，這是「社會保險」的最早框架，僱員依照工資水平按費率繳納保險金，退休後養老金的數額主要依據僱員薪酬水平和繳納保險費的時間而定。

現代養老金制度除保留了最初的基本原則外，其他一切都隨著歷史時代不斷演變。在俾斯麥時代，國家承諾對壽命超過 70 歲的少數幸運參保國民發放養老金，當時人均壽命水平遠遠低於 70 歲。而現在，德國人均壽命在 70 歲以上，這意味著，德國人可以在退休後的近 20 年時間內領取豐厚的保險回報。

德國公共養老金制度是世界上最慷慨的制度之一。德國一位拿平均薪資的普通全職工人退休後獲得的養老金是薪資的 70%，遠遠高於美國退休人員 40%的比例。德國私營企業僱員都有義務投保法定公共養老金保險。自營者，或者沒有參加過任何特殊行業和職業保險計畫的自由職業者，也可以自願選擇參加保險項目。2002 年的保險費率為薪資的 19.1%，由雇主和僱員各自承擔 50%，但雇主和僱員繳費只占總保險數額的四分之三不到，其餘由政府補貼填補。公務人員有更優越的一套保險供給體系，全部由補貼支持。當然，德國的社會保險體制不僅僅只是養老金，它還含括了廣泛的福利制度方案，共同構成了複雜的養老體系。

德國僱員 50 多歲後失業可直接申領失業保險金，作為一種「提前退休金」或者「過渡」補償金，而不會被要求重新尋找工作。如果失業補助低於申領者的實際薪資，則差額由前雇主支付給該僱員。年長僱員由全日制工時轉為半日制工時，也會相應地獲得某些特殊補貼。與在職僱員一樣，幾乎所有退休人員都被納入德國法定醫療保險體系。高收入者和自營者可以選擇參保公共醫療保障體系或者是私人醫療保險。除此之外，其他工作者都有義務投保醫療險。

目前德國的醫保繳納費率是 14%，由僱員和雇主各自承擔一半。退休人員的醫保費半數由養老金中扣除，其餘由政府承擔。法定醫保適用於支

付從牙科到處方藥品的全部醫療類,甚至包括醫療康復等費用。1995 年,社會保險體系又擴增了長期保健的內容。德國現代公共保險制度經歷了德國戰後經濟快速復甦時期,現在制度的基本規則在 1957 年創立,1972 年保險改革並沒有削減提前退休僱員的退休年金數額,超過退休年齡還在工作僱員的保險金也沒有增加。因此,如此慷慨的退休保障制度促使很多職工選擇提前退休。1970 年以來,德國男性僱員的平均退休年齡由 65 歲降到了 61 歲,女性則由 62 歲降到了 58 歲。1998 年,從工作崗位上退下來的退休金申領者中只有四分之一達到了法定退休年齡。德國政府開始認識到應該採取措施對社保成本進行有效控制。1992 年,政府實施了一項重大改革,將與保險費率相聯繫的薪酬基礎由毛收入變為淨收入,即稅後淨薪資。這實際上將不斷增加的養老金支出負擔部分轉移到了退休者身上。1992 年改革同時也對提前退休補貼做出了規限:10 年內,除投保年限較長且喪失工作能力者才被允許提前退休並領取全額養老金外,其他提前退休者不再領取全額退休金。

德國距今最近一次改革是在 2001 年,主要內容包括降低現收現付的福利待遇,穩定保險費支出水平,發展新型的私人養老選擇,填補福利待遇收入的損失,保證老年人的生活水平不縮水。此次改革,尤其是其擴展私人養老保險方式的措施,對經濟發展有促進作用。基金養老制度有利於老齡化嚴重的德國政府在不會加重在職僱員和納稅人負擔的前提下,可以供給大量退休人員。從宏觀經濟方面看,這一系列制度減輕了政府預算來自人口老齡化壓力。從微觀方面看,其還可以給予個人更高的收入和待遇。德國新型的基金養老金制度規模相對很小,還屬於自願投保的保險類型,而現行的非積累基金保險體制仍占主要地位。最後的結果是,德國退休者幾乎完全依賴政府。總體來看,公共福利占到了 60 歲或以上家庭稅後淨收入的 61%。

毋庸置疑,德國的退休金制度在改善老年人經濟狀況方面是成功的。根據經濟合作與發展組織統計數據,德國年齡在 60~80 歲之間的老人的消費水準相當高,只比在職僱員低 4%。根據計算,包括政府醫療福利在內,

老年人與非老年人的人均稅後收入比率為 1.25：1，明顯老年人居優。整體來看，當代德國老年人的生活水平確實比他們的前代及現代大多數發達國家的同齡人高。問題在於這種優越現狀不會持續長久。任其發展，將來會損害到僱員或者是退休者的利益。顯而易見，改革必須堅持兩種方式──降低現收現付保險費水準，同時擴展多種途徑的補充保險。

結語

養老保險是以社會保險為手段來達到保障的目的。養老保險是世界各國較普遍實行的一種社會保障制度。一般具有以下幾個特點：第一，由國家立法，強制實行，企業單位和個人都必須參加，符合養老條件的人，可向社會保險部門領取養老金；第二，養老保險費用來源，一般由國家、單位和個人三方或單位和個人雙方共同負擔，並實現廣泛的社會互濟；第三，養老保險具有社會性，影響很大，享受人多且時間較長，費用支出龐大，因此，必須設置專門機構，實行現代化、專業化、社會化的統一規劃和管理。

老人福利國際借鑑

第十章　長期照顧

前言

　　高齡化社會的來臨，首當其衝的就是老人照顧的問題，過去老人的照顧多由家中婦女擔負。但由於社會環境的改變，婦女參與勞動越趨活躍，傳統家庭功能漸趨式微之下，老人照顧的議題逐漸成為政府必須面對的社會福利議題。有許多的老人需要照顧自己或照顧老伴，卻缺乏外界的支援。而事實上，即使與子女同住的老人，也會因為子女的就業或就學等因素，而必須大部分的時間是單獨在家。所以如何維護老人居家安全、增進其獨立生活能力、減緩老人成為依賴人口，對老人本身、家屬及社會成本而言是一個重要的課題。

　　世界先進國家對老人與身心障礙者的照顧政策均以「在地化」、「社區化」、「專業化」為發展原則，目前我國老人及身心障礙者的正式照顧服務有居家式、機構式、社區式、聯結式、支持式等服務模式。由於老人及身心障礙者的需求具有長期性、多元性、連續性、個別性、且多變性等特色，往往在照顧的過程中，同時或在不同的需求階段，會使用到不同的服務模式。

壹、日本長期照顧制度

　　1970 年代初期進入高齡化社會之後，日本的長期照護的發展日新月異。長期照護保險制：為強制性保險，每位 40 歲以上國民依法都要投保及繳交保費。1990 年代後期開始，「團體家屋」（group home）成長快速，成為因應失智症老人照顧的主要照護型態。

表 10-1　日本長期照顧制度

策略運作		主要內容
實施背景	家庭結構的變遷	有鑑於人口老化所帶來的醫療照護與生活照顧等需求的迫切性，加上主幹家庭下降，三代同堂比率 1980 年為 69%，1998 年降為 50%。同期間獨居老人或高齡夫婦家庭由 28% 增加到 46%，婦女勞動參與率由 58% 增加到 67%，顯示家庭照顧功能的式微。
	高齡照顧的窘境	根據調查 60 歲以上的照護者占 50%以上，70 歲以上的照護者也占 20%以上。
	價值觀念的改變	婦運團體大力倡導婦女權益與家庭結構的變遷等因素，高齡者接受家庭外照護的比率日趨提高。
	醫療財務的虧損	日本的平均住院天數 30 天以上，高居先進國家之冠，住院患者中高齡者占一半以上，其中三分之一住院天數在 1 年以上，社會性住院導致醫療保險財務的居高不下。
制度概況	被保險人	1. 65 歲以上的高齡者為第一類被保險人，40 到 64 歲者為第二類被保險人。 2. 相對於選擇式保障，該制度為普及性。
	保險給付	1. 由外在的身心失能為給付判定標準，第二類被保險人規定，只有罹患腦中風、巴金森氏症、初老期失智症者才給付。 2. 有關給付方式以現物給付為原則。
	保險費用	1. 來自被保險人所繳保費與部分負擔（約 10%），政府補助近一半，雇主負擔少許費用。 2. 對於低收入者的保費與部分負擔有減免。
制度內涵	福利地方主義	服務權責下放到地方政府，此項作法合乎福利分散原則，是落實「在地老化」或照護社區化的理念。
	導入個案管理	照護經理的設置，依個案的需求等擬定照護計畫，提供適切的照護服務。
	確保消費權利	服務使用者與提供者立基於平等關係上，建立新契約，消費者的價值主張獲得重視，進而確保服務品質與經濟效益。
	財務調整機制	由於地方政府的照護財政與其保費收繳、照護服務量有關，為縮短彼此間的差距，責成都道府縣成立市町村相互財務安定事業，創設「財務安定基金」及「中期財務營運方式」機制，來穩定地方照護財務。
	重視居家服務	學習北歐國家利用補助來改善失智症者的住宅，提供改良式的 group house。

	發展後期照護	使被保險人出院後能獲得後續治療與復健服務，符合長期照護提供連續性與綜合性服務的目標。
	照顧醫療設施	長照系統比較偏重機構式的照護，其長照機構分為三類，在長照保險實施以前，包括護理之家、長者健康設施，以及醫院長照病房，前者屬於社會福利服務的一環，後兩者的服務則由健保給付。在長照保險開辦之後，醫院長照病房改稱「照顧醫療設施」。
	社區照顧服務	長照保險另外也給付社區照顧服務，包括社會服務（家事協助、居家整理）、入浴服務、器材租借、居家設施重建、護士家訪、復健、醫療／疾病管理，以及日托或喘息臨托服務等。
	長照監督機制	長照保險訂定一套全國一致的給付標準，不過由於各地長照保險組織的大小不一，風險承擔的能力也不一樣。在日本則是設立長照保險的安定基金，對長照保險經營虧損的市政府給予補助，也有依照風險程度重分配基金的設計，另外就是授予各市政府依照及經費狀況決定給付項目範圍的權限，但要對其市政民意機關及市民負責，接受其監督。
制度特色	1. 長照保險與健保一樣，都是強制性保險，每位 40 歲以上國民依法都要投保及繳交保費。 2. 長照保險是以年齡為基礎的社會保險。受益人有兩種，一種是 65 歲以上且有長照需要的長者，另一種是 40～64 歲且具有因為與年齡有關疾病（如失智、巴金森氏症等）所導致需要長照的個案。 3. 長照保險的經費約有一半來自 40 歲以上國民所繳交的保費，其中三分之二來自 40～64 歲的工作者繳交其收入的 0.45%作為保費，另 0.45%由雇主負擔；另三分之一則由 65 歲以上長者由其退休金帳戶中每月扣繳。另外一半的長照保險經費則來自三級政府的稅收（中央政府 25%、省政府及市政府各 12.5%）。 4. 長照保險與健保也是分開的兩個系統，不過這兩種保險都由各地市政府辦理，但有獨立區分的經費預算。 5. 受益人的認定是由保險人（市政府）派專業人員到申請人居住地點進行鑑定，每半年進行一次實地鑑定，根據其照顧需求（不論其經濟程度或家中是否有人可以照顧）的程度決定其所屬的需求等級，共分為六級。然後會指派一位專業人員作為個案的照護管理者，為個案擬定照護計畫。	

（資料來源：作者整理）

日本長照保險目前關注的問題在於供給的不足，日本政府也許過於低估長照保險開辦之後的需求，及其所帶來的財務壓力。此外，其三類照護機構的功能有許多重疊，日本政府有意加以整合，這將是隨諸而來的挑戰。

貳、荷蘭長期照顧制度

一、背景說明

荷蘭由於長期住院人數的增加以及住院費用不斷的高漲，迫使荷蘭重視醫療成本控制的問題，並認為醫院及長照機構的照護費用應另謀財源。因此，荷蘭政府建議將長期照護從一般醫療保險分離，並實施長期照護保險制度。

除了人口老化與長期住院所導致之醫療費用高漲外，大量的慢性病患，以及照顧身心障礙者及精神疾病患者所需的高額醫療費用，亦是荷蘭推動長期照護保險的主要原因之一。荷蘭目前有超過 10%的人口患有慢性疾病，以及超過 16%的人患有需要長期治療的精神疾病等，都是荷蘭政府迫切亟需改革傳統醫療保險的重要原因。荷蘭長照制度主要是鎖定三大目標人口，包括：老人（含身體退化、失智等）、失能者（大部分是心理障礙者），及精神疾病者。荷蘭政府實施長期照護保險的目的不僅在於解決醫療費用膨脹的問題，更是著眼於提供失能或患有精神疾病的弱勢民眾就醫的權利保障。

二、立法沿革

1962 年，荷蘭提出一項保障全民免於主要疾病風險的社會保險計畫，尤其是針對需要長期照護且有沉重醫療費用負擔的失能民眾或精神病患者提供必要的照顧服務，這個計畫成為後來荷蘭長期照護制度的濫觴。此外，由於長期照護的財務負擔往往不是一般人所能承受的，因此採用「特殊醫療費用支出」此一名詞來作為長期照護保險的命名。

　　鑑於長期住院醫療費用的高漲，政府於 2005 年引進「規範性」的市場功能來進行特殊醫療費用支出法的「現代化」改革，2006 年 1 月 1 日新修正的特殊醫療費用支出制度開始實施。為了進一步提高服務的品質，擴大民間的參與，荷蘭政府更於 2007 年通過「社會支持法（WMO）」，依據社會支持法的定義，其係指：

1. 促進社會和諧以及地方村鄰里之生活品質；
2. 對於遭遇到成長問題之年輕人，以及有子女教養困擾的家長，重點提供預防性支持服務；
3. 提供地區民眾訊息、諮詢以及支持服務；
4. 對非正式照護者提供支持性服務，包括幫助他們找到有效的解決辦法等；
5. 促進社會參與，以及協助失能者和患有慢性心理問題、社會心理問題者能獨立工作；
6. 提供失能者和患有慢性心理問題、社會心理問題者必要的服務，以確保他們能夠維持和加強其獨立性或參與社會；
7. 提供社會救濟，包括婦女庇護和透過政策以避免各種家庭暴力行為的產生；
8. 促進公共精神衛生保健、提供社會心理協助；
9. 推動菸酒等戒癮政策。

　　其次，不同於現行的特殊醫療費用支出法，為了讓特殊醫療費用支出的照護項目還原為專門提供慢性的、重大的疾病，以及身心障礙者等需長期照護者之照護給付，而將社會支持性服務（包括家事服務協助及社會服務）委託由地方政府當局負擔提供。

三、現況及發展趨勢

　　為了抑制長期照護費用不斷的上升，荷蘭政府於 2007 年實施的社會支持法（WMO）取代舊有的福利法、身心障礙服務法與特殊醫療費用支出原有的家事協助服務等。WMO 並涵蓋社區照護、婦女庇護與志工支持服務

等，由地方政府負責統籌與提供服務。惟如家事協助等服務被保險人需部分負擔，費用委由中央管理中心收取。另外，被保險人也可以申請現金給付以購買輪椅、改善家中障礙設施等必要的需求或服務。

WMO 的最主要目的係在協助所有人都能獨立自主的生活，提供長期性的照護及醫療性的護理服務為主，以落實自願性照護服務志工制度及抒解特殊醫療費用支出部分的財務壓力。以下整理荷蘭長照制度目前的發展趨勢。

(一) 縮減特殊醫療費用支出的給付範圍：隨著特殊醫療費用支出的「現代化」，照護功能（care functions）式的服務分類取代原有的部門、組織分類。新的七項功能指標包括：1.家事服務。2.個人照護（如提供淋浴、穿衣等服務）。3.護理（如換藥、注射等服務）。4.支持性陪同指導（如協助生活管理、日托等）。5.積極主動性陪同指導（如協助行為改變或心理輔導等）。6.治療（如協助中風後的復健治療）。7.入住機構（如多功能住宅、居住收容）。到目前為止，特殊醫療費用支出的給付範圍更進一步縮減為個人照護、護理、支持性陪同指導、積極主動性陪同指導、治療及入住機構等，而原來的家事服務則改由社會支持法（WMO）提供。

(二) 將秩序管制機制引進健康照護及長期照護市場：依據醫療保健市場秩序法之規定，成立健康照護機構，負責監督及控制荷蘭的醫療照護市場。監督的對象包括照護服務的提供者，以及長期照護的保險人。在醫療及長期照護市場中提供誘因，以導正健康及長期照護市場有效率運作，同時兼顧到被保險人（消費者）權益。

(三) 以需求面機制調控取代供給面機制調控的政策實施與趨勢：過去長時期受到荷蘭政府嚴格管制的特殊醫療費用支出，是一種屬於供給面取向的長期照護制度。但由於預算緊縮所造成的長時間候診名單和貧困被保險人導向等兩個因素，從 2000 年開始放棄預算緊縮政策，以解決候診時間過長的問題。從 2003 年 4 月 1 日起荷蘭政府開始進行特殊醫療費用支出的「現代化」改革，從供給面

取向變成需求取向，賦與被保險人自由選擇提供者的權利，並且開始重視現金給付，以及照護服務的彈性供給等都成為改革的重點。

(四) 功能取向支付制度之引進實施：特殊醫療費用支出的「現代化」工程，除了以需求面機制調控取代供給面機制之調控，荷蘭政府還透過提供量身訂製的服務以滿足被保險人的特殊需求，以及從過去的產品導向變成功能取向的支付制度，例如個人照護服務的提供等，亦是特殊醫療費用支出「現代化」的改革重點之一。

四、長照保險的主要特色

荷蘭長照保險是一典型的社會保險制度，因此，財務的健全與否，成為政府最關切的議題之一。再者，荷蘭長照保險採取全民納保及現金給付的方式，為其最主要的特色，其他諸如委託私人保險公司、照護服務包制度等，都是荷蘭政府因應長期照護不斷高漲的財務壓力所採行的改革措施。

（一）採隨收隨付式的社會保險制度

荷蘭的特殊醫療費用支出為全世界第一個採行社會保險方式辦理的長期照護制度，並採隨收隨付的財務處理方式辦理，並無提存準備，主要是透過保費收入及政府稅收補貼維持制度的運作。隨著老年人口不斷的增加，特殊醫療費用支出的成本及費率亦不斷的調高。政府每年依據「最低兩組所得級距」的課稅標準來訂定保險費率，雇主並不需要分擔受僱者特殊醫療費用支出的費用。

（二）特殊醫療費用支出的保險對象

荷蘭的特殊醫療費用支出是一種強制性、全民納保的社會保險制度。所有荷蘭的居民及在荷蘭工作繳稅的外國人都需強制參加，即使不是荷蘭人但能合法居留在荷蘭者，也受到特殊醫療費用支出的保障，並必須繳納保費。荷蘭特殊醫療費用支出的保險人則是私人保險公司，每個保險公司

都必須向健康保險局（CVZ, Health insurance Board）註冊。每個民眾都必須向任何一家保險公司註冊，期限 1 年，若沒更換保險公司則自動續約，換約應在期滿 2 個月前通知保險公司。

（三）荷蘭特殊醫療費用支出的三種給付方式

荷蘭的特殊醫療費用支出是由照護評估中心（Centrum Indicatiestelling Zorg, CIZ）負責評估每個被保險人可以得到多少和什麼形式的照護，等到被保險人的權利確定後，被保險人就可以選擇實物給付（含醫療給付）、現金給付，或混合給付。實物給付意指由健康照護提供者直接提供服務，現金給付則是允許被保險人用現金購買服務，而且不限於健康照護提供者，其他願意提供服務的朋友、鄰居及親戚都可以。因此，現金給付是較受被保險人歡迎的給付方式。

（四）荷蘭特殊醫療費用支出的主要服務項目

基本上，特殊醫療費用支出最主要的原則是協助人們儘可能的留在家裡，而非住在機構中。因此，雖然特殊醫療費用支出最初僅補助長照機構的費用，但在 1980 年即開始涵蓋家庭照護的服務。

（五）照護服務包制度（照護包）

荷蘭政府為提昇長照保險的服務效能，近年來已透過照護包（care level packages）的制度，依被保險人的服務效能來決定服務提供者的給付。「照護包」包括被保險人的類型、被保險人需要被照護的總時數（每週）、服務的輸送方式等。被保險人經由照護評估中心（CIZ）決定照護需求指標後，即可透過相對應的服務包得到需要的服務。每個「服務包」都有一定的價格（有最高額度的限制）。至於適用於照護包的對象有下列七種：有身體疾病或障礙的人，精神障礙的老人，心理障礙者，生理障礙者，官能障礙者，精神障礙者，有嚴重社會心理問題的人。

五、特殊醫療費用支出的解決

荷蘭於 2007 年實施社會支持法主要宗旨：「社會支持法的目的是要讓所有荷蘭公民盡可能的可以獨立生活得更久」，意即確保所有荷蘭公民社會參與的權利。

社會支持法取代了過去的福利法、身心障礙服務法和特殊醫療費用支出的部分服務，和特殊醫療費用支出最大不同的地方包括：

1. 社會支持法不是社會保險，不需要繳交保費。
2. 社會支持法的主要執行者是地方政府，地方政府擁有服務提供的行政裁量權。
3. 社會支持法的經費來源主要是依賴政府的預算。
4. 社會支持法的服務提供主要是透過自願性團體及部分購買自照護服務機構。
5. 社會支持法主要是提供非醫療性的照顧服務，旨在強調公民社會參與的權利。

目前荷蘭長期照護制度的發展重點，已從過去需求與服務供給之間的關係，轉移到荷蘭公民與地方政府（尤其是各地市政府）間的關係，甚至是各種社會組織（尤其是自願性組織）、企業與地方政府間的關係。由於特殊醫療費用支出的財務負擔隨著人口老化及長照需求的增加越來越沉重，社會支持法除了是強調社會連結與促進社區參與的新運動外，更可減輕特殊醫療費用支出組織不斷的擴大、財務的沉重等壓力，而這也是荷蘭未來長照制度發展最主要的重點。

六、長期照護保險（特殊醫療費用支出法）

荷蘭的特殊醫療費用支出為全世界第一個採行社會保險方式辦理的長期照護制度，並採隨收隨付的財務處理方式辦理，並無提存準備，主要是透過保費收入及政府稅收補貼維持制度的運作。第一，給付範圍：個人照護、護理、支持性陪同指導、積極主動性陪同指導、治療及入住機構。第

二，健康照護機構：負責監督及控制荷蘭的醫療照護市場。監督的對象包括照護服務的提供者，以及長期照護的保險人。

參、德國長期照顧制度

德國是全世界第一個實施國家長期照護保險的國家，在健保、意外事故保險、退休金保險（勞保）、失業保險之後，於 1994 年立法通過長照保險，成為其社會安全保障的一環。

一、制定背景

德國於 1994 年正式通過長期照護保險法，1995 年 1 月 1 日被保險人開始繳交保險費；同年 4 月 1 日首先實施居家照護給付。在實施長期照護保險法實施前，除基於法定職災保險與社會補償而有照護需求者，得享有「公共的照護」之外，其他人若有照護需求，只能自己負擔照護費用，或由有扶養能力的子女負擔。符合社會救助法規定的社會給付受領人，其照護費用則由社會救助法負擔。因為照護費用龐大，無法負擔者越益增多，轉而需要社會救助體系協助，以稅收方式支付，因為無法解決問題，也無法符合社會保險體系個人負責、給付正義、自治行政等基本概念，換言之，多數仍認為，長期照護制度應該建構在社會保險傳統上，所以，立法者以「社會保險」方式，使長期照護保險成為德國社會保險第五支柱。

二、制定改革

長期照護保險制度實施以來，經數次改革，但在出生率未提昇、平均餘命不斷攀升的挑戰下，自 2008 年 7 月起實施新的長期照護保險內容，此次改革重點為：

1. 大多數給付至 2012 年逐步增多。

2. 對於癡呆症或身體疾病等日常事務處理受到相當限制之有照護需求者，提供其照護費用，從每年可以提高 460 歐元，到每年可以提高至 1,200 歐元，甚至 2,400 歐元。

3. 針對療養機構裡需要特殊照護者，提供照護助理。

4. 引入個別性與全面性照護諮詢請求權。

5. 倘各邦決定成立照護據點時，由照護基金會與疾病基金會安排該照護據點。

6. 照護家屬因照護工作而無收入，有權請求 6 個月的照護期間社會安全保障，倘該照護家屬突具照護需求，可請求 10 天短期休息。

7. 增加喘息服務、志工等給付。

8. 管理未立案的社區照護機構與全機構式照護機構，並公開照護品質。

三、照護需求性之概念

　　所謂「照護需求性」，是指社會法法典第十一篇第十四條規定，當身、心、靈生病或障礙，日常生活需要持續性、規律性地被照顧至少 6 個月時「照護需求性」要件；換言之，當一個人無法自理「身體照顧」、或無法在「營養」上吃得好或攝取，或者，有無法自己「自主行動」問題，抑或，存在無法「自理家務」時，就具備「照護需求性」，得請求長期照護。

　　可請求的給付內容，依據每人被照護需求的程度不同，而有不同的照護給付。這樣的「照護需求性」，由健康保險醫事服務處（MDK）負責鑑定，可分為三種等級：

　　等級一：有顯著的照護需求者，例如，一天至少需要一次的身體照顧與一週數次的居家照顧，且照顧服務員或家屬每天所提供的基本照護至少 45 分鐘，而整個照護服務至少 90 分鐘。

　　等級二：嚴重的照護需求者，其一天至少需要三次的照顧，一週也需要數次的居家照顧，而基本照護每天至少 2 小時，整體照護服務至少 3 小時。

等級三：最嚴重的照護需求者，不論白天或夜晚，時時需要被照顧，一週數次的居家照顧，且每天至少 4 小時的基本照護，整體照護服務則至少 5 小時；又晚上 10 點至隔天早上 6 點，屬於夜間照護。

四、特色

德國的長照保險與健保等其他四項社會保險一樣，都是強制性保險，每位國民依法都要投保。它規定收入在某一特定水準以下的個人都要參加該地區公辦（非營利）的長照基金，超過該收入水準的個人則可以加入長照基金或選擇購買私人／商業保險。

德國的長照保險與健保是分開的兩個系統，不像美國的「老人醫療保險制度（Medicare）」與「國民醫療補助制度（Medicaid）」是將長照保險與健保混在一起。因此，德國在各地區的「疾病基金」之外平行設立「長照基金」，前者是各地區民間公辦健保組織，後者則是各地區民間公辦的長照保險組織。此外，以前各地方政府照顧弱勢者的長照福利經費與之前各地區健保當中所給付與長照有關項目的經費也都劃歸納入長照基金裡面。

受益人是以長期失能／身心障礙為條件，不是以年齡為條件，被保險人是全民，不侷限於年長者或身心障礙者，但必須符合因為長期殘疾或失能導致有長期照護的需要，並通過專業人士的鑑定，才能獲得給付。我們可以說德國的長照保險是「全民失能長照保險」。以長期失能／身心障礙作為受益人認定條件的做法有幾個好處：第一，保費可以來自全民，因為每一個人都有可能長期失能／身心障礙，不只是年長者有機率。第二，從保險原理來看，保險的原因必須是不可預期且不被期望的風險，由於年老某種程度上是可以預期的自然演變，而且每個人大多希望能長壽，因此以年齡作為受益人認定條件的做法較容易造成道德危害及逆選擇的問題，使得風險無法有效分攤以及資源被濫用。相對來說，長期失能／身心障礙是每個人不願意且較無法預測的狀況，所以廣大的人口都有投保意願，且認定起來較為客觀，減少逆選擇與道德危害的問題。

受益人的認定是由健保組織中的醫療服務部門的專業人員到申請人家中就其居家及個人衛生條件、進食、活動及家事能力進行鑑定，依照其需要照顧的程度分三等級，分別是「有某種程度上照顧的需要」、「非常有照顧的需求」及「極度有照顧的需求」。

德國長照保險當中一個相當獨特的地方，就是其有給付非專業照顧人員現金酬勞，這些人大多是被照顧者的家人，或是接受過短期訓練（非正規護理訓練）的照顧員（像護佐或居家服務員）。另是長照保險基金還替每週從事居家照顧超過 14 小時的非專業人員支付退休金保險的保費，並提供免費的在職繼續訓練。

這樣的支付設計背後有三個主要的原因：

1. 德國社會長期以來家人就是重要的居家照顧的一環。

2. 鼓勵居家照護：居家照顧除了有給付非專業照顧者現金之外，還可視需要給付由各類專業照顧者所提供的服務，如臨托、喘息服務、正式護士的居家護理等。此外，受益人若選擇機構照護，不但有 25% 的部分負擔，而且長照保險不給付住房及食宿費，這些都要由個案自付。

3. 節省經費支出：由於一般來說，機構照顧比居家照顧的成本來得高，鼓勵居家照顧也同時可以降低成本。此外，這個做法也創造了 7 萬個新工作給非專業照顧者，對東西德合併之後高失業率的德國社會帶來不少就業機會。

基於長期照護保險為國民保險，也基於「長期照護保險依隨於健康保險」原則，屬於法定健康保險被保險人必須加入法定長期照護保險，其他屬於私人健康保險之被保險人則須加入私人長期照護保險，也因此，德國長期照護制度又分為法定或社會的長期照護保險、私人長期照護保險。

肆、英國長期照顧制度

年長的老人容易比年輕人在健康和社會服務有較多的需求及資源使用。舉例來說，幾乎三分之二的一般和急性病床都被老人所使用。顯示目前英國是一個老化且政府資源投入老年人口相當高的國家。

一、英國老人照護體系概述

英國是目前世界衛生組織所認可的全世界最好健康福利照護國家體系之一，在老人照護體系的發展與現有的全民健康服務體系（National Health Service，以下簡稱為 NHS）息息相關。NHS 在英國最早發展於 1948 年，採用稅收制、普及式及公辦民營的體制，目前仍是歐洲最大的組織。其照護原則在健康服務層面主由中央管理確保其運作體系，但社會照顧及生活照顧則屬於各地方政府事權，因而會因地方各地財政不同而有服務差異之發展。

老人照顧在英國首於 1950 年代中，開始重視。此時提出應對老人提供居住與家事服務，並於 1957 年提出「community care」法案強調去機構化的原則。1970 年代社區照顧中照顧老人的責任則由 NHS 轉給地方政府。1978 年健康與社會安全部（DHSS）發布一本快樂老年白皮書強調重點有三：

1. 親人照顧的非正式照顧體系的建構。

2. 老人要快樂需要家庭與社區協助。

3. 社區服務應包括預防性健康照護及社會服務。

1980 年代則透過地方政府、非營利組織及非正式照護系統等對老人提供照護。近年來隨著工業發展及家庭結構轉變，老人照護議題轉而強調家庭的角色。1990 年代社區照顧改革之後，提出健康照護、社會照護與居住照護三個主軸方向進行老人照顧工作，同時也納入混合經濟福利及照顧管理的概念模型。

1999 年 Health Care Act 的形成，開放地方政府的彈性度，促使更多服務方案來自各局處的預算與服務整合與建立單一評估體系轉介。目前老人

照護主要由地方政府規劃的社會照顧與住宅服務中提供，但英國發展如北歐國家逐年朝向購買服務方式進行，已將使用者付費的概念納入其中。社會照顧中包括家事服務、送餐服務、住宅服務等。

　　老人們時常透過健康和社會照護服務來支持其有效的獨立性生活。因此更年長的人常是健康和社會的照料服務的主要使用者，但是有時服務卻無法滿足其個人需要。因此 2001 年英國政府發布老人照顧白皮書（Older people），此政策透過一個國家級服務架構以高品質又整合的健康和社會照顧服務來提供老人有效的服務策略。這是一個 10 年計畫，主要連接服務支持獨立而且促進良好健康，提昇老人們的生活價值與尊嚴。具體措施簡述如下：

1. 改善照護服務標準：在社區或居家中照護老人建立其國家照護標準，期許透過更好的照顧，讓老人生活更有尊嚴。

2. 延伸服務的可近性：NHS 針對 60 歲以上的老人免費的視力測試增加了白內障檢查項目，女性乳癌篩檢工作年齡層亦擴及 70 歲以上女性。國家特別重視老人之照顧者的需要，其中在服務的可近性及老人接受服務的權利更明列於「the Carers and Disabled Children Act 2000」法案中。

3. 確定長期照護資金的公平性：2001 年安養院免費的提供護理照護服務。

4. 發展支持獨立性的服務：幫助老人避免不必要的再住院情形，並且加速恢復，在急性醫療照護和復原的新中間的照護服務體系正在適當地建構中。「The Promoting Independence Grant supports councils」這個組織的成立將幫助更多的人保有他們的獨立性更久。其中以在社區中提供支持性住宅方案協助其獨立性為優先。

5. 幫忙更年長的人保留健康狀態：提供每位 65 歲以上老人每年的流行性感冒疫苗接種。注意老人牙齒與口腔健康，增加接觸牙醫師的機會。每年冬季注意老人保暖與適當的活動，避免死亡。

　　英國政府期盼透過這個服務架構能為更年長的人遞送更高品質的服務。結合健康與社會服務及公私部門資源，引進更多的專業人員及社區設備，期許老年人藉由更適宜他的健康和社會的照護服務中見到這個國家的進步。

英國歷經 25 年的規劃，依據 2000 年照顧服務標準法(Care Standard Act 2000)，英格蘭地區終於 2001 年建立照顧服務事務委員會（General Social Care Council（GSCC）)，目標在「規範照顧服務專業標準、提昇照顧服務品質、保障照顧服務使用者權益」，GSCC 是接受衛生部贊助之非官方組織，主要工作有以下三項：

1. 建立照顧服務專業規章。
2. 建立照顧服務工作者登記制度。
3. 進行教育和訓練。

二、英國老人額外照護住宅政策

為有效提昇老年人的獨立性，強化其個人尊嚴，額外照護住宅在 2004 年發展。額外照護住宅主要以需要部分協助的老年人或失能者為主。它提供多種的設備在他們自己的家而且透過支持性環境設計建構符合他們需要的住宅模型。額外照護住宅也形成多種中間的照護和外展服務的基礎，降低年長的老人再次入院或者提早讓已經住院中的老人出院。

英國健康部門已經開始設立額外照護住宅基金，這在 2006 年社會服務系統中和他們的住屋合夥人合作提供新的額外照護住屋。更進一步於 2008 年支持住宅相關資訊與學術網路的建立，目前的焦點關注於建立地區的和地方網路散播發展額外照護住宅策略，並透過宣導落實住宅的方案。

伍、法國長期照顧制度

依據 WHO 的統計，2000 年法國老人人口近 16.0%高於 65 歲以上，在 OECD30 個先進國家中為第九位年齡高比率的國家。由於法國是世界上最早經歷高齡化的國家，因此老人照顧等社會安全照顧體系啟動得十分早。1975 年法國社會福利法案即訂有全國統一法令規定老人福利機構收容目標和服務（工作）人員之配置比例。2002 年通過社會福利有一項改革，即針對重度失能老人收容問題，並於 2003 年訂出重度失能老人之收費方式。

一、法國福利制度簡介

　　法國社會福利制度介於德國與英國模式之間，目前社會安全制度面與財政面均已建立為大規模制度的國家。在法國老人照顧福利制度主要分為三大措施：

1. 高齡者的所得政策：為保障高齡者的生活水準，所從事最低的生活保障的制度。針對領取其他相關社會給付仍不能達到最低生活水準的所有 65 歲以上的老人為對象，由國民連帶基金負責主要的財源，支付生活津貼給符合條件需求的老人。近年來由於生活支出不斷上漲，基金額度也迫於增加，各地方政府也增加老人特別津貼與獨自津貼以補老人生活最低生活支出的不足。

2. 生活環境的改善與充實：1960 年代開始，特別針對住在自宅的老年人提供個別居住的環舍進行整建，降低因環境障礙造成人際交流中斷，預防老人生活的孤立，其具體策略為實施住宅津貼、住宅改善服務、電話與緊急通報系統設置、老人休閒活動的提倡、家事援助與介護、看護服務等措施。

3. 收容機構的改良：過去法國在傳統上提供收容無法自立的老人場所，通常為醫院及其附設的養護中心。自 1970 年以後，漸以老人之家取代醫院型態的養護中心。老人之家提供老人住宿、餐飲及其他服務不再侷限於原來的看護功能。而是進一步將具有看護或護理的老人轉介入住醫療機構。然目前隨著老人老化多功能照護需求的增加，法國開始在老人之家加建具有醫療照護功能的老人照顧單位。

二、法國目前老人居家與機構照護現況

　　法國的老人約有 6.5%目前是住在機構，6.1%是住在家裡但需要接受正式照護系統照護的。整體國家經費支出也以機構入住的最多，占 0.31%GDP，整體老人長期照護政府支出約占 0.35%GDP。

1. 居家服務：法國老人的居家服務內容包括在宅協助服務、送餐服務、
　　緊急通報、住宅改善、休閒服務、護理服務等。通常分為兩種：

　　第一，中央規劃且提供部分財源補助的稱為義務服務：例如住宅改善：
由中央老人年金基金與醫療保險基金及全國住宅改善機構共同出資進行。
另一種服務則為參與社會文化生活的服務，是由中央出資獎勵高齡者俱樂
部，進行各種老年人的活動。

　　第二，地方或其他社會福利相關團體設計提供的志願服務：例如資訊
與預防服務、休閒活動服務、生活援助服務、保健服務及餐飲服務等。

2. 機構照護：法國老人多喜歡住在自宅中，對機構照護接受度不高，
　　但仍有 6% 老人入住機構，面臨老老人增加，且考量照顧與醫療機構
　　間照顧區隔，目前老人照顧機構主要分為兩大類：

　　第一，高齡者住宅：自主性高的老人入住為主，可自行生活自理活動，
供應餐飲、長期照護服務、準醫療服務及休閒等。

　　第二，老人之家：分有公立與私立機構，提供長期照護服務，但不提
供醫療行為服務。

　　機構服務需由老人自己付費，入所費用不足處則由社會救濟費用支
給，目前機構收費仍無統一標準。其他相關機構有中途停留的醫療照護機
構、長期停留醫療照護為主的機構及精神專科機構等，這些機構目前多由
醫療保險支付，因此除了高度需要醫療照護需求的老人外通常會被建議移
住老人之家。

三、老人福利政策縣市政府執行的權責

　　法國目前執行老年照顧策略的單位在縣府，縣府組織以退休者及高齡
者之縣委員會為主體，對於實施社會救濟主體的社會福利事務所與社會福
利中心，和老年年金局與疾病保險局契約辦理的醫療福利事業，其他家庭
津貼局以及各種協會所舉辦的服務，進行統合與調整的工作。

陸、先進社會長期照顧的啟示

綜合英國、德國和法國的長期照護制度重要的啟示如下：

一、以「在地老化」（Aging in place）為標的：近年均以減少機構使用、增進民眾留住家庭為重點，並推行財務改革及服務發展策略，以落實目標。

二、採用地方分權策略的同時，應避免產生地區別間之過大差異：英國及德國之長期照護改革均將長期照護責任下放地方政府，由於鼓勵私部門加入醫療及社會服務的行列，使得機構式服務的使用率得以降低。但是卻因此形成地方差異，產生長期照護不平等的問題。英國因此制訂國家標準指標，要求全國遵行，否則停撥地方補助款。

三、結合社政與衛生資源，才能有效提供連續性照護：英國的照顧管理制度只管理社會服務部分，因而造成服務不連續及資源未有效利用之缺失，目前正改革之中。2001 年 4 月起英國開始整合社政和衛生業務，其經驗顯示整合並不一定必須透過行政單位的合併，只要將財源統一提撥地方同一個單位（如英國的 primary care trust），也可達到效果。

四、照顧模式應注重連續、自尊與自主：英國的照顧住宅（sheltered housing）和德國服務住宅（service house）中，高齡身障者仍然能夠自主獨居。德國則發展多層級照護機構，以防入住者因身體變化而需不斷遷移，為連續、自主服務而努力之設計。

五、加強輔助性設備設施以增進失能者的自我照顧及活動能力：英國及法國的輔具科技及瑞典的身心障礙輔具研發，全國建立輔具回收租借網絡，全面有效提供輔具，以增進失能者常態的生活。

六、重視與支持家庭照顧：考察的英、德、法三個國家近年均推行支持家庭照顧的策略，以減輕國家財政負擔。即應給予家庭支持，以維繫家庭持續照顧功能。

七、應設置有效財務管理制度：德國的長期照護保險設計清楚。費用分為三部分：醫療、個人照顧、和食宿生活費等，醫療服務需求歸疾病保險，身體照顧需求由長期照護保險負擔，生活費用則由個人（年金）負責。

八、在中央或地方政府中應設置長期照護委員會，以利業務之推展：
英國在中央和地方成立長期照護推動委員會，而不成立專屬部門，因為如
果成立專屬部門，恐其他部門推卸責任，將難做到跨領域統籌之效。

結語

面對快速老化的人口結構，需要長期照顧的老人愈來愈多；隨著高齡
化社會的來到，老年人口愈來愈多；也隨著醫學的發達，老人長期慢性病
患也愈多。面對這一趨勢，日本老人福利政策早期大多直接移植歐美先進
國家，近年來則不斷檢討、修正，並且透過由家庭、雇主、志願團體與私
部門提供各種福利，而這一套獨特的福利混合體制，讓日本比起西方國家
的嬰兒死亡率更低，高齡者平均餘命更長，教育制度更有效率，社會問題
更少。日本式的福利意識型態對其社會政策的制定有重大的影響力，建構
日本型福利社會，結合公共市場與非正式部門的力量，以社區福利、社區
照護為基礎，並鼓勵國民參與，達成適合該國文化與社會需求的「福利社
會（welfare society）」建構，值得我們的借鑑。

第十一章　社區服務

前言

　　人類生活發展歷程，家庭是人們生活最重要的領域，而社區則是民眾公共生活中最基本的單元。在社會工作的學理上，社區工作是社會工作者用來協助社區組織起來，並運用自己的力量、資源去解決社區問題，以滿足社區的需要。在實務運作上，社區工作則是社會工作者用來協助社區從事社區發展與社區營造。近年來，隨著全球化的推動，為了避免社群的疏離現象，對於如何加強社區發展和社區照顧，十分關注和重視，而社區工作作為一種實踐的理論，正好提供所需的知識和技巧。

　　人口快速且大量的老化是目前已開發國家共同面臨的問題與趨勢，其所帶來的老人照顧問題更是一大衝擊，而社區照顧已成為老人照顧的主流，並採以家庭照顧為基石，亦即「在家老化」（aging in place）是一個人類期待安身立命的終老模式，而且也是頗具「人道主義」（humanitarianism）色彩的概念，相當適合運用在老人照顧工作上，所以政府推展社區照顧政策的原意不僅是利用各供給部門的服務輸送體系來協助老人留在社區中，更要幫助他們儘量留在原熟悉的居住地生活，使老人們的晚年仍能在自己熟悉的社區網絡被照顧、被支持，讓他們的「根」不會被拔除（uproot）或切斷，生活具有安全感和穩定感，甚至也不必因環境遷移而導致震撼性（traumatic）和負面的衝擊，進而帶來健康的不良結果，故要提高社區老人照顧的生活品質中，社會支持體系是不可或缺的條件（呂寶靜，2000）。因此，要以社區的老人照顧支持體系為焦點，探討社區支持體系的內涵、實務及政府的支持資源，便成為老人福利服務的重要課題。

壹、瑞典老人社區服務

瑞典是世界各國社會保險制度以及高齡者照顧的模範國家。早在 1960 年代，瑞典即已實施國民基本年金制度，加上其廣受矚目的高齡者療養制度、居家照護以及各種保障措施等，均影響著各國的高齡化社會福利政策。20 世紀 70 年代，西方福利國家面臨嚴重的財政危機，新保守主義思潮的興起為其提供了一解決方式，各國逐漸接受其思想，在保證公民基本社會福利的前提下，推行社會福利改革。為了彌補政府對弱勢群體照顧的不足，政府鼓勵社區照顧的發展。這一政策在減輕政府財政負擔的同時，也實現了個人自主精神的恢復。

「社區化」已經是高齡者照顧以及社會福利措施的趨勢。入高齡化的社會，高齡者的人口比例以及平均餘命持續升高，影響所及政府對於高齡者的醫療保健、居家照顧以及相關的社會福利支出也不斷的增加之中。政府過去對於高齡者的福利照顧，傳統上多重視高齡者的住宅政策、保健照護、居家服務以及生活環境的提昇等，然而隨著高齡者人口特性的改變以及需求的變化，已逐漸的擴及高齡者的社會參與以及教育文化的服務。

在地老化的概念最早起源於北歐國家，1960 年代，當時照顧老人都是以機構為主，例如護理之家或養護機構，但是老人在機構中，生活拘束又缺乏隱私，不夠人性化，因此興起回歸家庭與社區的想法。瑞典最早開始讓他們的老者回到家庭與社區中，把照顧的資源提供到家庭或社區中，按老人不同需求，提供不同服務。例如行動不便的獨居老人，就幫他購物；糖尿病又不方便上醫院的老人，就由護理人員到家裡幫他打針，因此大量減少機構的床位。在北歐國家實施後，得到很熱烈的迴響，目前所有老化國家，都朝這個目標努力。讓老人在家裡自然終老，最符合人性，不得已進機構只是最後訴求。1997 年，將「在地安養（aging in place）」這個新概念，結合了聯合國的「活力老化（active aging）」，成為「活力在地安養（active aging in place）」這個全新的主張。居民對社會服務現實需要的增長也是社區照顧興起的重要原因，「人越老，對故鄉、對家越依戀。」畢竟住在自己

家裡最舒服，很少有人願意住到安養院，因此蓋再多的安養院，也無法解決老人照顧問題。主要包括以下二點：

第一，養老需求的增長

社會中老年人相對和絕對數量的增加必然帶來養老需求的增長。一般而言，社會經濟的發展水準、城市化水準和人口老齡化雖然是相對獨立的不同過程，各自具有本身的特點和發展規律，但三者之間通常存在著密切的正相關係。西方發達國家經濟發展處於領先地位，城市化水準也高於其他國家，人口老齡化程度也較高。20 世紀 70 年代以後，西方發達國家陸續進入老齡化社會，老年人問題逐漸顯露出來，養老需求的增長使得原本不堪負重的社會保障制度更加捉襟見肘，客觀上要求更多的服務主體和更多的社會資源介入養老服務，推動了社區照顧的產生。

第二，居民需求更加全面、更加周到的社會服務

隨著社會進步，人們更加關注自身的生存狀況，要求更加全面、周到的社會服務。這種需要同樣應當體現在社會服務中。物質生活的改善使得人們對精神服務的需求越加強烈，自尊意識的增強使得人們對社會服務提出人性化的要求。單純依靠政府的財政支持，似乎難以滿足人們對社會服務的需求，因此其他組織提供社區照顧彌補政府福利制度上的不足就成為必然。

所謂社區照顧，是指整合全部社會資源。運用正規照顧網絡，為需要照顧人士在家庭或者社區中提供全面照顧，促成其正常人的生活。生活時社區中，需要照顧者除了可從社區獲得正規照顧外，還可以從社區獲得非正規照顧。院舍照顧通常難以滿足需要照顧者的心理需求，而這正是社區照顧的優勢所在。院舍照顧作為正規照顧，服務的提供依賴於專門機構對正式資源的運用，通常專門機構難以調動非正式資源參與院舍照顧。而社區照顧更強調社區居民的積極參與，透過社區意識的培養有效引導非正式資源介入需要照顧者的服務提供。

一般而言，照顧基本可以從四個不同層面進行界定：

1. 行動照顧：起居飲食的照顧、打掃居所、代為購物等。
2. 物質支援：提供衣物家具和現金、食物等。
3. 心理支持：問候、安慰、輔導等。
4. 整體關懷：留意生活環境、發動周圍資源以支援等。

同時，從照顧提供者的角度，可將照顧分為正規照顧和非正規照顧。正規照顧通常指由政府承擔及提供的照顧性服務，這些服務多由政府人員及專門工作人員提供。隨著民間組織和志願者團體的發展，其提供的服務也被納入正規照顧的範疇。非正規照顧是指由家人、親友或者鄰居基於情感和人倫上的因素及動力而提供的無償照顧。因此，社區照顧往往涉及行動、物質、心理和環境等各層面，涵蓋正規照顧和非正規照顧。只有如此，社區照顧才能滿足照顧人士多方面的服務需求。

推動的「在地老化」或「活力老化」，其實都是「成功老化」的概念，先近社會體認人口老化的嚴重性，積極規劃的老人福利措施，例如居家服務、居家護理、設立社區關懷據點及日間照顧中心，提出長期照護方案，就是希望達到讓老人成功老化的目標。尤其是站後嬰兒潮世代的老人，將是擁有良好教育、經濟相對富裕、自主意識高的老人，他們不願像過去老人一樣被鄙視；他們可能單身、離婚、失婚，對退休後的生活品質更加重視，如何滿足他們的需求，是一大挑戰。

貳、英國老人社區服務

福利國家是許多社會所追求的目標，英國是世界上最早實行社會保障制度的國家之一，「從搖籃到墳墓」成為受到矚目的成就。20 世紀 70 年代以來的經濟衰退，加速了英國社區照顧的發展。作為一種服務方法，社區照顧被運用於社會服務的各個領域，雖然政府、社會工作者等倡導社區照顧的初衷有所不同，但其指導思想卻是極為明確的。20 世紀 80 年代後，英國政府以社區照顧為主的福利哲學，嘗試減輕地方政府提供正規服務的壓

力，鼓勵非正規服務和私有化服務的發展。政策制定者認知到資源配置不佳的問題，故在 1988 年訂頒之 Griffiths Report 中就將「更有效的資源使用使最有需要者得到服務」列為政策目標。而個案管理的實施被視為是控制費用、增進效率的策略。爰此，社區照顧服務和個案管理制度的成效引起廣泛重視。1998 年，英國工黨領袖布萊爾（T. Blier）的精神導師安東尼‧吉登斯（A. Giddens）在其著作《第三條道路──社會民主主義的復興》中提出改革社會福利國家的新設想，建立「社會投資型國家」，建設一個「積極的福利社會」，並在風險和安全、個人責任和集體責任之間建立新的關係。「社會投資型國家」主要原則為國家將在任何可能的情況下透過教育和培訓的途徑投資於人力資本，而盡量不直接給予利益或提供經濟資助。對於社會福利問題，應當努力改變以往營造社會安全網的作法，透過積極推動「公民公共道德」發展，來盡量避免因一味依賴社會福利而導致的「道德公害」。同時，倡導社會樹立「積極福利」的觀念，透過培養個人對自己負責的精神和獨立意識，充分發揮各社會組織和機構的作用。在對福利國家進行反思的背景下，西方國家的福利政策發生了變遷，更注重發揮社會各方面在社會福利中的作用。在政府的積極推動下，社區照顧獲得了生存發展的空間。

　　重視需要照顧者，為其創造正常生活的自然環境，是社會各界的共識。明確的指導思想是社區照顧良性發展的重要條件。官辦民助是英國社區照顧的重要特點。社區照顧的資金主要來自政府，其人力也同樣打上政府為主的烙印。英國社區照顧基本上政府是其主導力量，社區居民在社區照顧中投入的資金很少，其主要是作為社會支持網絡為需要照顧者提供人性化的照顧。但隨著政府財政壓力的不斷增大，政府越來越難以為社區照顧提供足夠的資金。為此，英國政府已經嘗試把興辦社區照顧的權力下放，並適當增加稅收。

　　老年人罹患疾病之後往往需要較長的恢復期以回復其罹病之前的生活功能狀態，也因此衍生出不同於傳統醫療服務模式的照護需求。英國在進入 21世紀後以國家的力量推動「社區中期照護」（community intermediate care），

以嶄新的醫療服務模式，整合各種醫療服務資源，以回復老年病患最佳的身體功能及減少非必要的入院與入住機構為目標。中期照護的發展模式非常的廣泛，主要包含迅速反應小組、居家醫院、機構式復健、支持性出院、日間復健、社區醫院等，而社區醫院角色的強化更是發展的一大重點。

英國政府在過去的 20 年間大幅減少醫院內老年病患因無法出院的長住病房，藉由社區中期照護的架構，整合社區中的衛政與社政對於老人照護的資源，打破英國以往的醫療服務模式，讓急性醫院的老年醫學專科醫師直接與社區照護團隊連結，以周全性老人評估作為擬定治療計畫的主要工具，配合病患的需求整合提供適切的治療，在不超過 6 週的時間內，回復其日常生活功能。

「社區中期照護」是老人健康照護體系一個嶄新的作為，是一種健康照護模式，目的在幫助病患由疾病期過渡至恢復期、預防原本可在家中照顧其慢性功能缺損的病患變成為需要入住機構，或是協助末期病患盡量在生命末期維持一個盡可能的舒適狀態。主要是透過各種可行且具備積極治療意義的住院替代方案，讓病患在急性疾病出院之後依然具有適當的治療，以回復其最佳的健康狀況，這樣的健康照護對於老年人尤其重要。社區中期照護是一些服務的組合，主要設計來協助病患由醫院平安返家，使其由醫療上的自主到功能上的自主。照護的首要目標不一定完全是醫療，但病患必須具有出院的可能且臨床上照顧結果是有可能進步的。由於老年人在健康與疾病上的特殊性，急性疾病緩解之後往往需要一段復原的過程，針對急性疾病期間因為疾病治療或是臥床所產生的身體功能退化，老年病患需要針對身體功能復健、營養狀況調整與認知功能回復建立一個整合性的社區健康照護服務。該照護的服務並不需要動用大型綜合醫院的資源，但卻可能超過傳統基層醫師的處理範圍，其服務內容可包括「替代性治療」與「多重需要病患的照顧」，此方案是為英國「老年人國家健康服務架構」的重要基本要點之一。認為老年人健康照護服務有：排除年齡歧視，以病人為中心，中期照護，急性照護，腦中風，跌倒，老年人心智健康，老年人的健康促進與失能預防。

　　社區中期照護包含以下三項目標：1.能處理或避免健康上的危機發生，2.在急性醫院治療後從事積極復健治療，3.在考慮進入長期照護的個案均必須考慮中期照護。該照護服務能提供一個核心的團隊，包括基層家庭醫師、醫院醫師、護理人員、物理治療師、職能治療師、語言治療師與社工，輔以充分的照顧服務員及行政人員協助。由於，老年人在罹患急性疾病後最佳的後續照顧場所取決於主要的治療目標，單一照護場所未見得是最好的選擇。因此，中期照護以各種健康照護服務模式的組合，以「盡量靠近家的照護」（care closer to home）為概念，提供整合性的健康照護，而主要的達成方法是透過醫療服務的延伸與以社區為基礎的整合。

　　社區中期照護的兩大主要目標是「促進自主」與「預防不必要住院」，並經由提供嶄新且完整的服務架構，包括醫院、社區醫院、照護機構與社區式照顧來達成目標。不過，中期照護並沒有一個制式的服務模式，而是依據病患的需求組合各種照顧服務資源，進而達到促進最大身心功能回復與減少住院。另外一個重要的目的，是讓病患透過這樣的服務避免從急性醫院出院後，便因為無法自理生活而入住安養護機構，而是必須在出院前便妥善安排積極的身體功能回復治療，以便重新回到獨立自主生活的狀況。社區中期照護自發展以來，各種模式都不斷的在發展中，而其中一項最重要的便是社區醫院的轉型。在社區健康照護的部分，中期照護在概念上亦具有相當大的轉變，建立「step down」健康照護機構與「step up」社區的照護功能被認為具有同等的重要性，也拉近了社政與衛政之間的距離。

　　社區照護使得在民眾家中提供密集的治療服務，包括一般在基層醫療院所才能提供的檢查與治療，且嚴重度尚無須到急性綜合醫院才能治療，如此一來除可減少病患的住院，也可提供住院病患連結出院的後續治療服務。另一方面，也可針對術後病患提供如同醫院病房的各項治療，提供病患可以在家恢復的機會。與急性綜合醫院的差異在於期中照護的作為，促進社區醫院以收治醫療狀況較為穩定，但具有多重醫療照護需求的病患為主，為病患提供各項治療服務，主要是主動式的身體功能回復為主，輔以其他相關醫療與護理治療。英國「老年人國家健康服務架構」中由政府大

力推動中期照護，最主要的成果來自於現實需求的驅使。由於過去的醫療體系以疾病為導向在診治病患，對於老年人並無法面面俱到，加上醫療體系對於孱弱老人更是欠缺整體性的治療措施，所以促使推動這個計畫。

參、美國老人社區服務

對於多數生理機能較好的高齡者，社區服務的功能宜強化提昇生理功能與生活品質，重點在於預防老化與促進生理健康。在經濟生活品質方面，對於社會安全制度尚未建立完善，大部分人得靠自己準備充足的養老金，長留職場才能使老年無虞，強迫退休造成依賴人口增加與生產力降低，對國家的經濟競爭力反而可能有負面影響。而中高年人重視紀律，講究細節，工作認真負責，且 50 歲以上的社會中堅分子因子女已經長大，比青壯年更無後顧之憂，如果延後退休衝刺事業第二春，對企業、個人和社會都三贏。社區照顧的終極目標是努力促成需要照顧者留在社區內，盡可能保障其過正常人的生活。英國制定的社區照顧政策指出，社區照顧的目標是盡量維持需要照顧者在社區或其自然生活環境內的獨立生活，直至其必須接受院舍照顧。

美國勞工部（The United States Department of Labor）依據「美國老人法」（Older Americans Act）編列經費及所實施的「老人社區服務就業計畫」（Senior Community Service Employment Program, SCSEP），將 55 歲及以上的低收入者、不易就業者等安排參加社區服務工作，一方面使這些人在經濟上能自給自足，一方面藉由計畫參與的過程協助其過渡至無須政府補助的就業僱用。每年約可提供 6 萬個部分工時之工作機會，參與者每週薪資約為 135 美元。受補助單位所提供之工作內容主要為社會、衛生、福利與教育服務等面向，包括一般事務工作、廚師、日間照顧協助、家庭健康照顧、居家清理、保母、警衛、法律協助、稅務協助、財務諮詢、圖書館、娛樂、保存、維護與恢復自然資源、社區美化、抗污染與環境品質工作、改善氣候變遷工作、及經濟發展等。

為使參與者能朝向經濟上能自給自足的目標，受補助單位需積極開拓無須政府經費補助之就業機會，包括直接與私營或公營雇主聯絡，或透過 one-stop center 找出適當的無補助就業機會，甚至可包括受補助單位內的無補助就業。

一、就業服務項目

1. 提供 SCSEP 的相關資訊：包括計畫目標與目的、社區服務工作內容、訓練機會、支援性服務、免費身體檢查、參與者的權利與職責、允許及限制的政治活動等資料。
2. 訂定及重新評估參與者：依據參與者工作史、技能與興趣、才能、身體狀況、職業喜好、訓練需求等訂定。
3. 至少每年確認參與者的收入資格一次。
4. 持續提供就業諮詢服務以協助達成 IEP 的目標。
5. 協助參加職業訓練。
6. 工作指派與工作地點的安排：安排參與者參加其居住社區或鄰近社區中的社區服務工作，並確保工作地點為安全與健康的工作環境。
7. 提供薪資與附加福利。
8. 為協助參與者成功參與 SCSEP 所提供或安排支援性服務：包括支付交通、健康照護與醫療服務、與職務相關或個人諮商、工作鞋、標誌、制服、眼鏡與工具等雜項、孩童與成人照護、暫時住處與追蹤服務的合理費用等。
9. 就業追蹤。

二、職業訓練項目

1. 訓練內容：提供或安排參加社區服務指派所需的特定訓練。訓練之安排應切合實際，並注意與參與者個人就業計畫一致，及能最有效運用其技能與才能的技能訓練。
2. 訓練時機：需在安置於社區服務前與後提供訓練。

3. 訓練方式：可以講義、講習會、課堂說明、個人指導、職務經驗等形式辦理，其中職務經驗之訓練應列為訓練之重點項目。此外並鼓勵參與者於未指派參加社區服務活動的時間，參加其他自我發展的訓練。

4. 結合資源提供訓練：可經由地方上可用的資源及援助，以無須費用或降低費用的方式取得訓練。

5. 支付實施訓練計畫時所需之費用。

6. 辦理私營領域訓練計畫，增加參與者選擇的機會。

在每個計畫年度開始前，勞工部會與每個受補助單位，就所提計畫內容每個量度進行協商並設定評估標準值。受補助單位可於計畫年度開始前及計畫年度中申請調整評估標準值，但只有在執行計畫的區域內有高比例的失業、貧窮或接受福利補助者、有明顯的經濟衰退等情況才可以申請調整。

肆、先進社會老人社區服務的啟示

「在地老化」（Aging in place），並非表示老人留住社區就可以得到適切之照顧服務；只要是不違反老人意願之長照服務，是否「在地」或「非在地」，就成為次要了。借鑑先進社會的社區照顧或社區服務的規劃及實踐，將「社區」之範圍擴大為公共議題（Public issue）來界定；考量以「事緣社區」（Affair community）：就特定公共議題，依一定程序確認，經由居民共識所認定之空間及社群範圍。來取代過去僅以政府管轄權為考量所認定、具備行政特性之「地緣社區」，以更符合社區居民之實際需求（蘇麗瓊、田基武，2004）。日本政府自 2006 年起，就把設置在各地之「老人介護支援中心」改設為「區域整合介護支援中心」，以求落實介護保險政策之推動。同樣的，我國政府應將在各地設置之「衛生所」、「長期照護管理中心」、「居家服務支援中心」、「老人福利服務中心」、「社區照顧關懷據點」、「居家照顧據點」等單位，全部整合成各地區單一之「長期照顧管理中心」，在長照服務、復健、醫療、照護預防上多方盡力，以避免另置「老人長照服務據點」之人力重複與經費浪費。事緣社區在提供與推動各項社會服務措施應

較能符合社區居民之需求；有助於居住在不同區域老人們之不同照顧問題
與需求，自是會期待能提供有不同之照顧服務與資源可供運用。

　　社區照顧並不單純強調社區居民的積極參與，也注重政府、專業機構、
社區居民的相互配合，最終形成為需要照顧者提供全面性服務的服務體
系。為了有效動員社區居民參與由社區照顧，必須建立社會支持網絡。社
會支持網絡是指能夠為個人提供支持的人與人之間的特定聯繫。社區居民
在日常生活中可與家人、親友鄰居甚至志願者之間形成親密的聯繫，親近
社會支持網絡的行程。雖然社會支持網絡屬於非正規的社會支持，卻通常
被視為解決個人和社區問題的有效方法。一般而言，個人遇到問題的第一
個反應是尋求家人、親友等關係親密的人幫助，因此社會支持網絡是補足
正規照顧的一種有效支持模式。

　　從實施的角度對社區進行分類剖析，一般而言，可將社區照顧分類為
「在社區內獲得照顧」和「由社區提供必要照顧」。

一、在社區內獲得照顧

　　社區內照顧是指需要照顧者在社區內小型服務機構或者住所中，獲得
專業工作人員的照顧，屬於正規照顧的範疇。其旨在去除院舍照顧的不足，
將原本由院舍提供的專業服務轉向社區提供，改善需要照顧者的生活環
境。一般而言，院舍照顧在正規照顧中居於主導地位，其原因有：一是大
部分居民認為只有專業人士才能夠為需要照顧者，尤其是病人提供良好的
照顧；二是在資源有限的情況下，人們選擇經濟效益原則作為正規照顧的
指導原則。為了滿足大量的需要照顧者，實現有限資源的效用最大化，規
模效應使得大型院舍的建立成為最佳選擇。其可統一管理、服務，為需要
照顧者提供相當水準的服務。然集體照顧的必然結果是忽視了需要照顧者
的個性需要，且大型院舍一般都遠離社區，需要照顧者會被迫離開熟悉的
社區。與院舍照顧不同，社區內照顧以需要照顧者的利益為著眼點，強調
在社區內為需要照顧者提供全面性的服務。一般而言，院舍照顧轉向社區
照顧的方法有：1.把遠離社區的大型院舍搬回社區。2.把社區內的大型院舍

改建為小型院舍。3.強化和充實社區原有的正規照顧。社區照顧不能不考慮資源的有限性問題，只是不把經濟效益放在首位而已。因此，協調需要照顧者的個性化需要和資源有限性之間的矛盾，也是社區照顧面臨的問題。

二、由社區提供必要照顧

由社區照顧是指社區內的人士，如家人、親友、鄰居、志願者等，為需要照顧者提供的照顧。需要照顧者也可以為他人提供照顧。社區照顧屬於非正規照顧，由於社區居民信賴專家的傾向，因而推動由社區照顧的發展並非易事。因此，需要對社區居民進行社區照顧的培訓，使其掌握社區照顧的知識和基本技能、技巧。同時，社區居民其自身財力有限，政府應當為其參與非正規照顧提供一定的支持。社區居民尤其是需要照顧者參與非正規照顧可以提高其對院舍照顧的評估能力，促進專業人士提昇服務水準和質量，從而實現非正規照顧和正規照顧的良性互動。

一般而言，圍繞需要照顧者應當形成以下幾種社會支持網絡：

一、建置專業服務

社區照顧的實施在很大程度上依賴於專業人員的參與。因此，發動社區居民參與社區照顧就成為社會工作者的重要工作。社會工作者應當制定相關的召募計畫、培訓計畫、激勵計畫。建立專業網絡，是要求需要照顧者強化其現存人際關係，並注意發展其生活環境中可能為其提供支持的成員關係。透過完善的個人網絡，需要照顧者可以從中獲得更多支持。在發展個人網絡時，應當注重二類型網絡的建立：一是自願聯結網絡，即在需要照顧者和可以提供一定照顧人士之間建立一對一的相對固定的服務關係。透過服務對象和服務主體的配對，服務對象能夠實現社會資源的優化配置。二是鄰里援助網絡，即強化需要照顧者和其鄰里的援助關係。透過鄰里互動形成一個有效的鄰里援助網絡系統，幫助社區中孤立無援的需要照顧者。社會應當有意識把社區中大大小小的鄰里援助網絡聯繫在一起，形成一個規模更大、支持力度更強的社會支持網絡。

二、形成互助網絡

　　社區照顧的首要目標就是要為需要照顧者融入社區提供各種便利，使其能夠形成自己的生活方式，建立自己的社交關係。互助網絡是把具有相同問題的需要照顧者組成互助小組，建立其之間的聯繫，使其能夠以自助助人的方式相互支持。社區互助聯絡旨在強化社區和社會的聯繫，樹立良好的社區形象，獲得社會人士對社區照顧的長期資助和支持。因此，其是社區的重要公關活動。一般而言，社區聯絡可以使社區照顧獲得較為穩定的物質資源，其與個人網絡強調社區居民為需要照顧者提供支持不同，互助網絡強調需要照顧者的互助。互助網絡有助於需要照顧者獨立生活能力的提高，促成其過正常人的生活。

三、培養參與意識

　　為有針對性地幫助需要照顧者，必須了解其實際困難和需求。因此，社區照顧應當有意識地培養需要照顧者的參與意識，鼓勵其表達自己的需要並對社區照顧提出自己的意見和建議。關懷社區的建立需要全體居民的參與，尤其是加強需要照顧者與親友、鄰居和社區服務機構的聯繫。參與社區照顧的各類人士包括專門中工作人員都需要一定的社區照顧培訓。非專業人士的培訓主要是為了掌握一定的社區照顧和知識技巧，專門工作人員的培訓則主要是為了掌握社區照顧的最新發展動態和新的服務技巧，需要照顧者的培訓是為了加強對自身的了解進而積極配合社區照顧工作。只有形成互助互愛的社區關係，形成以人為本的社區文化，才能有效調動非正規資源為需要照顧者提供服務。

四、建立夥伴關係

　　社區照顧的目的在於保證需要照顧人士在社區過正常人的生活。因此，首先應當使包括需要照顧者在內的全體社區居民意識到：需要照顧者是正常人。社會工作者可以根據社區居民的實際情況展開社區教育，常用

的方法包括：展開社區照顧宣傳、舉辦社區照顧講座、與同需要照顧者密切接觸的人士進行座談等。社區照顧本身也是社區教育，社區教育往往寓於其他社區照顧技巧之中。社區照顧涵蓋正規和非正規照顧，因此，在建立關懷社區過程中，政府與社區之間應當相互配合，形成夥伴關係。政府給予社區必要的財政及政策支持，社區利用自身優勢調動非正規資源分擔政府的社會責任，透過政府與社區的合作為需要照顧者提供良好的服務。

五、緊急支援網絡

建立緊急支援網絡的目的在於幫助個人或者家庭預防突發事件。理想的支援服務，應配合警方、社區中心、居民組織、地方社團等經常活動，建立熱線或者緊急支援服務系統，力求為居民提供即時的幫助和支援服務。

六、建制社會立法

隨著社區照顧的發展，一些比較成熟的經驗和做法，應當透過社會立法予以確認。借助社會立法，可以鞏固社區照顧的成果，推動社區照顧不斷發展。因此，社會工作者應當在適當的時機利用相關社會資源提出立法建議。

結語

老化（aging）是一種挑戰，大量銀髮族湧現，如何去照顧這麼多老人，不論是個人或社會，都面臨全新挑戰。聯合國及世界衛生組織早在 80 年代就提出「活力老化（active aging）」新主張，意思是老了之後，要有活力地自然老化。除了聯合國的活力老化新主張之外，「aging in place（在地安養）」這個新的概念，已經成為世界最先進國家面對老化的新趨勢。在地老化是

指用在地的資源照顧老人，讓老人在自己熟悉的地方自然老化，不要因為老了就必須被迫搬離家園。

　　20 世紀 50 年代初期，西方社會開始關注孤兒院、老人院、精神病院等院舍照顧的非人性化後果，反院舍化運動倡議在社區內而不是在院舍內為服務對象提供舒適的服務。院舍照顧在一定程度上彌補了家庭結構因工業化而遭到削弱的消極後果。隨著時間的推移，人們認識到院舍照顧存在諸多不足，甚至影響居住其中接受照顧的弱勢族群的身心健康。生活於院舍中的弱勢族群，通常被院舍的工作人員甚至社會上的其他人有意無意地視為「弱者」，認為其需要幫助，卻很少關注其自主選擇的權利。接受長期機構照顧的人喪失了自立能力，變得過分順從，過分依賴工作人員的指導和建議，甚至是日常生活小事也如此。長期的院舍生活使其或多或少喪失了「自我」，放棄了選擇自由生活的權利。相對於院舍化而言，正常化肯定了需要照顧人士的個人權利，按照一定社會的文化和社會價值，過盡可能正常的生活。院舍化和官僚化的存在導致生活在院舍中的需要照顧人士被迫過著「非正常化」的生活，過度的保護反而剝奪其選擇自由生活的權利。福利社區化的發展本質具有社區組織的脈絡，社區本身的滋養與民眾的自覺為重要的因素，屬於政府、學者、社會福利機構、基層行政人員之間的流動，在社區充權、自助、夥伴關係，共同結合開展。正常化概念對社區照顧的專家和工作人員產生了深遠的影響，從而推動了社區照顧的產生和發展。要獲得正常化的環境，就是讓需要照顧者回歸社區，借助社區照顧，以提昇高齡者的生活品質。

第十二章　居家服務

前言

　　老人居家服務是指對年滿 65 歲以上身心受損致日常生活功能需他人協助之居家老人（含獨居老人），提供適當服務以維護其生活安全，積極照顧其居家生活品質。英、美、加、日等國規劃長期照顧之前提是：除非必要，對老人之照顧應以在自家為主；因為居家服務之收費較低廉，老人所接受到之照顧時間與方式，較易有個別化內涵。相較之下，養護之家、安養中心等長期照顧機構在營運策略上較強調「醫療設施」、「照護設備」與「服務效能」，往往欠缺「居家環境與氛圍」，以致老人通常不容易或需花很長時間去適應機構生活。因此，近年來以回歸社會為導向的「社區化」興起，強調以「社區或家庭」來照顧高齡者，其中以居家照護（home care）被認為不只是使患者獲得較人性的照顧，且可有效的減少住院所需之醫療費用。在居家的環境之中，個案在自己熟悉的環境之中，在人際關係與家人的關係都能繼續維持及發展，在家庭的環境之中適當的運用相關科技輔具以及環境的改造，可以幫助個案在家庭之中繼續扮演其原來的角色。

　　在大多數的工業化國家裡，「在地老化」是近年來老人長期照護政策的目標，為落實此一目標，福利先進社會開始重視社區與居家服務的發展，透過各項服務方案，以增加需要照顧的老人留在社區內生活，藉以提昇生活品質。

壹、英國老人居家服務

英國自 1960 年代開始發展社區式服務，社區服務的效率（efficiency）和有效性（effectiveness）之議題受到重視。是以，1989 年白皮書「照顧人民（Caring for People）」開宗明義的指出：社區照顧意味提供給因年老、心理疾病、心理或身體障礙以及感覺機能障礙問題所困者服務以支持。讓他們在自己的家或社區之「家庭似的（homely）」環境下過著獨立的生活。換言之，即提供適當程度的干預與支持，使人們獲得最大的自主性掌握自己的生活。身心障礙者以及老人在社區生活，增加對外界生活經驗、訊息接收以及角色的扮演，同時可以減少住在機構所造成的功能以及人際關係的退縮，提昇生活品質，同時也維繫家庭的正常功能。

在老人照顧方面，社區照顧政策的主要目標是在促使老人盡可能留在社區內維持獨立的生活。更詳盡來說，社區照護有助於：第一，增進失能老人的福祉與獨立；第二，改善案主與照護者的生活品質；第三，避免貿然或不當的機構式照護。為達成此目標，優先辦理的項目有居家服務的提供，以及一些能延緩和預防進住醫院和住宿機構的措施。英國居家服務的方案，除一般所具備的：餐食服務（含集體用餐及送餐服務）、日間照護、喘息照顧、照顧者支持服務、個案管理、居家服務（含居家服務和家事服務）、寄養家庭、住宅修繕、住宅淨值轉換及居家分租或分住等。在英國 1999 年皇家委員會所倡議的「With Respect to Old Age: Long Term Care-Rights and Responsibilities」報告中指出：居家服務宜朝向（一）密集式的居家支持（Intensive Home Support）；（二）共同居住照顧（Co-Residence Care）；（三）庇護性住宅（Very Sheltered Housing）；以及（四）輔助器材（Assistive Technology）。是以尚包括護理、精神護理、廣泛的治療、足治療、餐食供給、陪伴服務、購物、社區救援系統及日間照護等。

居家服務的定義和服務內容：居家照護服務（home care）包括所有專業人員、半專業人員及志願服務人員，在受照顧者家中所提供的服務，大致上可分類為包括居家健康照顧（home health care）和家務協助（home making）服務。有些居家服務係被視為是急性住院、基本健康照顧和復健的一種較有效率的替代方式；另一方面的功能係在協助個人盡可能「在社區內生活」，則其服務的項目包括：個人照顧（personal care），如個人照護、家務服務及雜務服務等。居家服務的功能也各異其趣，包括：（一）醫療診斷和功能評量；（二）健康照顧治療及食療的監督；（三）健康教育；（四）家庭照顧者之訓練和督導；（五）在特定期間或無限的時間提供個人照顧和家務服務；以及（六）臨終照顧（terminal care）。

　　居家照護服務的目的：居家照護的直接受益者是老人，老人能夠繼續留在自己的社區生活，享受家庭的溫暖，避免機構照顧受到非人性照顧的對待。間接受益者自然是照護老人的家屬。居家照護可減低子女無法照顧老人父母之歉疚感，維持家庭之正常功能，抒解照顧者的壓力與負荷，以及增進照顧者的生活選擇機會，例如婦女維持就業、休閒活動，而舒緩照顧的壓力；另外，對於家人與老人關係的品質、老人的尊嚴之維持也有幫助。國際居家照護服務協會指出居家照護服務的優點有下列三項：（一）提高醫院病床的使用率，（二）促進婦女的就業，以及（三）保障老人的生活品質。

貳、日本老人居家服務

　　日本目前 65 歲以上高齡需接受介護服務者約 352 萬，其中接受「居家介護服務」之被保險者約 201 萬人，而接受所謂「設施介護」服務者則約 71 萬。隨著日本高齡人口急速增長，以及保險制度以「需照顧程度」，而非收入高低認定，因此吸引大量民間投資介入老人照顧市場。日本高齡社會對策的最高指導原則為：第一，重視高齡者的自立、參與及選擇權；第二，尊重地域自主性；第三，為達到個人的自立及家庭的健全，重視國民從幼兒迄高齡期各人生階段的生涯規劃；第四，注重所推動的各項對策的效果，社會資源的最適運用，重視重點化、效率化，設法抑制將來國民的負擔，世代間的負擔要公平；第五，重視執行機關相互間的協調整合，緊密聯結，

同心協力；第六，醫療、福利、資訊等相關科學技術的活用；第七，各項對高齡者的服務措施均以高齡者的方便性為主要考慮。基於重視高齡者的自立、參與，減少社會對高齡者的負擔，使高齡者仍能對社會產生貢獻，不但對高齡者的工作權加以保障（如，高速路收費員係保障給銀髮族），且鼓勵補助民間老人成立各種組織，辦理與高齡者相關的活動，如各種健身之教育及活動、旅遊，擔任義工，照顧社區內之老人等，例如上述民間團體，即辦了許多活動。

日本對高齡者，即使在身心障礙的情形下，仍以協助其可在家自行持續生活為其基本原則，故其對高齡者之保健、醫療及福利服務，莫不均以此為考慮。考量老人獨居或僅與配偶同居的比例均在明顯增加，同時高齡者的行動力通常較受限，故對高齡者建立「服務到家」的網絡，如與衛生所、醫院、社工人員等等之聯繫網絡之建立，均值得考慮。又日本對臥床老人提供每月一次之免費理髮，免費輔具輪椅之出借，提供紙尿布，被服之洗滌乾燥，協助臥床老人洗澡，補助老人配戴老人性白內障特殊眼鏡及購買助聽器等，補助或貸款老人住宅之修繕，以避免意外之發生等均是很體貼的對高齡者，特別是臥床老人之服務，對獨居老人之火災安全系統，緊急通報器之配置，友愛電話訪問，每日問安電話，租借電話並補助其電話費，餐食服務，被服之洗滌及乾燥等均很貼心。

日本面臨相同的人口快速高齡化、子女數減少、家庭對老人照護功能減弱等之情況，老人居家服務服務內容如下：

表 12-1　日本老人居家服務

運作類型	主要內容
家事服務	環境清潔、洗補衣物、個人清潔服務、陪同購物、協助領取物品或金錢、代繳各項費用、家事指導及臨時替代性服務。
文書服務	協助申請各項社會福利措施、健保卡換發、代寫書信及聯絡親友等。
醫療服務	簡易復健活動、陪同就醫、代領藥品及保健服務（量血壓）、辦理入出院手續、提醒服藥、協助使用日常生活輔助器材等。
休閒服務	陪同案主散步、閱讀、聽音樂及參加團體戶外休閒活動等。

精神支持	關懷、情緒支持及電話問安等。組訓高齡者推動健康維護及培養生命意義之各種活動，鼓勵高齡者參與，而使高齡者繼續貢獻家庭社會而非負擔。
保健預防	為減少高齡者因各種原因導致長期失能，無法自立而成為家庭社會長期負擔，日本所實施之「零臥床老人」計畫。例如：補助或貸款供修繕房子，以避免老人因意外跌倒碰撞而致失能。
復健協助	對於失能者之復健，日本亦設有社區之復健訓練巴士，接送失能者至復健中心做復健。開發社區失能者復健系統，對個案及其家庭帶來莫大幫助。
介護照顧	日本在 1997 年頒布所謂「介護保險法」，並實施長期照顧保險制度（Public long-term care insurance）；以政府擔任保險公司角色，讓整體醫療照護產業大步邁開。該保險法保險對象以 40 歲以上國民為限，包括 40 至 64 歲參加保險；保險給付者主要則以生理老化需照顧者，以及 65 歲以上需照顧與支持的老年人。該保險制度結合在宅服務與機構服務雙軌進行，以居家訪視照顧、護理、復健、福祉用品出租、失智老人社區或機構日常生活照顧、購買福祉用具補助，以及居家生活環境改造津貼為具體項目。

（資料來源：作者整理）

　　自 1997 年「介護保險法」實施以來，儘管 1999 年老人醫療費用占國民全體醫療費用的比例仍然達 38%；不過比起先前老人醫療費用年增率高達 10.5%的情況，國民整體費用成長漸漸受到控制。因此，以預防保健、輔助醫療為主軸的「老人介護保險」政策，不但提高了老人們的生活品質，對於抑制醫療支出膨脹效果亦相當明顯。

　　為協助因身心受損致日常生活功能需他人協助之老人得到所需之持續性照顧，地方政府應提供或結合民間資源提供下列居家服務：居家護理，居家照顧，家務服務，友善訪視，電話問安，餐飲服務，居家環境改善，其他相關之居家服務。所謂的居家照顧，就是讓符合條件的老人仍然住在家中的一種服務措施，是間歇性的，長期照顧就是連接性的。長期看護分為兩種，一種仍然住在家中，聘請看護前來個別照護，另外一種是到安養院等等的集中看護，至於國內外有哪個單位對於居家照護這項服務較具有心得，因為這是由政府主辦也有民間協辦，成果見仁見智，也可能涉及廣告行為，恕不在版面上回答。居家照顧是政府服務民眾的便民德政，其協辦的民間團體有營利行為的才是一種產業。

參、芬蘭老人居家服務

　　芬蘭，這個全世界老人福利受到高度肯定的國家，他們對待老人，不是集中在安養中心給予溫飽而已，而是讓他們能夠選擇待在社區型的公寓裡獨立自主，在自己喜愛、熟悉的環境終老。芬蘭的老年人，並非只有待在家裡以及安養機構這兩種選擇，他們是讓老人家可以待在政府出資所蓋的公寓，在這裡，不只提供完善的服務，更重要的是，讓老人也能獨立自主。為了確保獨居老人的健康安全，社區健康中心的居家服務護士都會定期到老人家中訪視，評估老人家的健康狀況，並給予用藥建議。

　　隨著社會生活型態的變化，獨居老人家庭也逐漸增多。隨著人口老齡化的加劇和生活水平的提高，老年人需求呈現多樣性的特點。照顧本身是一個連續體，對照顧的連續性依照受照顧者是睡在家中、機構、或是收容所，將照顧情境區分為：

　　第一，機構內的照顧（care in home）：這是指機構式的居宿照顧，無論是獨自坐落於鄉村的機構或是市中心的機構，如醫院內附屬護理之家。

　　第二，來自機構的照顧（care from home）：以機構為中心的照顧服務，例如醫院，但住在家裡的人亦可利用，有需求者通常利用該機構接受服務，而後返家。例如：老人或精神病院的日間照顧。

　　第三，居家照顧（care at home）：是指在自己家中接受照顧，這種照顧可能是非正式的，也可能是正式的社會服務所提供。在各類的福利需求之中，身心功能障礙者的照顧最為沉重，而在老年人口之中，衰老和慢性疾病而導致身心機能障礙，隨年紀增長而急遽增加，因此對於長期照護的需求正急遽增加。

　　第四，長期照護是針對不同年齡層因患有慢性疾病，或慢性狀況（chronic illness or condition）而喪失獨立能力，所需要之綜合性服務，例如：醫療，社會福利，生活照護等等。個案功能獨立程度以及生理狀況往往會決定個案要安置在哪一個照護地點。而生理況狀佳，功能獨立，社會互動技巧不錯的個案適合安排以家庭為照護地點的服務，如：日間照護，

社區文康機構。相反的若是個案的日常生活功能相當依賴他人照護，同時需要接受醫療專業的服務以維持剩餘功能或是保護，期免除危害生命之併發症為目標的個案，就比較適合安置在護理之家，或是養護機構之中。在護理之家或是安養機構之中護理人員 24 小時值班提供技術性與非技術性服務，並且定期的有特約醫師及醫療人員提供服務。

老人家抵抗力比較差，環境的清潔更顯重要，而這個重責大任，就由穿著綠色制服的服務員負責，而穿紅色衣服的護士，一週會到老人家裡好幾次，協助指導老人家的用藥和處理突發狀況。此外，在鄉村健康中心，還設有中央廚房，供應社區老人餐點，確保老人家能吃得衛生又營養。還會不定期舉辦各種活動，讓老人家生活過得很充實。

這些服務當然為國家帶來沉重的負擔，不過長期以來，芬蘭人有習慣幫忙與獨立自主的文化，所以像是教會，每年都會發動長達三個月的全國大募款，老人也會上街頭幫忙。和別的國家的募款活動相比，芬蘭不但規模大，還發揮創意，設計許多精美實用的募款禮物吸引民眾參與，成為社會共識，而且成果人民看得到、也用得到。從芬蘭經驗可以看見，只要政府有心、社會有共識，在不威脅國家財政的情況下，有品質的老人居家照顧一樣做得到。社區關懷體系基本是由社政專業人員、警察、牧師和一種稱為執事的幹部一起組成。非常看重彼此的關係。為了培養高素質的照顧人員，挪威、芬蘭等國都設有執事大學，從招生就非常重視找到合適的人。訓練要讓照顧者即使年輕，就因為專業訓練而具有觀察評估、創意應對的信心和能力。

由於老年人需求觀察，舉凡行動、安全、健康、生活起居乃至於休閒娛樂皆是市場契機所在；如何透過科技整合提供使用者一完整服務架構，將是未來發展照顧服務產業必須的著力點。目前，全球已經有 25 個國家，結合醫療院所、藥局及保險公司，架構資訊醫療服務系統。而就具備醫療內涵的居家服務趨勢觀察，醫院內醫療人員可隨時監控病患生理狀況，緊急處理緊急狀況，一般病患也可經由網路與醫院連線在家中就診，不必出門即可獲得醫療照顧。舉例來說，在緊急醫療服務方面，可區分為「需要

醫療協助」以及「無須醫療協助」兩種模式。前者主要應用情境在於，具有心血管或是糖尿病史的年長者，隨身佩帶內含感測器與智慧晶片監測設備，在監測器測知某項生理機能出現異常時，能先通知年長者本身和醫院取得聯繫。而在病情危急，年長者無法經由意識與醫院取得聯繫時，此時監測設備內部晶片便會啟動藍芽或是其他無線裝置連接至手機，自動送出求救訊號通知醫院，派出醫護人員立即處理。監測設備內部晶片除了可偵測異常狀況外，還可將過去一段期間內生理資料記錄下來，一併傳輸至醫院監視系統，提供醫師更及時與完整的診斷依據。至於無須醫療協助模式，則是所謂遠距居家照顧，係針對不需住院治療但仍必須持續性醫療照顧病患，醫院需要對病患進行持續追蹤，卻不需病患回診。位在服務端的醫院人員，即可利用 e 化系統找出異常的檢測數據，發揮高效率反應能力，同時醫護人員也可在網站上獲取病患即時、連續性資料加以判讀。該項計畫從系統到終端，等於是建構了一套結合居家和醫院資源的虛擬資訊流，這項計畫也是芬蘭國家專案計畫之一；芬蘭過去針對國際合作對象進行了各項調查，目的在運用芬蘭 IT 及通訊成功研發與市場化經驗，將 IT 遠端醫療及居家看護系統等高新科技，應用於當地老人福祉產品整合開發。該中心軟硬體設施將兼具健康福利設備研發、企業辦公室，以及導入「芬蘭型福利」高齡者福利服務等功能。

肆、大陸老人居家服務

大陸受到改革開放的影響，社會快速的崛起，然而由於幅員廣袤，各地發展程度不一，社會制度的推行，有時自部分地區的試點先行作為，視方案成熟再行全面推展。辦理老人居家服務，以福建省廈門市為例，先行以居家養老區街（鎮）級服務試點社區。居家養老服務是政府和社會依托社區，為老年人提供生活料理、康復護理、家政服務、精神慰藉、文化娛樂等五個方面於一體的新型養老方式。民政部門建議提供的居家養老，主要涵蓋日托護理、康復護理、訂餐送餐、代買代購、上門醫療服務、精神慰藉、家政服務、法律諮詢、文化娛樂、臨終關懷等 10 項內容。以吃飯為

例，老人只要打一個電話，就有專人幫助訂餐送餐，而且盡量做到營養均衡，搭配合理。老人們也不用擔心家務沒人協助，家政服務人員會定期上門打掃，清潔衛生。如果老人患病在家，可以訂購康復護理服務，醫護人員會定期上門進行康復治療。平時，還會有醫護人員上門送醫送藥。另外，日托護理則顯得更加貼心。其白天可實現托老所式服務，有專業性的生活照料，晚上再將老人送回家裡。在試點的基礎上，今後將逐步建立政府購買居家養老服務體系，以有償服務為主，政府買單為輔。其中，將主要關注城鎮「三無老人」、農村「五保」對象、重點優撫對象、低保老人、空巢高齡老人等特殊群體。居家養老服務體系建成後，凡居住在社區的 60 周歲以上老年人，均可享受無償、低償、有償等多種便捷服務。相關項目如家政服務、配餐送餐、醫療服務、精神慰藉等，將形成方便老年人養老的「10分鐘服務圈」，使老年人的生活得到較大提昇。

居家照護服務的目標是結合專業團隊、家人及社區資源的居家服務，其最終目標如下：

一、增進個案生活獨立：藉由復健師（物理治療師、職能治療師）的服務，針對個案功能上的限制，訂定功能性目標，而加以訓練。同時使用適當輔具來替代個案原本失去的功能（例如：以輪椅代步），以達到日常生活的獨立。

二、發揮個案及家屬原有的角色：個案住在家中可以繼續扮演應有的角色，跟家人繼續互動，可以調適發病前後的心情。並減低部分消極的家屬將病患置在養護機構中而太依賴醫護人員照護的情形。個案在社區之中可以繼續維持發病之前的人際關係，並且參與社區活動。

三、增加個案及家屬心理健康：居家服務人員藉由電話問安、友善訪視能讓獨居失能的身心障礙者獲得心理上的支持，消除孤立感及失落感。在專業上的諮詢，諮商服務能減少家屬因長期照顧所產生的心理壓力。

四、提供專業諮詢及相關資源：醫療專業團隊及社工能提供各種不同的專業知識、資源及管道來讓家人使用。讓家人有正確照顧個案的方法及知識，同時又能解決家屬求助無門的失落感。

居家照顧，結合照顧者、醫療、社會福利單位的資源對殘障者提供服務，在居家周遭環境進行照顧及訓練，讓個案能參與家庭和社區的事物，調整或是繼續扮演其原來的角色，並能發揮家庭原有的功能。透過社區服務的模式也能減少家人在照顧上的負擔。居家照顧及復健服務能實際針對個案生活上實際情形和問題提供實際的解決方法。個案接受居家服務同時也能避免病患長期占用急性病房的情形，而能充分利用醫療資源。

伍、美國老人居家服務

美國是較早進入老齡社會的國家之一，從 1980 年至 1990 年，美國專業護理設施、中長期照料設施以及其他老年住宅的數量增加了 24%。現在老人們更願意居住在家一樣環境下的有各種服務設施的輔助生活區或其他養老機構。50%的 85 歲或以上的老人期望住養老設施。美國老人的居住環境和方式多種多樣，名目繁多，但大體可分為如下幾類：

一、獨立生活，住在老年公寓或老年聚集住宅；

二、輔助生活，住在輔助生活區或居民照料區；

三、獨立和輔助生活，住在連續照料退休社區；

四、輔助醫療生活，住在護理院；

五、居家生活，住在家庭照料社區。

另外的養老機構還有日托照料、老年癡呆病院、老年活動社區、臨終關懷、暫緩照料等。不同的養老機構，主要根據老人的身心健康程度和社交的需求而建立和劃分。每類養老機構都有自身的結構、規定、運行特點。政府對某些養老機構提供資助，對另一些並不提供資助，而提供資助的養老機構必須達到政府的規範要求。不提供資助的養老機構，政府沒有硬性規定。但是，一般該類養老機構有自身的行業協會，有行業之規。概括起來，提供日常生活活動幫助和護理的養老機構，需要有州政府的執照和必須遵守州或聯邦的規定。老人們根據自身的身體狀況、精神和社交需求、

個人的財力以及能夠得到的政府資助，選擇自己喜愛的生活方式和適合於自己的居住環境。

一、獨立生活：如果老年人能夠獨立生活，但想要居住更安全一些，喜歡同其他老人住在一起，就可以選擇獨立生活的方式。這種方式的代表環境是兩種：老年公寓和老年聚集住宅。住在這裡的老人們保持自己獨立的生活習慣，很少或基本不需要其他幫助。一般個人付款是這種生活方式的來源，但也可獲得政府的一些支持。

二、老年公寓：一所老年公寓具有多個單元房，公寓的開發是為了出租而不是銷售。公寓僅租賃給 55 歲以上的老年人。很多老人喜歡住這裡，因為一般環境較安靜，沒有孩子和年輕人的吵鬧，而且很多老人喜歡結交新的老年朋友。絕大多數老年公寓不提供就餐、交通、不組織社會活動。

三、老年聚集住宅：老年聚集住宅，也稱聚集住宅，聚集生活，退休社區，退休之家。與老年公寓不同的地方是它除了租賃房屋外，還提供就餐、清掃房間、交通、社會活動等便利服務。如果老人可以獨立生活，但希望別人能夠協助清潔、洗衣服、做飯，健康上有些擔心，希望有交通工具外出，多參加一些社會活動，保持與社區服務良好的聯繫，老年聚集住宅是較理想的住處。它一般設有餐廳，鼓勵老人們集體就餐。為老人們定期安排社會活動。典型的設施和服務還有：洗衣、緊急呼叫系統、控制的進出口、社會服務等。通常老人們按月支付房租和服務費用。一般來說，老年聚集住宅不需要政府有關部門的執照，但很多這樣的住宅包含有輔助生活的成分，從而需要住宅所在地的政府的批准和許可。

四、輔助生活區或居民照料區：如果老人日常生活活動諸如洗澡、穿衣、吃飯等需要幫助，需要提醒服藥，需要 24 小時保安服務，可能有困難自己行走，有特殊醫療要求，有失禁問題，有時健忘或困惑（老年癡呆症），輔助生活區是合適的選擇。輔助生活的其他名字是：居民照料，寄宿和照料，寄宿之家，輔助照料，個人關照，老年之家，受保護照料等。一般這種生活方式的資金來源是：個人資金、社會保險收入補充、長期照料保險，有些州有醫療補助。一個輔助生活區是有服務專案的居民住宅。這些服務

包括：就餐、洗衣、清理房間、醫藥管理、日常生活活動幫助（洗澡、進食、穿衣、行走、上廁所）。提供輔助的程度和水準是由多種因素決定的：入住老人的需求、機構自身的能力、所在州的法律。住在這裡的老人有的可能不需要什麼關注，而另一些體弱的則需要較高度照料。需要 24 小時護理監護或醫療照顧的老年人不適應這種類型的養老機構，應該入住護理院。有些輔助生活區也照顧患有老年癡呆的老人。收住這樣老人的地方必須有專門的工作人員以及設施，以便適當的管理老人。

五、護理院：如果老人需要 24 小時護理照料，沒有輪椅、助行器或其他人的幫助不能行走，不能自己完成日常生活活動，到了老年癡呆晚期階段，需要治療和恢復設施，患有長期或慢性病，選擇護理院居住是合適的。護理院的其他名稱有：專業護理設施，康復之家，護理設施，長期照料設施。護理院資金支付來源有私人資金、醫療補助、長期照料保險。它是為康復期病人以及慢性和長期患病的人們提供 24 小時護理照料的設施。它提供常規的醫藥監督和康復治療，不同的護理院各有專長。由於護理院受聯邦、州政府的規定管轄，護理院必須滿足標準，有適當的工作人員，其服務者包括：管理人員、註冊護士、有執照的護士、護工和其他人員。絕大多數護理院參加了醫療補助和醫療保險項目。這些設施必須滿足聯邦的要求以及州政府執照的標準。即使不參加醫療補助和醫療保險，護理院也必須滿足州政府的執照標準。

六、連續照料退休社區：如果老人身體健康，現在可以獨立生活，希望在今後生活的每一個階段都得到照料，即生活服務有保障，可以選擇連續照料退休社區居住。一般個人付給社區一次性費用和月租費來支付生活開銷。連續照料退休社區是發展的概念。社區為老人提供住房、活動、服務、醫療照料。不同的是，它提供老年不同階段的連續照料，從獨立生活到必要時的輔助生活和護理院。一般連續照料退休社區需要州政府的許可。

七、老年癡呆病院：一些輔助居住區或護理院提供老年癡呆照料。老年癡呆的初期表現是長期的思維混亂、健忘，認不出家庭成員或朋友等一向熟悉的人，容易迷路。更嚴重一些的表現為好激動、發脾氣、甚至謾罵

別人。患有初期癡呆症狀的老人，可以選擇住提供這項服務的輔助生活區，較嚴重的，最好住護理院。這種生活方式的資金來源一般是個人資金、醫療補助、和長期照料保險。照料老年癡呆病人的地方需要有較完好的設施和專業人員照料，同時必須遵守地方規定。設施一般包括所有門口的報警系統，以便老人在沒有工作人員得知的情況下不能隨便外出。另一個常見的安排是院子裡路徑精心的設計，它允許老人在一條沒有障礙的連續的小徑上隨意行走，從而不會走丟。

八、居家照顧：家庭照料包括各種在家進行的各種健康和社會服務。這些服務包括護理照料、醫藥管理、輔助日常生活活動、治療照料。家庭照料為各種年齡的人服務，老人、孩子、剛出院的人、長期病號等等。提供不同家庭服務的人需要有所服務專業的資格和技能。很多家庭照料和家庭健康照料服務除了體檢設施以外，與輔助生活社區或護理院類似。家庭幫助照料機構提供護工，照料老人的日常生活活動。家庭健康照料機構通常是醫療保險認可的供應機構，它提供專業護士照料，通常需要得到州政府的許可。機構直接受州和聯邦法律的嚴格限制，通過任職的醫生、護士、臨床醫生和社會工作者進行服務。這類機構提供的服務類似於護理院提供的照料。這些服務費用的支付來源有個人資金、醫療保險、醫療補助、健康保險、長照保險。

九、活躍老年社區：活躍老年社區是一個年齡限制的社區，專門為那些喜歡參加身體和社會活動的老年人建立的。這些社區吸引約 55 歲的年輕老人以及希望住家在一個有很多娛樂活動場所的環境。通常這種社區由一些賣給老人的獨立房子、聯排公寓或別墅構成。社區活動有高爾夫、釣魚、網球、游泳、划船、教育、藝術、手工、演出等。相應的社區面積較大，建有俱樂部、湖泊、游泳池、圖書館、高爾夫球場、散步和自行車路徑、網球場、飯館、禮堂等。

十、居家及社區結合照顧（Programs of All-inclusive Care for the Elderly, PACE）是一個在美國已經發展多年的居家及社區整合性長期照護模式，這是指為長者提供涵蓋所有需要服務的照護方案，PACE 是一種針對長者的醫

療及長照需要，提供必要的居家及社區照護使其能繼續住在自己家中，並結合政府健保的一種照顧模式。PACE 的起源，是在加州舊金山市的廣東裔美國人社區；由於華人文化上較不能接受將長者送到護理之家接受照顧，因此在 1971 年開始有一個稱為「安樂」（On Lok）的老人社區照顧方案，改以提供社區內的長者所需要的全方位的居家或社區日托服務，包括醫療、復健、營養、交通、臨托喘息照顧、日常生活服務等。後來這個方案的方法與內容也被其他地區的長照或醫療服務機構使用，開辦類似的服務計畫，逐漸擴大，並以 PACE 為名成立全國性的專業協會。在 2001 年美國政府主辦的老人與障礙者健保「醫療照顧（Medicare）」及窮人健保「醫療補助（Medicaid）」將 PACE 方案正式納入給付範圍內，對象是依賴程度已達到需要住在護理之家的低收入長者。PACE 方案有幾個重要部分或特色：

第一，涵蓋面極廣的全方位服務項目：1.PACE 日托中心提供醫師或專科護理師診療、護理人員照顧、預防保健、社工、物理及職能治療、語言治療、遊戲治療、營養諮詢、個人生活協助服務、雜務處理服務、交通接送、餐食等。2.居家服務包括居家照顧、個人生活協助服務、家務服務、餐食等。3.專科服務有專科醫師診療、聽力、牙科、視力及足部診療。4.其他醫療服務包括處方用藥、檢驗、放射檢查、醫療輔具、門診手術、急診及就醫交通服務等。5.住院服務包括醫院、護理之家、及專科醫師的治療等。

第二，整合各專業的團隊服務，由以上服務有關的專業人員組成照護團隊，定期開會就個案的情形交換訊息及討論，以擬定或修改個案的照護計畫並給予妥善的個人化照護。

第三，論人計酬的財務安排。如果個案符合 Medicare 及 Medicaid 的受益人條件，Medicare 及 Medicaid 共同以論人計酬的方式，每月給付一定的費用給主辦的機構。若是個案自費，機構也是按月收取固定費用，不管個案使用到哪些服務，機構都不能再額外向個案收費，即是由機構負擔照護個案的財務風險。這樣的設計是希望照護機構會注重於個案的保健，維持個案的健康狀況或功能，這樣機構才能有適當的盈餘。

　　第四，長者日托中心。長者個案平均每週三天來到日托中心，有一般科醫師／資深護理師為其定期進行健康評估，中心也提供必要的復健治療及休閒活動。

　　第五，交通服務。是整個 PACE 運作不可或缺的一環，除了接送個案往返住家及日托中心之外，也提供個案到各個所需要服務的場所的接送，以減輕家屬照護長者的負擔。交通車司機則藉由這些接觸機會了解到個案居家的情形，這些訊息也是機構照顧個案的重要資訊。

結語

　　居家服務，即是將服務送到需要服務者自己熟悉的生活環境裡。居家服務必須要著力於提昇服務之專業性、整合性、以及慢性病居家照顧的服務技術，強化照顧管理與服務輸送之即時性，提供居家失能者及慢性病人一個高品質的服務機制。參考各國發展經驗，在歐洲國家中，歐盟 e 保健（e-Health）專題研究計畫與行動式健康照顧（MOBILE HEALTH）計畫，日本為 Sukoyaka Family 21 計畫，美國紐約州則有糖尿病患遠距居家照護（IDEATEL）計畫。服務項目包含：家務、日常生活照顧服務及身體照顧服務等。為使居住在家中老人，仍能享受政府溫情關懷，在大多數的工業化國家裡，以落實就地老化（Aging at place）的老人長期照護政策的目標。

　　居家服務除了要提供高密度、高品質的人力服務之外，如果能控制好失能產生的病因，減輕家庭照顧壓力與危機，對服務的價值應能提昇。居家服務要達到積極性的照顧，面臨了慢性病控制、服務整合、照顧管理即時性的挑戰，因此，整合性各項居家照顧解決方案，讓老人家能無後顧之憂地在原生家庭繼續生活，是發展創新服務模式的主要契機。

第十三章　失智照顧

前言

國際失智症協會在 2005 年底調查指出，全世界每 7 秒就出現一位新的失智症患者，而台灣目前已有超過 16 萬的失智症患者，未來平均每年增加 1 萬名失智患者，平均每天增加 27 位。失智症可能發生在任何人身上，要及早準備，正視失智症所造成之危機！失智並不是單一項的疾病，而是一群症狀組合。主要是以記憶力、定向力、判斷力、計算力、抽象思考力、注意力、語言等認知功能障礙為主，同時可能出現干擾行為、個性改變、妄想或幻覺等症狀，這些症狀的嚴重程度足以影響其人際關係及工作能力。

失智症早期有的徵兆為：

1. 記憶減退影響到日常生活和工作，
2. 無法勝任原本熟悉的事務，
3. 言語表達出現問題，
4. 喪失對時間、地點的概念，
5. 行為與情緒出現改變，
6. 判斷力變差、警覺性降低，
7. 抽象思考出現困難，
8. 東西擺放錯亂，
9. 個性改變，
10.活動及開創力喪失。

失智症不僅是一個急速衍生的健康問題，而且也是社會問題。許許多多的失智症患者與他們的家人，持續默默忍受著痛苦而得不到支持與照

顧。國際失智症協會（ADI, Alzheimer's Disease International）於 1994 年發起國際失智症日，在每年 9 月 21 日連結全世界失智症協會及失智症患者、家屬共同響應為記憶而走等宣導活動，呼籲各國政府及社會大眾重視失智症之預防、治療及照護工作。

壹、香港失智照顧服務

隨著香港人口老化，老年癡呆症患者越來越多。根據 2001 年的人口普查結果，65 歲以上的長者約有 75 萬，占總人口 11%。預計至 2031 年，將增加至總人口的 24.8%。據研究顯示，平均每 10 位 65 歲以上人士，便有一位患上老年癡呆症，即目前已約有 7 萬多位患者。此數目將隨著長者年齡增長而不斷上升。香港老年癡呆症協會為提供適切服務予患者及其家屬而設。協會成立於 1995 年，由一群患者家屬連同醫護人員、社工及熱心的義工創立，為非牟利慈善團體。並分別在 1996 年和 1999 年加入國際老年癡呆症協會和香港社會服務聯會成為正式會員。協會致力發展家屬支援網絡及訓練，發展新服務，包括日間中心服務、到戶訓練服務、照顧者熱線、資源中心、輔導服務及專業訓練等。

服務宗旨為：1.推廣早期檢測，使癡呆症患者得到適時診治；2.透過支援照顧服務，使患者能維持於家中生活；3.使公眾更容易獲得多元化評估及照顧計畫；4.倡議及提供持續及適切的照顧；5.減低患者家屬及照顧者的壓力；6.倡導有關知識及預設照顧計畫予患者。

服務內容為：

一、日間中心：目的為：舒緩家屬在長期照顧老年癡呆症長者的壓力，為患有老年癡呆症人士提供適當的活動，以保持其身心健康。服務對象是屬於 1.患有初、中期老年癡呆症人士；2.由親屬在家中照顧；3.無任何傳染病。以提供：現實導向、懷緬活動、多感官治療、記憶訓練、運動、音樂、手工藝及遊戲活動等。

二、到府訓練活動：目的為：1.為患老年癡呆症之長者提供全面的個人照顧及訓練以提高患者的能力；2.減低病患對長者的影響；3.為患者家屬提供家居支援及專業指引服務；4.舒緩患者家屬在長期照顧患者之壓力。服務的內容著重於：1.為患者提供一套完整的評估，項目包括：個人心理、社交及自我照顧能力等；2.按評估結果釐定個人照顧計畫；3.利用不同之介入方法，例如：家居導向、懷緬活動、記憶訓練等，幫助患者重新適應日常生活安排；4.協助家屬照顧患者保持自我照顧之能力；5.家居環境安全評估及改善建議。

三、資源中心：資源中心提供各類有關老年癡呆症的資料，包括圖書、期刊、報告、資訊單張和錄映資料等，接待各界人士到中心閱覽。

四、教育訓練：辦理如「老年癡呆症家居照顧訓練課程」，「照顧者訓練課程」，「老年癡呆症家居照顧訓練課程」等。

五、照顧者熱線：以電話諮詢方式提供尋求者的相關服務。

六、輔導服務：透過提供專業個別輔導予患者或家屬照顧者，提供適切的情緒支援，協助他們確定及處理問題之能力，從而減輕因患病或因在提供照顧時所產生之影響及壓力。

七、照顧者支援服務：1.家屬月會，家屬月會是一個互助小組，在專業社工的引導及協助下，現時小組已走向獨立及自助模式。透過每月的聚會及不同主題的分享，讓家屬得到適切的資源上及情緒上的支援。社工亦會跟進有需要的個案，並且提供適切的協助或輔導。可致電協會查詢有關各月會之舉辦日期及時間。2.家屬關懷組，家屬關懷組的成員是一群身經百戰的家屬，他們願意分享自己在照顧過程的經歷及經驗，去協助有同樣需要的家屬。他們的工作除分享自己的經驗、關心其他家屬外，在需要的時候，為家屬轉介予專業人士跟進或與社工保持緊密聯繫，並探訪及關心有需要的協助個案。

八、早期篩測服務：目的是提高公眾對此病的警覺性，使早期患者及早得到適切的診治。其內容為 1.為懷疑患有輕度認知障礙或早期癡呆症人士作出全面的評估；2.轉介初步被評為有認知障礙者至醫院作詳細的醫療

評估及診斷；3.為中年或以上人士開辦認知及訓練活動，以保持其大腦健康。

貳、美國失智照顧服務

依據「身心障礙等級」對失智症的定義是指「心智正常發展之成人，在意識清醒狀態下，有明顯症候足以認定其記憶、思考、定向、理解、計算、學習、語言和判斷等多種之高級腦功能障礙，致日常生活能力減退或消失，工作能力遲鈍，社交技巧瓦解，言語溝通能力逐漸喪失。」其等級可分為極重度、重、中及輕度四級，判定標準如下：

一、極重度：記憶力極度喪失，僅剩殘缺片斷記憶，語言能力瓦解，僅餘咕嚕聲，判斷力喪失，對人、時、地之定向力完全喪失，排便失禁，自我照顧能力完全喪失，需完全依賴他人照顧者。

二、重度：記憶力重度喪失，近事記憶能力全失，判斷力喪失，對時、地之定向力喪失，對親人之認知功能開始出現障礙，大、小便失禁，自我照顧能力喪失，開始出現簡單之日常生活功能障礙，需完全依賴他人照顧者。

三、中度：記憶中度喪失，近事記憶困難，判斷力障礙，對時、地之定向力喪失，自我照顧能力缺損，且有明顯複雜性日常生活功能障礙，需部分依賴他人照顧者。

四、輕度：記憶力輕度喪失，近事記憶局部障礙，判斷力障礙，對時間之定向力障礙，自我照顧能力部分缺損，且複雜的日常生活功能開始出現障礙，需在監督下生活者。

為協助失智者，美國推動「支持性居處及支持性住宅（Assisted Living & Supportive Housing）」。支持性居處安排場所和其他形式的支持性住宅，是為那些在日常生活中需要額外幫助，但不需要傳統療養院 24 小時全天候專業護理的失智者所設計的。過去 20 年來的發展趨勢是生活空間選擇的日趨多樣化，這些生活場所與過去的機構化設施相比更趨家庭化。這些可供選擇的生活場所作了綜述，並且在查找資訊和諮詢方面提供指導。這樣做的

目的是為失智者尋求到一個舒適、安全、合適、負擔得起的生活場所。離開自己的家，搬進一個有護理的居住場所，其生活方式將發生巨大的變化，這可能會產生很大的壓力。此外，家庭成員、社工、個案管理員、出院後規劃員、財務計畫員和心理諮詢師也都會提供幫助，確保個人的需要得以滿足，服務的項目包括：

一、服務：支持性居處安排場所（assisted living facilities, ALFs）是專門為年老體弱者或殘障者設計的住宅，強調獨立和隱私，比較大，也比較昂貴。這類場所大部分提供私人房間或單元住宅，並有較大面積的公共活動和用餐區域。支援性居處安排場所至少要提供 24 小時護工，飯廳每天供應 2～3 頓飯菜。其他標準服務專案還包括：1.家務和洗衣服務；2.提醒服藥和協助服藥；3.幫助「日常生活起居（ADLs）」，包括洗澡、如廁、穿衣和進食；4.交通服務；5.安全服務；6.健康監護；7.護理管理；8.活動和娛樂。

二、選擇生活場所，為失智者選擇一個安全、舒適和合適的支持性居處安排場所，宜包括：

1. 長遠考慮：居住者的未來需求是什麼？生活場所如何滿足這些需求？

2. 是否接納那些有嚴重的認知障礙或嚴重身體殘障的人？

3. 支援性居處安排場所是否提供關於護理方法的書面聲明？

4. 多次拜訪每一個生活場所，有時可不通知而去拜訪。

5. 可在吃飯時間察看此生活場所、品嘗食品、觀察進餐時間和服務品質。

三、設備：是否有廚房或有限的烹飪設備？對那些喜歡烹飪的人來說，有個廚房是很重要的。而對那些患有癡呆症的人，有廚房反而增加危險。操作臺、碗櫃和照明開關是否能方便地觸摸到？對那些神志恍惚的人，是否有安全的、封閉的、供其走動的空間？

四、社交活動和娛樂：是否為居住者安排了他們感興趣的活動？當您訪問此場所時，人們是否很忙碌？是否積極參加活動？居民的精神或宗教需求能否得到滿足？對那些有認知障礙的人，是否安排了特別活動？

五、位置：此場所是否在居住者能夠承受的範圍內，以便於拜訪，提供了更多相互交流的親密空間。

六、安全：居住者是否得到很好的照料。同時，支援性住宅的全部目的就是向居住者提供盡可能多的獨立性。這種獨立性應和相應的風險相平衡。例如，喜歡烹飪的居住者可能忘記關爐子，需要小心照料，以確保此居住者和整個場所的安全。

參、加拿大失智照顧服務

隨著高齡化的進展，失智症老人大幅增加，其照護模式亦備受關注。老人癡呆症學會（Alzheimer Society）推估：隨著嬰兒潮一代進入老年期，未來 30 年將有更多人失智，病例增加一倍多，相關醫療費用不斷增加，將對國家造成很大的經濟壓力。老年癡呆症和相關老年癡呆的流行在加拿大：

2008 年有 480,600 個人已老年癡呆（1.5%加拿大的人口）。

2038 年有 1,125,200 個人已老年癡呆（2.8%加拿大的人口）。

老人癡呆症學會的報告《潮漲：失智症對加拿大社會的影響》（Rising Tide: The Impact of Dementia on Canadian Society）說，嬰兒潮一代老化，在 30 年間，失智症患者倍增，人數多達 125 萬。失智症在 30 年內帶來的直接和間接開支，估計增加 10 倍。「今天，加拿大每 5 分鐘每 1 人發現失智症。在 30 年間，每 2 分鐘就有 1 宗失智症。如果情況不改變，失智症人口急增，到 2038 年，失智症每年帶來的總成本就有 1.53 億元。」老人癡呆症學會建議當局採取下述措施，應對日漸增加的失智症病例：

一、推行失智症預防運動，提倡健康飲食和體力活動，推遲失智症發病期 2 年，在 30 年節省 2.19 億元。

二、加強工作技能及支援計畫，支持失智症病人家庭護理人，不少人為至親辭職，在家裡照顧親人，造成經濟困難。

三、委派專案經理，與所有新病例和病人家屬會面，旨在減輕長期護理系統的擔子，盡量在病人的寓所療理症狀。

四、有必要增加失智症特訓醫生、護士、治療師和保健人員，以因應未來的新病例的增加。

　　理想的老人照顧環境應該不是收容性場所，而是生活的場所。因此，近年來為失智症老人營造「家」的環境成為照顧服務的基本原則。在加拿大魁北克失智老人照顧系統中，提供專業性的服務，也就是有專業的照護人員到有失智老人的家中，進行居家服務。這些照護人員先接受一連串訓練，以接手家屬的照護工作，讓失智症家屬得以獲得適當的喘息與放鬆。

　　推動失智老人支援政策、營造高齡者生活所需之服務系統：推動失智症研究、推動失智老人照護服務、提昇照護失智老人品質、充實權益維護體制等。

　　一、推動健康老人對策：推動綜合性疾病管理制度、充實社區復健體系、提昇高齡者生活意識感、推動照護預防措施、支援高齡者社會參與及就業等。

　　二、充實社區生活支援體制、營造互助溫馨社區：溫馨社區之社會營造支援、充實生活支援服務、改善居住環境、推動志工活動、推動居民參與等。

　　三、建構保護使用者及使用者可信賴之照護服務：推動資訊化、建構使用者保護網絡、促進參與多元服務事業、開發及推廣生活福祉用具等。

　　四、確立支援高齡者保健福祉之社會基礎：推動發展長壽科學——福利教育之國際交流、推動體貼身心障礙高齡者之社區營造等。

肆、日本失智照顧服務

　　日本自 1973 年邁入高齡化社會以來，即發展老人福利政策與制度的建構及服務模式的開發，各種照顧服務措施推陳出新。日本長期照顧相關政策制訂與服務措施之發展具革新變化，失智症照顧服務更是重點措施之一。隨著人口結構的高齡化，失智症老年人口也隨之增加。至 2025 年日本的失智症老人人口將可能達到 270 萬人，成長率超過二倍（莊秀美，2004）。

　　根據日本政府在不同時期對老人介護之做法，可劃分成下列幾個施行階段：

表 13-1　日本老人介護施行階段表

階段	時間	內容
家庭介護	1945～1962	除對生活困苦之老者施以經濟協助外，扶養、介護等事宜全由家庭自行負責與負擔。
機構介護	1963～1973	急速之經濟復甦，年輕人口群陸續大量湧入都會地區求職，獨居之高齡夫妻比例增加，子女扶養年老、孤立父母之意識低落，機構介護體制與設施便隨之興起。
回歸家族	1974～1980	「家族共同體」之意識再度被喚起，照顧家中老者之責任便再回轉到家庭中輩分較低之女性身上，如：媳婦、女兒。
民間介護	1981～1985	「少子化」及「婦女入職場」之趨勢，使得核心家庭不易照顧自家老人，而公部門便必須對此有介入；相對之下，活用民間力量來「共興介護服務」遂成趨勢。
在宅介護	1986～現在	為加強對社會資源之應用，以補充家族成員介護之不足與限制，「在宅介護服務」於是成為「地域福祉」之主要施行目標與項目；同時更以「輔導改善介護機構設施」為輔，強化機構設備與培訓照護人才，來策劃、推行「黃金計畫」系列服務措施。

（資料來源：作者整理）

　　1989 年開始實施「高齡者保健福利推動十年戰略（亦稱黃金計畫）」，明示推動各項失智症老人整合因應對策，主要包括：（1）失智症知識之推廣、啟發，設置提供失智症資訊及諮詢系統；（2）失智症之預防、早期發現、早期治療；（3）落實失智症老人之治療、照顧；（4）發展失智症相關治療法研究；（5）失智症老人之權利維護等。隨後，「團體家屋（group home）」不但成為照顧失智症老人的主要照顧服務機構型態，也助長了針對一般失能老人的長期照顧的新模式──「單位照顧」（unit care）之發展（莊秀美，2004），推動大型機構內設置「單位照顧」專區。日本老人福利品質及意識革新的「單位照顧」乃是受到日本國內的「宅老所」及北歐的團體家屋之影響加以創造而來的。

為了提昇介護服務品質，日本為在宅服務、介護工作人員統一訂定國家資格，即通稱為介護福祉士，將現行之家庭助手（home helper）也放入介護福祉士內，朝著「照顧高齡者」之社會目的（Social goal）前進：

一、整頓照顧服務基礎：以實際需要被照顧人口總數，施以「居家式、社區式、機構式」服務方式來奠定長期照顧服務基礎；對不同生活、知能障礙程度之老人，應依個別需求提供不同內容、方式之照顧服務；服務之選擇與提供應以尊重當事人「需求意願」為首要。

二、加強醫療復健作為：長照服務涉及醫療、復健、護理、藥事、保健、福利（尤其是區域性福利）、教育等領域合作；推動「疾病綜合性管理」制度。

三、推動「社區照顧教室」、鼓勵居民志願參與照護服務：建構完整之社區支持系統，形成「照顧社區」（Care community），達到「自助、共助、公助、共生、導入民間資源」之服務目標。

四、活化「應對型」日托服務：積極朝向小規模、社區式長照模式為較易被接受、較易管理之服務方式。

五、鼓勵高齡者參與「社區性社會活動」：「預防性介護」係講求高齡者若能多參與社區性活動，生活自不封閉，並可減低年紀增長後需被照顧之依賴程度。

六、設立「老人研究中心」：以專業機關或單位負責研發工作，才能確切掌握老人相關訊息。

介護保險中所謂之「法定特定疾病」包括：初期老年癡呆、腦血管疾病、筋萎縮性側索硬化症、巴金森症、脊椎小腦變性症、糖尿病性腎症、閉塞性動脈硬化症、慢性閉塞性肺疾、變形性關節症、慢性關節、後縱韌帶骨化症、脊椎管狹窄症、骨折及骨質疏鬆症、早老症等。日本介護保險提供介護服務的流程如下：

1. 被保險人如有需要介護服務時，必須先到所屬市町村提出申請。

2. 市村町接受被保險人的申請後，由醫師審查並提出意見書，另由市村町的老人介護保險主辦人員進行「認定調查」。

3. 醫師的意見書和主辦人員的「認定調查」報告，彙整後由醫師、護理人員和社會福利人員確認被保險人介護照顧的需求，依老人需求分為下述三類照顧型式：

第一，自主的老人，由市村町依實際情形提供老人福利服務（非介護保險項目），如送餐服務、簡單的日常生活照顧（如購物、曬棉被、除草等簡單的日常生活照顧）。

第二，需照顧的老人，其照顧方式共分成六類：需生活支援，在日常生活有必要支援的；需照顧的狀態依其所需的照顧程度分為照顧 1～5 等五個等級。

第三，介護照護的設施，包括養護中心、保健設施、介護醫院、居家服務（含居家訪問、居家護理、日間托老、短期寄宿服務及福利輔具租借等）。

在「21 世紀黃金計畫」實施目標內容如下：介護訪問（Home-help service），短期入所服務（Short stay），生活支援服務，失智共同生活介護，失智老人之家（Care house）。日本政府根據所做過的努力，發現針對不同失智、失能程度老人所實施之介護工作，得要分工、分類、分級，才能提供所需之不同服務類型、方式、性質及內容，才可使服務更符合專業標準與要求，達到介護之實質意義與目的。而日本政府認為過去使用之「癡呆症」一詞，有損失智老人之尊嚴、且欠缺人性考量；在徵求全國國民命名後，自 2004 年 12 月 24 日起在名詞使用上，改用「認知症」，以示尊重老人人權、尊嚴，與無任何歧視。並進行介護相關研究，如：高齡癡呆醫學研究、「0」身體拘束、介護保險制度評鑑、介護保險修正研究、2015 年高齡者介護研究、高齡者復健方向研究等。

對於失智症老人的對策，日本實施之普及國民有關失智症之認知教育，設置老人失智中心，增加老人保健機構中失智症特別病房，組織失智症老人團體之家（將失智老人集中在小機構中，如經改建過的普通住家或既有之醫院，在專業人員特別照護下過著團體生活），充實失智者日間照護機構及短期照護方案。

伍、先進社會失智照顧的借鑑

　　隨著人口結構的老化現象，老人福利已成為人口老化各國的重要社會議題，並且因應福利意識的高漲及福利需求的增加，老人長期照顧模式也有日新月異的發展，特別是針對失智症照顧環境的建構及其影響因素之探討已成為長期照顧政策與研究的重要議題。

　　阿茲海默症是最常見的一種失智症，約占其中 60～70%。阿茲海默症及其他失智症是侵犯腦部且漸進退化之疾病。這些疾病影響一個人的能力、生活各層面並波及周遭的人，特別是每天照顧他的人。目前，全世界每 7 秒鐘就有一個人罹患失智症，全球每年就有 460 萬新病例。依此類推，西元 2050 年全世界就有 1 億失智症患者。可是，至今沒有一個國家對這個巨大的危機有充分的準備。由於缺乏警覺和認識，造成大家對這個急速成長的疾病，無法有效的因應。所以，失智患者和家屬在資源缺乏的狀況下，很難獲得他們所需要和應有的支持，以致仍相當無助與無望。這是一定要被改變的現象！

　　國際失智症協會（ADI），由全球 77 個會員國共同組成，呼籲世界各國政府立即行動：應採納以下六原則以使失智症成為全球優先考量之議題：

　　1. 提昇對疾病的認識與了解，

　　2. 尊重病友之人權，

　　3. 確認家庭及照顧者的重要地位，

　　4. 提供就近之健康及社區照顧，

　　5. 強調診斷後之正確治療的重要性，

　　6. 透過促進民眾健康，積極預防疾病。

　　國際失智症協會（ADI）於 2008 年特別擬訂了一份全球失智症公約，藉此呼籲各國政府和相關機構，正視這個世紀流行病，同時對這個威脅全世界公民健康與長期照護的疾病，採取立即的行動與必要的措施。

　　失智症並非正常老化的現象，透過預防、改善患者和家屬的生活品質、醫學新研發之有效治療，加上正面和積極的態度，將有效防治失智症對人

類社會的威脅。為此，國際上曾發表「京都宣言」及「巴黎宣言」，作為努力的方向：

1. 提供大眾失智症症狀、治療和病程的相關資訊。
2. 增進宣導和認識，以降低對失智症的誤解與歧見。
3. 提供醫護專業人員和家庭照顧者訓練和所需工具，倡導早期篩檢、診斷、適切的照護和充分的治療。
4. 建立完善之健康照顧服務，以因應失智者的需求。
5. 增進長期照護的彈性機制，以強化自主功能的維護、居家和社區照顧與對家庭照顧者的支持。
6. 建構一個失智照護的安全環境，包括醫院（急診）以及照顧機構。
7. 鼓勵失智者盡量參與社區生活和照護的抉擇。
8. 確保患者在健康和福祉均有基本的保障，涵蓋的內容包括衣、食、住、行和醫療照顧。
9. 強化立法架構，以保障這些失去日常行為能力的患者。
10. 贊助宣導計畫，以促進大眾對於降低失智症危險因子的廣泛認識。
11. 優先推動阿茲海默症及其他失智症的研究計畫。

美國神經醫學會（American Academy of Neurology）期刊的研究發現：不動腦的人罹患失智症的比例比常動腦的人多三倍。台灣失智症協會的網站亦指出：從事可刺激大腦功能的心智活動或創造性活動，可有效減少五成罹患失智症的風險。因此，「學習」及「動腦」對於預防、減緩失智症有正向的幫助。一份美國內科醫學雜誌（Ann Intern Med）於 2003 年發表一篇由學者 David Snowdo 所進行的「修女研究（The Nun Study）」研究案例提及：一位名叫馬提亞（Sister Matthia）的修女，她在 104 歲去世前並未發生失智症狀。直到去世後解剖大腦才發現，其大腦已呈現中度阿茲海默症的病理變化。原因是馬提亞修女從年輕時即從事教育工作，長期參與許多道院活動，平常又勤於手腦並用，儲存了許多知能存款，禁得起疾病的提領，所以，即使腦中產生病變，卻沒有出現失智症狀，堪稱是健康老化的典範。提供了一個順口溜叫「三動兩高」。三動為：勤作腦力活動、休閒活

動、有氧運動。兩高為：高度學習、高抗氧化食物。而且從動物實驗發現，即使是高齡動物，透過訓練或豐富的活動，可以使某些大腦部位的神經細胞新生（包括與記憶有關的海馬回組織）。運動不但與降低失智症罹患率有關，更可改善腦及心血管循環、刺激腦細胞成長及存活。此外，認知神經科學家洪蘭教授提出義大利的研究發現：成人保持長期閱讀者（持續 5 年以上），得阿茲海默症的機會比文盲少十四倍，顯示閱讀可以活化腦部。另有一項觀察研究也發現，教導社區長者學習數位相機攝影術，在活動結束後，參加者比未參加者的智能表現為佳，因此，有終身學習習慣的長者，能有助於預防及延緩失智症的發生。

結語

　　我國目前面臨三大處境，一是我國人口未來老化速度遠高於歐美先進國家，二是家庭結構以小家庭為主，並多為雙薪家庭，三是家庭所能提供的照顧功能愈趨式微；有關失能老人之照顧，目前正提供長期照顧服務協助家庭照顧，未來規劃辦理長期照護保險，減輕家庭照顧負擔，對於其他約九成非失能老人之需求，亦應加以重視，因此如何有效建構並周全整體老人照顧福祉益形重要。台灣進入高齡化社會，老人照顧資源的需求大增，而其中更棘手的問題：失智老人照顧最為迫切。

　　失智老人不只是指年老失憶、罹患阿茲海默症者，也包括了因基因缺失，出生即為喜憨兒的患者老化，成為老憨兒等。根據國內失智症協會及智障者協助團體的統計，目前國內失智人口已達 16 萬人，9 年來的成長幅度，高達 15%。失智老人與臥病老人的不同是，後者失去行動能力，前者主要是喪失記憶力，行動與語言能力仍正常，因此在照顧上更為困難。為了防走失，幾乎需要以「人盯人」的方式隨時看護；失智老人也會發生幻覺、妄想症狀，對長期看護的家人造成沉重的精神壓力。失智症的發生不

只是傳統上認知的 6、70 歲老人而已，由於生活、飲食型態影響，失智症也有年輕化的趨勢，4、50 歲罹病的趨勢近年也有增加，使得更多家庭失去經濟支柱、增加照顧壓力。

老人是弱勢，失智老人更是弱勢中的弱勢。但目前連一般老人的長期照護系統都不足，遑論對失智老人的照護資源以及對其家庭的支援系統。這問題的嚴重性，政府官員私下都急得不得了。

照護失智老人，是國內建立長期照護系統的一環，需要龐大經費與充足的人力。據長照系統較完備的德國、日本經驗，至少要花 20 年，才能建立一個完整的照護系統。失智症雖然難以防止，但可以減緩惡化速度。因此國內需要發展更有效的鑑定與評估方式，以明確反映失智者的失能情況，讓照護機構與家庭可以採取適當的照護方式，不致讓失智者因延誤診斷、照顧不足而使病情加速惡化。除了督促政府投入資源，加速建立相關照護系統，個人也應該增加相關認知，畢竟，失智老人都是自己的家人。當父母、親友有經常性遺忘、語言表達不清、情緒失控等現象發生時，不要掉以輕心以為是老人家正常情形，應及時請教醫生或專家。從飲食、運動、生活作息著手，也是減緩失智的良方。例如，多閱讀、看展覽、散步、游泳、打太極拳、當義工、尋求宗教寄託等。飲食則要多攝取蔬果、豆類、雜糧、深海魚類，避免紅肉類。

「家有一老，如有一寶」，在農業社會中，社會分工簡單，若家有長者傳授人生經驗與工作人脈，的確有助後代成家立業；子女也因數代同堂的生活型態，有充足照顧老人的人力。但在高度分工、科技發展迅速的現代工商社會，加上小家庭化與高齡化潮流，子女不在身邊的孤老家庭愈來愈多，老人照顧不再只是個人與家庭的問題，而需要政府建立積極性的制度與投入更多的資源。

第十四章　老人教育

前言

　　我國社會，老年人口明顯呈現快速成長的現象，因此關懷老人、重視老人亦明顯地成為當前我國社會發展的重要目標之一。值此對老人的關懷與重視之際，宜響應此項運動加強老人教育的辦理。老人在很多社會中，經常扮演著傳遞訊息、知識、傳統和精神價值的角色。這種重要傳統，仍應繼續存在於人類社會中；因此，有部分先進社會將老人接受教育視為一種基本人權。

壹、英國的老人教育

　　第三年齡一詞係來自法國，現已成為英國及其他許多國家在政策規劃上的重要名詞。第三年齡被美國學者弗雷登（Friedan, 1993）稱為「多出的生命年數」，並以「老化中的成長」一詞來顯示第三年齡階段老年人所擁有的成長與發展的潛力。第三年齡大學創始於 1973 年的法國，此一概念很快地為其他國家所採用，比利時、瑞士、瑞典、波蘭、義大利、西班牙、美國和加拿大……等都很快地陸續開始第三年齡大學的課程，到 1981 年該會已共有 170 個第三年齡大學。Laslett （1989: 182-193）將人的一生區分為四個年齡期，分別為第一年齡：是指為成年生活準備的生命初期，亦即是兒童與青少年時期；第二年齡：是指進入工作職場的成年時期，並且開始建立家庭生活有了婚配與育兒的責任；第三年齡：是指離開工作職場的退休生活，此時通常也由於子女的成長而減輕其家庭的責任，因而能夠較自

由地去追求個人的目標和欲求;第四年齡:是指體能與健康進入明顯惡化的階段,此時的老人無法獨立生活需要他人的協助與照料,並且逐漸臨近於死亡。「第三年齡大學」簡而言之即是指讓生命進程邁入第三年齡階段的高齡長者學習的大學。

第三年齡大學的出現,是英國的學者如 Peter Laslett 和 Nick Coni 等,在 1982 年時,於劍橋正式成立英國的第一所第三年齡大學。此後,英國各地便以著劍橋第三年齡大學的型態紛紛成立該地方的第三年齡大學。目前,於英格蘭內便有超過 400 多所的第三年齡大學。此外,英國第三年齡大學的辦理模式還影響到澳大利亞和紐西蘭等國家。所以,英國第三年齡大學不僅只是遍布於英國各地,還形成一股國際風潮影響到他國。現在英國第三年齡大學的經驗已被視為是由老年人自己所發起的一項成功的自助運動(Young, 1984; Walker, 1998),由第三年齡大學的成長,老年人已開始將他們的教育命運掌握在自己的手中。第三年齡大學被英國的成人教育界視為 80 年代的重要運動之一。

一、基本精神

老年教育工作是指通過對老年人進行知識和技能傳授,使老年人進入正常的老年生活秩序,跟上社會和時代的步伐,豐富老年生活知識,增加生活技能,提高老年人的身心素質,增強其自我服務和繼續為社會服務的能力。

二、運作原則

老年教育是一種社會文化和生活教育,它體現了現代社會中的價值和社會的文明與進步。教育英國社會大眾了解現在年齡結構的事實及老化的情形。挑戰有關因老化而智力衰退的理論,並使老年人意識到自己在智力、文化和美學上的潛能。社區老人教育其實施的基礎,可運用社區發展的組織教育理念,以社區為範疇,運用社區廣泛資源,組織社區老人,提供老

人教育，提昇老人服務社區之能力，運作社區組織與教育功能，發揮其合作、自主精神，促進老人與社區共同成長與發展。

1. 提供已經從工作中獲得自由的人們發展智力、文化生活的資源。

2. 創造一個義務性質的教與學機構。

3. 組織一個與資格、獎賞和個人升遷無關的機構。

4. 從事與老化過程相關的研究及改進措施。

5. 鼓勵建立區域性機構，並進行合作計畫。

6. 提供英國老人其他教育刺激的機會。

英國第三年齡大學的教學型態，十分不同於一般的教育機構。他們不再採用傳統的教學方法，改用非傳統的學習者為中心的學習方法，因而不再使用教師的字眼。事實上，這是十分符合以上數個議題的原則，例如不與大學合作、不受政府支配等，就是要防範傳統的第二年齡模式的知識教導，力求要建立非傳統的第三年齡模式的分享學習，以促進高齡者能夠去發現自己，尋找其生命的意義，以達到 Erikson 的人格統整的境界。

三、組織概況

英國第三年齡大學試圖與大學院校保持距離，力求不受大學院校的支配或控制，若真要建立關係也僅限於圖書設備上的支援而已。因此，第三年齡大學與其當地的大學院校無任何的關係。英國第三年齡大學的組織型態基本上有三個層級，分別為第三年齡信託基金及全國執行委員會、支部、與小組團體；此三層級基於自助自主的理念以及民主的作法，甚或每一小團體都是獨立的個體，彼此互相支持及共享資源。經費是基於自給自足的精神，屬於義工性質的第三年齡大學較不依賴政府經費，會員每年只需負擔極少的費用。

四、教學活動

他們是不使用「教師」（teachers）或是「教導者」（instructors）的字眼；相反地，他們是使用「團體領導人」（group leaders）、「協調者」

（coordinators）、「召集人」（convenor）、「組織者」（organizers）等字詞，這乃是因為英國第三年齡大學的主要訴求之一，即是要打破教學過程中教導者與學習者之間的鴻溝，以便創造出一種不分教導者與學習者，彼此分享學習的教學型態。這樣的理念在 Laslett 於 1982 年創立劍橋第三年齡大學時便提出，至今各地的第三年齡大學仍然秉持著這項原則。以不同的小組團體為主，由學員自行定期所欲參與的課程活動，其師資以當地退休年長的人力資源為主，因此教師來源十分豐富，課程活動亦十分多元活潑。面對高齡社會，應該具有更高的視野，基本上先去除年齡歧視及假平等，年齡已不再是判斷依賴人口的唯一指標，個別差異才是重要關鍵所在。經由學習與社會參與的拓展，任何年齡都有發展的機會，都有可能貢獻社會。所以，在高齡社會中，個人的價值觀更為多樣，重要的是提供民眾追求充實心靈與生活的機會，且不斷學習新知識與科技，建構一個高齡者終身學習體系，使高齡者可以自由選擇學習的機會，透過各類社會參與的方式發展自我潛能，貢獻社會與經濟的進步繁榮。

五、學習概況

　　第三年齡大學主要是提供給退休者，對象不限年齡、性別或教育程度。英國第三年齡大學，強調學習者也可以是教學者，教與學可以合一。第三年齡大學的學員們藉由運用大家彼此的技能，一起來共同組織自己的活動。彼此分享成員間的知識與經驗，並且藉由學員們彼此的學習與研讀，來發展個人的能力。所以，某一課堂是由一位團體領導人開始，但是其他學員們參與，並且分享其知識。例如：歷史課堂上，比較熟悉於某一段歷史的學員們便會貢獻多些，換到別段歷史時，則由其他熟悉的學員們多貢獻些。

　　特別關懷到達退休年齡的夥伴，提供課程協助他們保有活力身心。以老化與退休課程讓學習者了解老化過程與維持生活品質，討論老化過程及積極老化的概念，主題包括獨立、自我充實、自尊等。其次，有不少人很早就退休，影響是多方面的，課程中討論退休如何影響個人與家人，提供

一些策略協助大家如何順利從職涯轉換到退休，主題包括維持足夠收入，不論是領取足夠年金者或低收入退休者能因應自己的處境，以及維護自己的健康。另外，許多退休人員決定參與志工服務，課程討論志願服務的價值及限制。

貳、美國的老人教育

教育老人學之父的 McClusky 1971 年在「白宮老年會議」提出五類老人教育需求（邱天助，1993）：

一、應付的需求（coping needs）：生存的需求，使個體在複雜的社會中得以充分發揮功能的需求。

二、表現的需求（expressive needs）：老年人可以從參與活動本身獲得回饋與滿足。

三、貢獻的需求（contributive needs）：老年人往往尋求著服務的機會，希望能對社會有所貢獻，並由貢獻中自我實現。

四、影響的需求（influence needs）：教育提供幫助老人認清自己的社會角色的課程，並提供社會支持。

五、超越的需求（transcendence needs）：老年人的階段更需求深入的了解生命的意義，回顧自己的大半生，並超越生理的限制。

由這些需求可以看出老年期教育需求是不容忽視的。美國的普通大學對老年人開放。《美國高等教育法》規定，老年人入學可以免費，老年大學生可以組成自己的班級，住宿與一般大學生相同，課程另做安排，不留課後作業，也不考試。高齡社會必須善用及發展高齡者教育與學習的策略，為高齡社會提出對策，讓一個人在未老之前預作準備，依循終身學習的體系，讓生涯可以順利轉換，年老了仍可發展自己協助他人，非但不致成為社會的負擔，且能繼續學習，對社會做出貢獻。老人的壽命延長，健康狀況良好，從一個崗位退休，轉換到另一個可以貢獻的崗位，追求新的知識，學習新的技能，即是高齡社會可期待的願景。因此，老年人力的運用是未

來社會發展的重點，增進老年人的參與，涵蓋之層面甚廣，包括政治、經濟、社會、文化、教育等，包括休閒活動、志願服務、進修研習、及各項社會參與等。教育老人重視老人潛力的開發，強調老人並非被動受注的一群，更具有積極開發的潛力。1971 年美國白宮老年會議（White House Conference on Aging）激發人們對老人教育的覺醒。

一、老人進修教育之需求日益迫切：老人教育程度普遍提昇後，一代比一代高，未來進修需求更是迫切。

二、老人的社會地位日益提昇：晚年階段的老人成為社會的一項重要資源，社會對老人的評價及老人自我的評估將愈受重視。

三、傳播媒體的利用：透過電視或廣播，提供隔空學習機會，將來愈來愈普遍，宣導播放傳遞訊息的途徑更多元。

四、自助教育（self-help education）的發展：是一種由老人自我管理與組織的自助團體，彼此互相學習與分享經驗的創造性學習活動，原則上不接受政府經費贊助的一種互助團體的教育。

五、寄宿教育（residential education）的發展：針對教育程度較高的老年人，由大專院校提供其資源與設備，利用週末或假期開辦老人教育課程。

六、退休前教育的推動：以任何形式活動，如：演講、研討會……，協助個人進入退休，以增進老人的適應能力。

七、老人學家與從事老人教育專門人才的培育：老人學家與從事老人教育專門人才應接受正式的教育與訓練，以提昇教育服務的品質。

八、老人教育政策的制定：真正落實老人教育的推展，實有賴法案的制定與運作，才能使老人教育順利推展。

九、圖書館對老人的服務：老人接受教育通常以非正式或正式的教育方式，從事學習活動最為普遍，公共圖書館對老人服務最早。如：美國俄亥俄州（Ohio）的克里夫蘭公共圖書館（Cleveland Public Library）1941 年成立教育部門（Adult Education Department）對老人提供各項教育性服務。

在社會參與方面，社區教育能提昇老人的生活滿意度，因此應提昇老人參與的比率，以建立老人本身的社會支持網絡。而其具體作法為尋找社

區既有社團，然後鼓勵老人加入社區教育活動。此外，社會對老人的刻板印象亦可能導致教育的內容無法吸引老人，或無法讓其感覺有收穫，因此有必要針對年長者思考與設計教育的內容。

參、日本的老人教育

在嬰兒潮年代的人已邁入老年（介於 1947 至 1949 年代誕生的人），高齡社會正面臨大規模的退休問題，因此，透過教育的途徑來尋求退休生活的意義，是一項重要的工作。終身學習就是建構晚年生活意義的重要工具，而老人大學則是日本高齡者終身學習最典型的活動。老人大學誕生於 50 年代中期，至今不斷擴展。日本現在有各種不同的老人大學，從教育體系到社會福利體系；從建基於小型社區到府市政府的大型層次均有。此外，高齡者喜歡在老人大學學習不同的主題，例如：時事、歷史、文學、福利、陶器、書法、旅行等。

日本終身教育政策規劃方面，1984 年由文部省提出終身學習的報告，朝向提出終身學習體制的建立、高等教育多樣化、充實初等及中等教育、因應教育國際化、因應資訊化、以及教育行政與財政的改革方案等。在發展終身學習結構方面，則有四項建議：根據個人因素評量個人成就，加強家庭、學校及社區三方面的功能及合作，提倡終身學習運動，以及發展終身學習基礎建設。

1988 年文部省的社會教育局改稱終身學習局（生涯學習局），成為文部省內的第一大局，其下分成五課，社會教育、學習資訊、青少年教育、婦女教育及生涯學習振興課，強調學校（主要指大學及短期大學）在終身學習體系中的角色，並且認為學校就是一種終身學習機構。1996 年，文部省發表「終身學習社會的優先與展望——多樣性與精緻化的增加」（Priorities and Prospects for a Lifelong Learning Society: Increasing Diversification and Sophistication）白皮書，指出日本邁向 21 世紀時，必須創造一種豐富的與動態的社會環境，這需要終身學習社會做基礎。在這樣的終身學習社會中，

人們能夠自由的在其一生中任何時間內選擇學習的機會。而且學習管道不僅是透過學校和社會教育，亦包括運動、活動、嗜好、娛樂及志願活動。

文部省現所執行之相關措施，在日本各地皆有為高齡者準備的各項學習機會，除了國中小的學校會有高齡教育交流活動，讓老人家進入校園感受學生的青春活力，更設立「社會人士研究所」，讓有工作經驗的人可以繼續學習，並設立空中大學、公民館等社會的學習機構。日本各地的公民館也會舉辦相關的高齡交流活動，如何讓參與的老人鼓勵其他的老人走出家庭參與相關活動，提昇生活的意義，也是重要的課題。全日本現今設有1,800所公民館，在辦理高齡教育部分係由教育委員會或公民館等社會教育設施開辦以地區性、多樣性的學習課程及健康與運動的講座等活動。高齡教育推動工作除了公民館及都道府縣等單位協助外，最重要的仍需靠民間團體（NPO組織）來協助推動。更重要的是落實於社區及學校實施，讓學校的孩童親身體驗，與高齡者相處的時間，進行交流。日本全國有1,800所公民館、30,000多所小學、每一個區大約有6個社區教育的設施，目前因應日本少子化及高齡化的現象，將廢置的國小場地提供老人活動使用。

實施高齡者終身學習意義有以下幾點：

一、生存的意義：讓他們有學習的機會及發揮學習成果，認識其自我存在的必要性，提高其有用感。

二、維持及增進健康：學習是靠自己到學習的場所，有增進其健康的意義。為提高高齡者生存的價值及增進其自我健康，而規劃生涯學習的相關課程，有助於減少醫療費用的支出。在高齡社會中如統合規劃教育、保健、社會福利，是邁向高品質社會之路。

三、增進其對於社會變化之能力：高齡者必須在變遷快速的社會中，學習適應社會，遇到事情需冷靜正確的判斷及選擇，安全及安心的基本行為也是高品質社會中所不可或缺的。

四、擔任「新的公共」事務的推手，活化及擴大社區活動：有許多高齡者願意參加或擔任公共事務的推手，多樣性的社區活動事務支援及推動的工作，例如：醫政社區活動的推動等。

五、提高社區的教育能力及內容：社區是許多大人和孩子共同成長的地方，高齡者有許多社區的經驗及知識的累積，可以傳承下一代，所以社區的活動有許多課程都是運用高齡者本身的知識來提供，藉由個人的學習經驗，回饋並提昇社區教育的內容。

肆、大陸的老人教育

大陸採取多種形式發展老年教育，老年教育的意義體現在以下幾個方面：1.提高老年人參與社會活動的能力，2.增加老年人晚年生活的情趣，3.豐富老年人的精神生活，4.促進老年人的身心健康，5.體現社會的責任等意義深遠。目前老人教育是以高齡者為對象，讓高齡者多參加社區內活動，以促進其人際的關係，並且藉由參與活動吸取學習資訊及促進世代間的交流。取得了長足的進展，大致有如下一些做法。

一、依託社區開展老年教育

這是最廣泛、最大量的一種老年教育形式。在城市和相當一部分發達地區的城鄉社區中，老年教育已經成為社區教育重要的組成部分，老年群體已經成為社區教育一項十分活躍的力量。具有以下明顯特點：

(一) 社區教育實驗區和發達地區的城鄉社區，參與面廣、人數多，已經形成了相當大的規模。還有大量的城鄉社區雖然沒有參加社區教育實驗，但他們都不同程度開展了老年教育，這就意味著全國老年教育已經形成了數千萬人的規模。

(二) 教育形式層次多樣，內容豐富多彩。社區老年教育大體有三種形式：

第一，是在社區教育網路參與教育學習。在大陸的社區教育實驗區，都建立了城區的社區學院、街道社區學校、居委會社區學習點三級教育學習網路，其中都包含了老年教育的內容，部分實驗區還專門建立社區老年學校，為老年人開展所需的各類講座、報告及諮詢服務活動；

　　第二，是老年居民以自發或正式建立的民間社團為紐帶，參加以健身強體、文化藝術、休閒娛樂為主要內容的活動，這種活動自主自願、靈活分散、自娛自樂、寓教於樂；

　　第三，是把接受教育和發揮餘熱結合起來。譬如建立關心下一代協會，充分發揮老年群體在關心、幫助、教育、愛護青少年方面的獨特作用；建立各種社團組織，發揮群眾自我教育、管理和自助的作用，化解社區矛盾、維護社區穩定、構建社區和諧、促進社區發展；有的還發揮老年的智力優勢，在發展社區的科技應用與推廣、幫助企業技術革新和創造，乃至幫助政府決策、社區治理方面，發揮自身的聰明才智。

(三) 從參與動機和發展取向上，把功利性和非功利性價值取向結合起來，因人、因地制宜。現在看來，在城市和發達地區，以促進和追求自身發展完善的老年人，占了相當大的成分和比例，而且隨著時間的推移將越來越高，這是和社會經濟的發展水準以及人們追求精神文化生活的素質，呈正相關的關係。城市和農村的老年教育具有較大的差距，農村老年教育培訓大多仍然是為了謀求生存、生計著眼。

(四) 依託社區開展老年教育具有明顯的獨特的優勢。社區作為一個居民自治的基層單位，它把具有教育功能的社會組織、機構協調起來，以滿足社會廣大成員多樣化學習的基本需求。是以，具有：

　　第一，是它借重社區組織網路，開展終身教育活動，極具地域性、群眾性、生活性等特點。

　　第二，是社區教育把老年教育列入其中，納入地方政府的統一管理與規劃之中，從體制上保證了老年教育的開展。

　　第三，是老年人參加這類教育學習成本相應較低，不需要承受多少經濟負擔。

　　第四，是這類學習自主、自由，既可以參加系統學習，也可以選擇自己喜愛的短期課程學習，不同層次、不同需要的人群各

安其位，各得其所；老年人在社區中學習，可以充分感受社區教
育寬鬆的學習氣氛和豐富多彩的人際交往，化解老年人與社會的
疏離感，是老年人再度社會化的基本形式。

(五) 社區老年教育發展很不平衡。從參與人數、覆蓋面、發展水平、
老年人享受的教育質量上，城市和發達地區，要分別多於、廣於、
高於和好於農村及欠發達和不發達地區。大陸老年教育總體上還
處於發展的初級階段，與發達國家及地區比，還存在較大差距。

二、舉辦老年大學

中國大陸老年大學的名稱，一般參照行政區域的劃分，區（縣）級及
以上的稱為「大學」，以下的稱為「學校」；內部的層次按學習時間劃分為
初級班、中級班、高級班、研修班。在老年大學的管理上，既強調按照老
年人的特點，不完全按正規學校教育來規範；另一方面又不無視其內部的
內容差異和不同層次教育要求；也要儘量滿足那些想獲取真正意義上的大
學證書的權利，圓這些人一生的大學夢想。因此，老年大學的性質，實際
上是面向社會開放的、以老年人為主體的非正規乃至非正式教育。老年大
學本質上是一種開放性的社會教育。

1983 年，山東省率先創立了第一所具有中國特色的老年大學，隨後廣
州、長沙、哈爾濱也相繼開辦了老年大學。多年來中國老年學校教育從無
到有，從小到大，從少到多，發展到現在已達到 2.6 萬所學校，在校學員
230 多萬人。形成了省、市、縣、社區（鄉、村）老年教育網路，顯現了老
年大學（學校）教育的社會性、開放性、普及性和終身性。遍布全國的老
年學校，成為大陸老年教育的重要方式。大陸最早出現的老年大學，是為
一批參加工作較早的退休公務員而設立的，課程以富有中國傳統文化特色
的書畫和健身專案為主。隨著百姓生活水平的提高和老年教育的普及，老
年學校學員的物件構成、年齡結構和知識層次發生了很大的變化——越來
越多的普通老年人開始走進這些老年學校。受教育者結構的變化帶來了教
學內容和方式的變化。在書畫等頤養康樂型課程的基礎上，電腦、外語、

縫紉等一些應用技能型課程開始進入老年學校的教學計畫。目前大陸老年教育主要是滿足興趣愛好、開展休閒娛樂活動，滿足老年人健康發展和人際交往的需要。老年教育的宗旨，首先在於為老年個人的自我發展和自我完善服務，而非要求老年人為社會經濟做多大貢獻。

三、單位對所屬退休人員開展老年教育

大陸由於長期以來，實行計畫經濟體制，單位意識強烈，員工退休以後仍然是單位人，特別是機關和事業單位，這種計畫經濟體制的痕跡更為明顯，但由此也派生了單位負擔退休人員的教育學習的職能，各級政府都設有專管或分管的職能部門，單位專門也設有專管或分管的部門，基本形成了一個管理系統，強化了對這方面工作的管理服務職能；由於絕大多數成員屬於退休下來的公務員和專業技術人員，因此，成員的文化素質比較高，綜合素質比較整齊；定期開展老年教育活動，活動主題明確，組織計畫性較強，內容層次比較高，包括對國家的大政方針及各級政府的中心任務進行宣傳教育，對各個時期國內外的時事形勢進行介紹解讀，同時組織必要的參觀考察，也有不少生活休閒和文化娛樂類的活動。隨著大陸市場經濟發展和體制改革的深化，隨著社會養老保障體制和機制的建立與健全，退休人員由單位人轉變為社區人，已經成為一種不可逆轉的趨勢。在這種情況下，社區老年教育的任務必將越來越繁重，社區老年教育的地位也會更加凸顯出來。從總體上看，這可看作老年社會教育的一種形式和補充。但從大陸的基本國情，這類老年教育雖然人數不居多數，但層次較高、地位重要，估計會在相當長的時期存在。

四、舉辦老年廣播電視教育、網路教育

上個世紀 90 年代，北京、上海等大城市相繼舉辦了空中老年大學，充分發揮電視、廣播跨越時空、涵蓋面廣的優勢，請名師、名家講課，最大程度地方便老年人接受教育和學習，他們可以不出家門，根據自己的需要和可能，靈活地安排收聽收視。像把空中老年大學延伸到社區，把遠端教

育和課堂教育結合起來，保留了廣播電視跨越時空的優勢，又滿足和凸顯了老年人渴望人際交往的心願。隨著科學技術的迅速發展，利用電腦多媒體技術、通訊技術、網路技術等高新技術，製作網路教學軟體，開展網路教學或學習，將使老年教育的教學手段和學習方式，更加現代化、豐富多彩、方便快捷，給老年教育的發展帶來更加廣闊的前景，也使老年人享受到越來越多的優質教育學習資源。

　　全民教育和終身教育是當今世界最有影響力的兩大教育思潮，世界教育逐漸向民主化、人本化、現代化、多樣化的目標邁進。全民教育既不能忽視越來越龐大的老年群體，老年教育自身也應該主動融入社會、融入群體，在終身教育和終身學習思想指導下，在構建終身教育體系的過程中，逐步走向完善和成熟。終身教育是　個人在整個一生中所受到的各種教育的整合，是「以人為本，不分年齡，人人共用」的教育。就是重視人人參與教育、不同群體教育、民主平等教育。終身教育與全民教育是完全一致的，社會教育的大家庭，只有在老年群體的積極參與下，才是名副其實的全民終身教育。老年教育應適合老年人的特點，滿足老年人生存與發展的需要，融入社會、社區生活。從高齡工作所追求的「老有所養、老有所醫、老有所樂、老有所學」方針來看，其中，老有所學是中心，它可以豐富老有所養的內涵，增進老有所醫的效果，提高老有所樂的品位，開發老有所為的能力。這正是老年教育價值的客觀存在和價值取向，也是注重以人為本、育人為本的根本緣由。

伍、韓國的老人教育

　　韓國政府對於高齡政策的關心開始於 1999 年。該年被聯合國定為世界老人年。同時，韓國政府也發現 21 世紀 G7 國家，皆在進行人力資源的開發。2002 年，聯合國在第二次世界老人會議中提出國際行動計畫，強調高齡者可以繼續工作。韓國政府乃逐漸從把高齡視為政治、社會、文化組成要素之一的被動立場，轉變為關心高齡人力的開發。

　　為對高齡者實施終身的職業教育，來保障其生活品質的維持或提昇，應對高齡者作積極的協助。此外，為解決國家生產力、勞動力的問題，必須積極利用閒置的勞動力，高齡者的職業教育與訓練顯得非常重要。就當前韓國在高齡者僱用和就業的相關法律和運作現況分析如下：

　　韓國有關高齡者的終身職業教育與訓練的法律，是 1992 年所訂頒的「高齡者僱用促進法」。此一法律，旨在支援和促進高齡者能夠找到和其能力相符的工作，以達到保障高齡者的就業安全和支持國民經濟的發展。該法第二條規定，高齡者係指年齡為 55 歲以上者，而 50 歲至 55 歲則為準高齡者。此法案中指出，為促進企業對高齡者的僱用和保障高齡者的職業安全，政府應改善高齡者就業的相關措施，包括：求職求才資訊的收集和提供、提供高齡者能力開發的訓練、對僱用高齡者進行指導、培訓高齡者的講座、改善高齡者就業環境、強化高齡者就業的機能、成立高齡者僱用資訊中心、及成立高齡人才銀行等。

　　韓國的高齡層人力開發，是以高齡者可以就業的相關產業為主體，而高齡者就業的相關產業則可分為公共部門和民間部門。公共部門指的是政府部門主導的勞動部、保健福利部、和各地方自治團體針對高齡層對象設立的相關的產業和教育訓練項目。勞動部所屬的包括高齡者人才銀行、僱用中心、人力銀行、以及線上的 work-net。此外，保健福利部也委託大韓老人會設立老人就業介紹中心。

　　「高齡者僱用促進法」規定：「政府要為高齡者和準高齡者選擇適合就業的職種，並加以推廣和宣導。」本著此一精神，勞動部選定了多種適合高齡者和準高齡者就業的工作。他們既不會造成生產力下降又可以保障生產過程的低危險性。因此高齡者適合的職種要透過調查和評估加速擴充。開發高齡層人力資源的機構，其人力開發方式主要是讓高齡層從事一些單純勞務的職業。

　　以高齡者為對象的職業教育與訓練，包括韓國產業人力集團接受委託而開辦的 1 周至 4 周的準高齡者僱備短期適應訓練課程，以及首爾市老人就業介紹中心實施的為期 3 天的短期適應訓練課程。在韓國產業人力集團

實施的老人再就業教育項目──高齡者僱用短期適應訓練課程，此一課程對希望就業的高齡者進行 1 個月的短期職場適應訓練，以促進就業，同時，也對高齡者的職業安全和晚年生計的保障提供幫助。此種課程包括停車管理員、警備員等適合高齡者就業的職種，課程 1～2 周，並實行職業生活和安全管理教育，以及不同職種的基礎教育。

　　高齡人口的比重越來越大，高齡者勞動力的活用是一項新的挑戰。個人在 75 歲以前仍可以參加經濟的活動，且能健康的工作，是現在高齡者教育最重要的目標。高齡者的就業健康保險是減少高齡者財力支出的重要措施，它和國家的退休制度相結合，對於減少高齡者退休金的支出，具有劃時代的作用。由於 60 歲以上高齡人口的持續增加，高齡者適合的工作類型要進一步開發，目前情形顯有不足。此種需求如不能解決，高齡者的勞動市場，將會越減縮。為解決高齡者的各種社會、經濟的需求，要配合高齡者的特性，開發高齡者的人力，此舉亦有賴政府作政策的支援和法制化工作的完善。

陸、瑞典的老人教育

　　瑞典將全國分為 24 個縣，各縣分別設立行政主體的縣自治區，其執行任務包括：教育、社會服務、能源、環境衛生、文化、交通、產業、設施整備等，縣自治區下設各種委員會，如：社會福利委員會、教育委員會、保健醫療委員會等，其與高齡者較為相關的工作有：老人照護、居家療養、醫療提供、老人院整備、房屋津貼支給、教育文化服務等。

　　為使老人能參與社會生活、增進健康或貢獻社會，瑞典政府規劃並整備環境條件以促進其過有朝氣的生活。瑞典高齡者的社會福利措施，是依功能任務分工合作的。縣主要以醫療、保健、住宅等支出較重大的事項為負責的範圍，自治區則以教育學習、家庭幫傭、文化休閒、公益活動等福利服務的事項為主，但兩者之間是相互協調合作的體系，而統整合作的主要場所為「社區」。

　　根據統計瑞典高齡者的勞動率與先進國家一樣，在近 10 年至 20 年間一路下滑。高齡者提早退休的現象，可能與社會保障制度的發展、受僱勞工增加以及另有生涯規劃等因素有關。然而年過 65 仍然繼續工作者仍多有所在。在瑞典，他們的職業有三成是農林漁牧的自營業者，有兩成是科學家、技術人員、藝術家等專業者，多數屬於對自己終身工作感到興趣者以及較自由的專業工作。根據瑞典勞工部「高齡者就業問題委員會」的調查顯示，儘管年過 65 以上的高齡者勞動率極低，但老後希望繼續工作的人卻出乎預料的多。在福利國家的瑞典，希望以全時或部分時間工作的高齡者比率，大到不容忽視的程度，完全不想工作者的比率僅為四成左右。瑞典的保健福利廳近年來規劃短時間的就業制度，獎勵精力充沛的高齡者從事有意義的職業，作為保持健康的社會參與，也期待成為福利人力的供應來源。

　　於是不少高齡者自願性的從事各種活動。他們在居住地區照顧兒童們，或對其他老人、殘障者伸出援手。這些活動主要以家人、鄰居、朋友為對象，個別實施，有時也透過義工組織去做。其他如教育學習、運動、休閒嗜好、旅遊、手工藝等活動亦非常盛行，這些活動的場所有學校、運動俱樂部、保健中心以及年金組織等。以教育學習而言，瑞典非營利組織以及國民高等學校等，所提供的教育學習範圍很廣，包括：歷史、語言學、老人問題等；運動方面有游泳、高爾夫、射箭、體操、球技等；嗜好方面有編織、木工、繪圖、陶藝等。

　　瑞典為了鼓勵人民參與終身學習，早在西元 1970 年代就建立留薪學習的制度，學習者可以帶薪離開工作場所從事學習活動。而連續就業達 6 個月以上或累計就業達 1 年以上的人，都有權利可以申請學習假。為了解決學習者學費不足的問題，瑞典政府提供各種支援配套措施，如給予經費補助，主要有四種：一、就業者的特別學習支援。凡就業 4 年以上之成人，可申請補助修習義務教育或高中教育；二、失業者的特別學習支援。針對失業成人補助其修習義務教育或高中教育；三、特別的教育補助金。資助年齡介於 25 至 55 之間的成人接受義務教育或高中教育；四、學習津貼。

年滿 45 歲以上者，皆可申請資助在大學、學院或成人教育機構進行學習。津貼資助的對象包括有老人、殘障者以及低收入者。

　　雖然瑞典高齡者在政府的協助下，從事教育學習的人口比率持續增加，但也面臨若干的問題。一、高齡人口今後將不斷增加，高齡人口的比率持續升高，政府相關支出及所需提供服務的範圍擴大，負擔亦將隨之增加；二、高齡人口的平均壽命增加，預料未來需要接受照顧及社會福利措施的年齡層比率會升高；三、獨居高齡者增加。隨著年輕世代不婚、遲婚、離婚率升高，以及無子化、少子化的趨勢增加，與子女同住的比率因社會及家庭經濟結構的改變而下降，未來無配偶的獨居老人、離婚的獨居老人、未與子女同住的獨居老人比率勢必升高。單身、獨居、孤獨，將會是未來高齡者普遍共同的寫照；四、照護高齡者的家庭功能下降。由於社會經濟發展及工作競爭壓力的影響，年輕世代的子女必須投入工作、職業婦女和雙薪家庭增加，原本家庭可以發揮照護高齡者成員的功能下降，影響所及，政府對於高齡者居家照護與提供社會福利的責任及壓力將持續增加。

　　為了使高齡者能夠進入教育服務體系，協助高齡者緩解晚年生活危機，降低社會福利經費負擔，甚至進一步發揮高齡者人力資源效益，建議政府應參酌先進國家對於高齡者所提供的社會照顧措施，配合本國國情，建構完整的高齡者教育服務體系：

一、建構高齡者在家學習機制

　　由於種種不利於高齡者因素的影響，一般適合於兒童或青壯年人的學習狀態，未必適合於高齡學習者。且高齡者往返於居家和學習場所之間，除不便之外亦容易產生意外。因此建立高齡者在家學習機制有其必要。高齡者在家學習機制，可透過多元學習媒體組合來建構。例如：函授、電話、語音答錄、傳真、廣播、電視、錄影（音）帶、影音光碟、套裝教材、電子郵件、電腦輔助教學（CAI）、網路教學等，提供遠距教學、個別化學習以及 24 小時的隨選服務，將「教育送上門」。

對於高齡學習者而言，在家學習機制的優點主要為：不受時間和場所往返的限制，方便學習；體力的負擔較輕；及適應學習者的個別差異等。

二、建構連結社區的學習環境

發展以社區為核心的高齡者學習環境，對於高齡者而言是必要的。因為高齡者經常受制於交通、健康、經濟等因素而影響其學習，與社區連結的學習環境可以較方便的滿足高齡者的生活機能、人際關懷、心理歸屬以及熟悉的地域等利益。具體的作法上可以結合社區學校機構、社教團體、圖書館、文化中心以及社福機構等組織，提供高齡者需要的學習資源；此外，亦可結合社區志工組織以及社區人力資源，提供方便老人學習和所需的課程，並協助解決其學習障礙。更進一步可以有組織的運用有閒老人服務社區，組織社區老人聯誼會，結合社區志工以及社區人力資源，規劃老人教育推展計畫，利用社區資源來推展老人教育工作，使「社區服務老人，老人服務社區」相依相持。

三、建構完整的學習支持系統

高齡者有許多不利的學習特性。包括有：（一）受老化的影響，在動作思考以及感官反應上均較為遲緩，記憶力和體力也較差，容易產生挫折、焦慮、孤獨等現象；（二）在學習策略、學習技巧以及學習適應上，高齡者有別於兒童與青壯年，平均而言，高齡者需要較長的學習時間、需要較低學習焦慮的情境、較須配合其生活經驗的學習內容、須有較高彈性的個人學習進度、有較高的關懷需求、須較低體力負荷的學習、需要有特別設計的教材與教法等；（三）客觀條件限制較多，常因交通往返不便、夜間學習不便、缺乏體力與時間、繳不起學費、個人或家庭限制、健康不佳、學習訊息管道不佳等因素而中輟學習。

因此建構完整的學習支持系統，對於高齡學習者而言是必要的。具體作法可參考世界各國的措施，例如：辦理高齡者綜合服務、高齡者圖書巡迴車、

圖書送府服務、高齡者教育諮詢服務、社區高齡者學習小組、放寬高齡者學習條件、設置高齡者學舍、開辦老人寄宿式教育、高齡者學費優免或補助等。

柒、先進社會老人教育的趨勢

根據德、日、韓、英、美、瑞典等國的比較研究，發現老人參加越多的學習活動，就越能融入社區的生活，而對健康與安寧產生極大的幫助，所以讓老人繼續學習並在社會扮演一定的角色，可以減少社會福利及醫療照顧的支出。在法國稱老年人大學為「第三年齡大學」。1973 年法國創辦了第一所老年人大學，招生對象為各行各業退休人員。到 1990 年法國已經建立了 50 多所這樣的大學，其中大部分由政府興辦。日本 20 世紀 70 年代興建了老年人大學，很受老年人歡迎。老年人大學開設的課程有：國內外時事、老年心理學、營養學、體育、園藝、自然、家政等，招收對象為 60 歲以上老年人，學制 4 年。據日本文部省統計，目前日本有各種老年人大學、老年人訓練班、老年人專題講座和老年人第二職業學習班 4,000 多個。瑞典的老年人教育基本上與美國相同，1976 年斯德哥爾摩大學 55 歲以上的大學生占該校學生總數的 20%。65 歲以上的大學生占該校學生總數的 10%。瑞典的廣播講座和電視教育都設有適於老年學習的課程。實證調查發現：老年學習者傾向成人學習取向，顯示老年學習者認為其生活經驗可以當成學習的資源，而且傾向希望將自己的經驗透過互動的過程與人分享，而且年齡越大，越傾向於從過去的成功經驗中找尋自我的認同感。

聯合國為關懷高齡者的生活情況與生活品質，於 1982 年制定了「國際老化行動計畫」（International Plan of Action Aging）以來種種行動策略，整合過去並配合未來的情況，提出前瞻性的實施計畫，關係著高齡者教育。聯合國將高齡者教育視為國際老人年期間及未來發展老人政策與措施的一項重點工作。

一、國際老人年的基本概念

1. 考量老人處境：發揮老人的生計及保障老人的收入。
2. 個體終身發展：個體發展涵蓋各個生命階段，同時需要個體的積極開創與環境的促進。
3. 增進代間關係：家庭、社區、整個社會與國家的良好代間關係的建立。
4. 發展與人口老化的關係：在已開發或開發中國家，因國家結構與情況的不同，在因應人口老化所引發諸項挑戰的做法與措施應有差異。

二、聯合國關懷老人原則及其與高齡者教育的關係

1. 獨立：獲得精神、物質、參與、決定、獲得、教育、居所如願等的自主性。
2. 參與：能有參與相關政策討論推動的積極性，分享知識技能、提供服務社會的機會與能力。
3. 照料：在安心的環境中，無論身心、健康、情緒、社會、法律、人權、自由的生活品質都獲得照顧。
4. 自我實現：能獲得教育、文化、精神與休閒各項社會資源，有充分增進發展潛力機會。
5. 尊嚴：無論任何等級的人一律平等被對待，讓老人生活在尊嚴與安全中，自由的發展個人身心。

21 世紀人類將面臨各種衝突與挑戰，各國積極推動終身學習、建構學習社會、開發人力資源、提昇國家競爭力以因應瞬息萬變的世界變遷。由世界老人教育發展趨勢，可見在變遷潮流中影響老人學習的教育趨勢，包括：科學技術加速的進步、老人參與社會活動更為積極、參與意願提昇，老人階段的學習成為重要議題，提供老人多元開放的學習機會，因此，探討建構學習型社區，推動社區老人教育，規劃老人的第二生涯，結合社區發展，實現學習社會具體可行的策略，是一項要務。

　　社會大眾應體認高齡學習的重要性，因為處於第三年齡的高齡者仍能持續成長和發展，此一現象對整體社會而言實具有加分作用，因此，需要廣泛地提供正式、非正式的學習機會給這群高齡者。更確切地說，藉由高齡學習活動的進行，有助於高齡者邁向積極老化，學習應被視為晚年生活中不可或缺的部分，因為學習有助於維持心理和身體健康，有助於高齡者獨立自主地生活，進而融於變遷社會中而不至於被淘汰。高齡者的學習牽涉到學習者的人格特質、成長經驗、社會規範勢力、價值認同與個人生命發展史等複雜因素，如何從高齡學習的研究中歸納出學習的共同特性，從個別特性中歸納出不同的學習型態與學習特性需求，並設計符合其學習型態的服務學習方案，經營社區老人教育的策略。

表 14-1　先進社會經營社區老人教育的策略一覽表

策略	具體作為
場所	建置以老人為中心的學習型組織，結合政府與民間的力量，促成社區多元的學習組織型態。
設備	運用教育科技，籌辦社區資源中心，充實軟硬體設備，擴展服務對象，結合教育科技，提昇社區老人教育品質。
制度	妥善規劃制定社區老人教育的政策內涵，以利發展。設置專責機構，才利於政策理念的實現。
計畫	建置社區教育資源中心，統籌社區資源，透過網路與其他社區結合，擴大資源共享、提供諮詢。
人員	結合當地社區豐富人力、物力、財力，展開教育實施。廣徵民間團體熱心參與活動，鼓勵民間團體參與社區老人教育，減輕政府的負擔。
課程	教導老人基本學習能力特別是學會如何學習（learning how to learn），幫助其自我導向學習的潛能。
教學	了解學習者學習取向，調整教學方式，以融入其領域中，推動更具專業化及制度化。
方式	針對其學習需求、認知能力與身體狀況等條件進行多元教學、教材與服務方式的規劃，混合運用各種團體學習、同儕學習、問題導向學習、自我調控學習等多元方式進行老年教育的方式。
目標	規劃高齡人力資源的教育計畫。擴大結合社會資源配合，進一步推廣老人教育。

（資料來源：作者整理）

捌、先進社會老人教育的啟示

我國在邁向已開發國家的過程中，全民教育水準的提昇乃是重的課題。教育部在民國 87 年 3 月的「邁向學習社會」白皮書中，亦明確提出建立終身學習社會的目標。鼓勵民眾追求新知，倡導全民參與的公民社會的建立，培養 21 世紀的新公民。世界各先進國家相當重視終身教育的推廣，其教育的發展趨勢已發展到「高等教育全民化」的時代，這些先進國家將高等教育的發展多元化、普及化，尤其倡導推動成人及繼續教育學院、擴充學院、社區學院等措施，以滿足民眾接受高等教育與成人教育之需求。

以國家別來看其具體作法，例如：美國 1964 年的「經濟機會法案」、1965 年的「老人法案」；1971 年白宮老化研究研討會等，經由法案的訂定，使老人的權利得以獲得重視與確保；英國 1964 年退休協會首開致力於高齡者退休前教育活動、健康諮詢、財務規劃諮詢、休閒活動等，法國 1973 年的「第三年齡大學」設立，可謂開啟正式落實老人基本教育人權的政策。日本則在 1951 年由官方創建「老人俱樂部」，開啟將老人人權內容實踐的序幕，1986 年的「長壽社會對策大綱」、1989 年的「高齡者保健福利十年策略」、1990 年公布「終身學習振興法」，在在皆顯示關切老人教育人權並加以貫徹執行的用心，尤其是 1995 年提出高齡社會對策基本法，全方位針對老人各類需求加以更縝密的規劃。

各國對於高齡者所實施的社會福利範圍及措施不一，然其基本的核心精神皆不外乎：一、維繫基本正常生活；二、協助繼續參與社會活動；三、致力於最大可能的獨立自主；四、弱勢扶助與保護；五、達成法制化。

近年來瑞典政府針對高齡人口群的特性，增加「團體接觸」（group contact）式的服務，並逐漸依據高齡者的需求，由過去「設施型」的服務擴充為「居家型」的服務，透過「社區」使社會福利與高齡者教育服務相互結合。

高齡者教育，旨在透過學習的歷程，滿足高齡者的知能需求，使高齡者避免頹喪，能繼續的參與社會活動，增進身心靈的成長，從而使高齡者

能有最大可能的獨立自主生活，有更好的晚年生活品質。此一目標和高齡者社會福利的旨趣不謀而合。

世界各國有鑑於此一趨勢，早已有建構各種提供高齡者學習的教育機構或組織，例如：瑞典的國民高等學校；日本的兵庫學園、老人大學、高齡者教室或老人福利中心等；韓國的老人大學、成人教育院等；法國的第三年齡（the third age）大學；英國的開放（open）大學；美國的大學、社區學院等；以色列的人人（everyman's）大學；我國的空中大學、社會大學、社區大學、長青學苑等。

顯見世界各國對於高齡者的照顧已不僅限於安養而已，教育學習的機會已被視為是高齡者重要的社會福利權。

任何人都會面臨老化的事實。如何讓每位社會成員在晚年時，均能有良好的生活品質，減低對社會的依賴，甚至對社會做出貢獻，最佳的途徑就是以「社區」結合高齡者照顧與教育服務體系。政府應當重視此一趨勢與事實，加強法制化的努力，使台灣高齡化的社會能有美好的未來發展。

借鑑先進社會，我國於高齡教育須引進的作為：

1. 訂定老人教育實施辦法，以資遵循：目前我國老人教育不夠有力和明確，應增訂老人教育實施辦法。

2. 廣設社區圖書館，以利學習：自我導向學習是一重要的教育途徑，設置社區圖書館，特闢老人研習室、添購老人圖書，或是老人巡迴圖書館，免費提供偏僻地區就近福利行動不便老人。

3. 開闢老人教育財源，充實經費：鼓勵民間社團辦理，設置老人教育基金，充實經費。

4. 開放大學校園，准許老人選課進修：專為高齡者提供有關老化的相關課程，正規教育課程應採取學費優待或免費方式，開放部分名額給高齡者。或是利用大學設備，開闢老人大學，如英、法……等國的第三年齡大學，辦理正式的老人教育。

5. 普及終身學習的觀念，激勵學習動機：結合社區學習型組織的發展，激發鼓舞缺乏學習動機或缺乏學習能力的老人。

6. 透過老人教育是最佳的手段，尤其是結合社區總體營造，發展社區
學習型組織的方式，達到福利及教育老人的多重目的。

結語

21 世紀社會的新貌，將是高度的都市社會化、高度的資訊社會，整個
教育體制備受衝擊和挑戰，個人唯有繼續不斷的終身學習，社會必須建立
學習型社會方能因應高度的資訊、知識的未來。為此，應發展健康及教育
產業，以促使國民能健康地進入老年，充分融入及參與社會，為其社區及
社會發展作出更積極有效的貢獻。而社區老人教育落實教育本土化，協助
個人免於迷失在高度工業化、都市化社會之中，化解現代化的危機，社區
總體營造方式，使個人、社會、國家的潛能發揮，生活品質提昇，增進社
會和諧，讓我們的年長者參與，全民共同攜手邁向地球村的世紀。

第十五章　高齡就業

前言

　　高齡人口的自然增加，已成為世界先進國家的共同趨勢，尤其在未來10至20年左右，戰後（約於1946年到1964年）出生的嬰兒潮人口，將面臨邁入老年期，如何預先擬定因應措施，以因應高齡化社會所帶來的問題，係目前各先進國家刻不容緩之議題。

　　過去台灣失業率一向很低，但自1994年下半年起失業率開始上升，過去失業率大多發生在製造業的藍領勞工，但現今已擴及營造業、商業及服務業部門的白領階級。其中中高齡勞工更是首當其衝，究其原因可歸納如下：第一，在低學歷與低技能的中高齡者方面，由於資訊科技的發展與產業轉型，在知識與技能的不足下，勞動的可受僱性（employability）下降，在企業追求最大利潤的情況下，無法展現其對企業發展的可貢獻性，以進一步吸引雇主的僱用。第二，在中高階主管的中高齡者方面，雖然可受僱性與生產力仍然存在，但是其比較利益不佳，相對其他年輕的競爭者而言，中高齡的中高階主管薪資高，導致企業勞動成本提高，不利企業競爭優勢的塑造，尤其是追求低成本策略的企業，更是形成策略推動的包袱；於是在先進先出的用人策略下，中高齡就成為企業優先解僱的對象。第三，法令制度的缺失也是造成中高齡者就業困難的一大主因：例如強制退休制度造成仍有工作能力與工作意願的中高齡者，無法繼續留在工作場所；現行退休制度也造成雇主因為退休金負擔的考量而減低僱用中高齡者的意願，甚或有部分雇主以資遣中高齡者來規避退休金的給付。

由於所謂的中高齡者，大多指 45～54 歲之中壯年及 55～64 歲之中老年，在高齡化的社會與適婚年齡逐漸升高的後工業社會，中高齡者實為社會重要的群體，且大多為主要家計負責人，因此，中高齡者失業將導致家庭或個人主要收入來源中斷，嚴重影響家庭生計與子女發展；中高齡階段應為人生職涯發展的關鍵時期，尤其是中壯年階段，如果提早退出勞動市場，不但是家庭損失，同時也是整體國家經濟發展的損失。故如何促進中高齡者就業，協助其降低就業障礙，實為重要議題。

壹、英國高齡勞動力開發與就業促進

英國對於中高齡人力的開發與運用，不但有新協定計畫可以協助，同時也利用公共部門創造中高齡就業機會；再者亦推動終身學習制度，進行反年齡歧視宣導，積極促進中高齡勞工就業：

一、就業服務組織架構

英國就業服務的行政機制採一條鞭式的中央統籌架構，其主要行政組織包括負責政策制定與評估的工作年金部（The Department for Work and Pensions，簡稱 DWP）、實際執行的就業服務處（Employment Service，簡稱 ES）及各分散各地的工作中心（Jobcentre）。2006 年 Jobcentre 普及全國，以單一窗口方式，提供民眾就業安全的整合服務事項。

二、中高齡積極就業計畫

(一) 50 歲以上的新協定計畫

    1. 新協定計畫是英國就業政策的具體措施，是英國政府「從福利到工作」勞動市場政策的重要一環，對於促進中高齡者就業，提供了個人化的具體協助包括個人諮詢師、就業津貼或就業信用等。

    2. ES 透過執行政府「Welfare to Work」的政策，對於英國勞動市場的有效運作及經濟的穩定發展，扮演著重要的地位。其主要目的即在

協助沒有工作的勞工儘快找到工作，同時也協助雇主能及早填補其求才的空缺。ES 下轄的工作中心，所有的求才資料，均已全面電腦化，任何個人、社區、學習中心、圖書館均可連線進入這全世界最大之一的工作與職業網頁，也可以直接在所有工作中心的觸摸式電腦上搜尋所需工作項目。

3. 為了提供工作年齡人口更有效的服務，工作中心積極協助並輔導失業勞工走出社會福利依賴，進而加入勞動市場的工作行列。

4. 除新協定計畫之外，就業特區計畫亦提供中高齡勞工特別的諮商服務；此外，就業服務處也推動一項針對中高齡勞工的就業方案，以協助領取尋職津貼者進行改善其可受僱性、提供參加尋職面試津貼、訓練求職技巧、及工作基礎的訓練等。

(二)「中高齡技能成長班」，訓練完成者提供給技能短缺部門的產業。

(三) 建立彈性退休制度，以取代強迫退休制度。

(四) 設立「中高齡就業諮詢團」，並鼓勵雇主再僱用訓練中高齡失業者。

三、公部門創造就業

由於部分中高齡者要在競爭性的勞動市場工作並不容易，因此英國政府亦配合推動公共部門就業提供中高齡者參與勞動市場機會。例如，在英國中部的曼徹斯特，由於是工業革命的發源地，工業城市歷史悠久，因此，曼徹斯特市政府即創造中高齡者擔任導覽解說員之工作機會，協助當地中高齡者就業。

四、推動終身學習

提高訓練獎助以提高中高齡勞工學習新技能的意願，並廣泛建立學習夥伴關係，以方便中高齡者就近學習；此外，也建立個人學習帳戶（Individual Learning Account），鼓勵學習，其主要目的是：（一）協助失業成人能重新再穩定就業；（二）滿足地區性勞工需求；（三）透過認證提供成人更多學習管道。

五、推動反年齡歧視宣導

年齡歧視不但對個人不公平，對經濟發展也有不良影響；而且隨著高齡化社會的來臨，年齡歧視的經濟成本將上升。中高齡勞工在英國同樣有遭遇年齡歧視的經驗，因此政府在 1997 年即表達反對年齡歧視的立場，同時展開廣泛的諮詢，鼓勵勞工將年齡視為正面的資產，並積極鼓勵企業進用中高齡者。在法令方面，完成就業年齡禁止的法制化工作。

六、職缺資訊的公開化、透明化與資訊化

英國就業服務將雇主視為是夥伴關係的一員，不但開放雇主主動求才登記，同時也積極派員廣泛與雇主聯繫，積極遊說雇主參與就業計畫的推動。所有的求才資訊，透過勞動市場系統（Labour Market System），可以即時的透過連線上網或在各地的觸摸式工作服務台（Jobstop）取得最新職缺資訊，這些職缺資訊包括求才公司、工作地點、待遇、所需技能等。

七、建立整合式服務網路

英國為推動減少福利依賴與促進就業的「從福利到工作」政策，當勞工失業欲領取福利給付時，需先經積極尋職或轉介職業訓練或推介就業的程序。由於過去，推介就業、給付發放與職業訓練分屬不同單位，而這些單位又彼此缺乏聯繫，不僅造成請領給付者的不便，而且會將失業保險的功能窄化成只有保障失業者生活，無法發揮促進就業的積極功能。因此，設於各地的就業中心，即是將就業服務與福利給付業務合併成一單一窗口的業務中心，提供更有效率的服務。

八、提供個人化、深度化的就業諮商服務

為釐清失業者的尋職障礙，並對如何排除障礙提供適切的協助，英國就業服務將工作重心由單純的就業媒合移向就業諮商服務，例如只要是納入新協定的失業勞工，每一位勞工均配有一位個人諮商員（Personal

Advisor），失業勞工在重新就業之前，均須定期與個人所屬的個人諮商員進行面談，再依面談結果擬定失業者個人就業計畫，爾後即依此計畫進行失業者重回勞動市場的安排與協助。

九、強化夥伴關係之建立

夥伴關係是英國就業服務的特色，包括其他中央政府部門、地方政府、學校、民間企業、非營利組織等都是執行就業服務不可或缺的夥伴角色。英國以就業服務為核心業務，其餘有關技能提昇等職業訓練及終身學習議題，大多透過與各級學校、學習中心等之夥伴關係之建立，提供勞工便捷及多元化的服務管道。

為了防止年齡歧視影響中高齡者的勞動市場參與，英國政府積極推動的措施包括：第一，1999 年發布「Code of Practice on Age Discrimination」，呼籲雇主應該避免年齡歧視，建議在召募、甄選、升遷、訓練與發展、裁員解僱及退休上，應以技術、能力和潛能作為效標，而非以年齡為考量標準。資料顯示，自「Code of Practice on Age Discrimination」發布以來，在甄選中以年齡為條件者已經由 27%降到 13%，下降了一半，顯示此政府的宣導正逐漸導正雇主年齡歧視的刻板觀念。第二，將工作中心求才年齡上限取消。第三，透過新協定計畫及就業特區計畫，提供年齡較大者必要之協助。

貳、歐盟高齡勞動力開發與就業促進

歐盟（European Union，簡稱 EU）長期以來即存在就業創造的難題。自 1960 年代以來，歐盟的就業成長顯著低於其他 OECD 國家。因此，從 1997 年，歐盟在其就業政策中，強調以改善就業能力（employability）、發展企業家精神（entrepreneurship）、鼓勵適應性（adaptability）、強化機會平等（equal opportunities）為四大主軸，希望歐盟各國能個別訂定就業行動計畫（Employment Action Plan，簡稱 EAP），透過積極主動的勞動市場政策以

防止失業、機會平等的促進與勞動市場的擴大、終身學習的推動、適應性與創業精神、改善弱勢者在勞動市場中的地位等五大政策來推動就業政策。歐盟的成員國家曾在 2000 年共同提出「里斯本策略」——透過緊密的經濟合作政策、就業政策與社會政策，加強歐盟的競爭力，鼓勵就業與持續成長。在 2005 年 3 月，歐盟再度重申里斯本策略，重點在於穩定發展與完全就業，要求會員國家提出國家的改革方案，並設定各項目標。

依據上述策略性原則，擬定四主軸的具體政策如下表：

表 15-1　歐盟高齡勞動力開發與就業促進表

政策	主要內容
提昇就業能力	1.妥善處理失業問題及改善長期失業情況。 2.推動就業友善（employment-friendly）的給付、稅及訓練體系。 3.為了經濟年齡人口（active aging）發展有利政策。 4.推動終身學習（lifelong learning）。 5.推動電子化學習（E-learning）。 6.防止就業歧視並促進社會包容。
拓展企業精神	1.協助創業與營業。 2.鼓勵創業精神。 3.在知識經濟與服務業中創造新的就業機會。 4.推動積極政策以促進就業媒合。 5.就業活動區域化及在地化。 6.進行有利於就業與訓練之稅制改革。
鼓勵適應作為	1.工作組織的現代化與規則化。 2.支持適應性為終身學習的必要組成。
強化機會平等	1.進行性別研究與分析。 2.妥善處理性別差距。 3.協調工作與家庭。

（資料來源：作者整理）

新協定計畫是英國推動「從福利到工作」就業政策的核心計畫，從 1997 年開始的新協定計畫，推動的一連串的措施，主要在提供民眾一個個別化的服務和支持，以改善他們的工作觀和工作能力，進而幫助他們從福利轉向工作，而其結構也由顧客型態來劃分，包括 18～24 歲年輕人；25 歲以上

的民眾；50 歲以上的民眾；單親家庭父母親；失業民眾的伴侶；殘障人士；音樂家等新協定計畫，其中以 18～24 歲年輕人及 25 歲以上的長期失業者所推動的計畫是新協定的主要核心。其中 50 歲以上民眾的新協定（New Deal for 50 Plus），協定的目的主要在協助 50 歲以上、失業超過 6 個月者重返勞動市場，避免成為非經濟活動人口、並主動提供重返勞動市場的途徑；其協助項目包括個人諮詢師、就業補助金及訓練金等。

1. 個人諮詢師的個別協助。

2. 參與其他政府的訓練方案。

3. 實際找到工作後發放一定的就業補助金以增加其一開始的收入。

4. 工作訓練補助金。

50 歲以上的新協定計畫係屬自願性質，若符合資格者選擇不加入本計畫，仍不影響其社會福利給付之領取。自 2000 年 4 月開始實施，因三分之一的 50 歲以上中高齡者經濟不自主，需加以協助，本計畫已提供 30,000 個工作機會。

參、瑞典高齡勞動力開發與就業促進

瑞典為歐盟會員國家，屬北歐四國之一，面積為 45 萬平方公里，人口約為 900 萬人（台灣人口約為其 2.4 倍），其中 15 歲以下約占 19%，65 歲以上老人占 18%。瑞典是高稅制高福利的社會，人民享有完善的福利，包括從出生到大學幾乎完全免費的教育、醫療照顧，以及生活與教育津貼、老年年金等，形成綿密的社會安全網。瑞典即從 2002 年起，依據歐盟的指導綱領，每年訂定就業行動計畫（Sweden's Action Plan for employment）。在過去 10 年，瑞典的經濟成長遠高於歐盟及 OECD 的平均標準，且各項勞動統計指標皆已超過歐盟里斯本策略所設定的標準。儘管如此，瑞典仍認為失業的情形仍有改善的空間，並於 2005 年 10 月提出了一項為期 4 年的改革方案（The Swedish Reform program for Growth and Employment 2005-2008）。在改革方案中，包含了幾項要素：提供企業更好的環境、公部門品質的改善、失業畢業生的工作機會提供及密集的教育投資。

表 15-2　瑞典就業策略設定目標表

統計指標	歐盟設定目標		瑞典達成情形
	2005	2010	（2004 年）
就業率	67%	70%	72.1%
女性就業率	57%	60%	70.5%
高齡工作者（55 至 64 歲）就業率	-	50%	68% 男：71.2%，女：67.0%

一、政策

採取積極性的勞動市場政策（Active Labor Market Policy），瑞典的積極勞動市場政策最主要精神即是「以工作代替福利」，不僅是提供工作機會給失業者，且強調地域與職業別間的流動，以維持勞動力。瑞典利用提前／延後年金給付年齡 67 歲而減少／增加年金百分比鼓勵延後退休；並且提供再教育及推動女性加入職場。該國勞動市場政策的特色之一即是「人力密集的公立就業服務」，從中央到地方分為三個層級（國家勞動署、21 個省勞動局及 288 個公立就業服務辦公室），各司其職、分工合作。此外，瑞典的工會組織相當活躍，透過政府、勞方與資方以協商工資。積極勞動市場政策是為達成以下幾項任務：

1. 暢通勞動市場的供需管道，使失業者可以得到工作，雇主可以獲得勞動力。
2. 在一個有效率及彈性的勞動市場中，促進失業者的就業與技能發展。
3. 採取積極策略解決短缺職業問題與各瓶頸。預防人力從勞動市場的提早離開。
4. 主動的協助這些有困難獲得工作的求職者並避免被排除在勞動市場外。
5. 預防長時間的不穩定就業。
6. 去除勞動市場的性別隔離，並增進工作生活中的性別平等。

為了達成這樣的任務，瑞典的勞動市場政策則包含了幾項重要要素：

1. 完全免費的公立就業服務。

2. 人力密集的勞動市場服務體系。

3. 強迫要求職缺應通知至公立就業服務機構。

4. 積極性勞動市場政策的所有策略皆是由一個體系執行。

5. 各省市扮演重要的角色。

　　瑞典在 2006 年所設定的目標是要提昇就業率至 80%以及失業率降至 4%，在 2005 年所提出的「成長與就業改革方案（The Swedish Reform program for Growth and Employment）」則揭示了以下八項的指導方針：

1. 達到完全就業、增加工作品質與生產力以及社會整合。

2. 採取生命週期的觀點，例如：中高齡工作者有不同的工作需求。

3. 提供失業者工作意願的誘因。

4. 增進勞動市場供需的媒合。

5. 提供彈性且安全的就業，並減少勞動市場的隔離。

6. 確保友善就業的薪資設定機制。

7. 擴展提昇人力資本的投資。

8. 整合教育與訓練系統，回應市場對新能力的要求。

　　瑞典有相當高的婦女勞動力參與率，影響瑞典婦女勞動力參與率的主要因素則包括：稅收制度的改變、普及化的兒童與老人照顧，以及親職保險制度的設計。參照瑞典的經驗，托育設施及親職假的配合設計，仍是提昇婦女勞動參與的主要關鍵，再者，透過禁止性別歧視、積極破除性別隔離等措施以及保障部分工時者的權益，所能達成的目標不僅是增進婦女的勞動參與，更是兩性的勞動參與與平權。

二、就業服務機構

　　瑞典的公立就業服務機構皆提供以下九種服務：

1. 尋找工作：協助個人的資格與經驗可與工作職缺媒合的過程。

2. 提昇求職者尋職技巧：協助個人自行尋找工作的能力，並協助撰寫履歷。

3. 職業指引：提供相關市場資訊，依據資格能力與經驗，協助找尋適合的職業。

4. 教育訓練：增加失業者的能力以滿足市場的需求。

5. 創業：提供指引與建議且提供 6 個月的創業補助。

6. 分析職務的基本需求條件，界定職業的障礙。

7. 協助工作場域的適應。

8. 為雇主補充新進勞工

9. 為雇主辦理職前訓練：若無法提供雇主合適的求職者，則將提供必要的工作訓練。

為協助中高齡人口就業，設有特殊就業服務辦公室，與地方辦公室的合作在於地方辦公室轉介有需求的個案參加特殊就業服務辦公室所辦的各項活動。其三大核心業務即是辦理訓練課程、徵才活動以及協助創業。特殊就業服務辦公室負責辦理全省的各種訓練課程，強調迅速反映市場需求，以規劃辦理相關訓練課程。

三、失業保險基金

依據行業、專業領域，瑞典設有 36 種失業保險基金，由於會員費非常便宜，瑞典有 90%的勞動人口（含就業者與失業者）為某基金的會員。失業者向所屬的失業保險基金提出失業給付的申請，該失業保險基金則依據公立就業服務機構提供的資料檢視失業者的給付資格，並決定是否提供給付與給付金額。又若領取失業給付者拒絕 PES 所提供的適當工作機會、拒絕參加其所安排的勞動市場方案或未有積極的求職意願行動時，失業給付的額度則會減少（給付並非全有或全無，而是可以依據失業者的行為與意願，於不同時間點，按比例漸減或漸增）。此外，失業者若對失業給付事項有所爭議時，失業保險基金是處理申訴事件的第一線單位。公立就業服務辦公室係提供求職者失業保險相關資訊，並確認是否符合領取給付的要件，以提供基本資料給失業保險基金。此外，公立就業服務機構尚須提供合適的工作機會給失業者，若失業者拒絕該項工作或未積極求職，公立就

業服務辦公室則會將訊息告知該失業者所屬的失業保險基金，失業保險基金則依據公立就服辦公室的報告決定是否給予給付。

四、高齡者就業

　　瑞典近年來的經濟發展保持著較快的增長速度，社會福利體系也依然穩固。取得如此成就雖然有諸多原因，但瑞典老人對社會的貢獻是不可忽略的。早在 2003 年，瑞典議會便專門成立了「老人委員會」，並頒布《未來老人政策》，該文件明確指出，應鼓勵老年人以各種形式為社會做出貢獻，使他們成為一種新的勞動力資源而造福社會。於是，瑞典很多老人在退休以後開始了「銀髮族事業」。比如斯德哥爾摩一家出版公司的校對人員，多數都是年近古稀的老人，他們不大計較收入多少；使老人及商家互利共贏。

　　按照瑞典統計局公布的數字，該國目前男子的平均壽命為 79 歲，而女子的平均壽命更是接近 84 歲，是世界上人均壽命最高的國家之一。所以，如何關照那些高齡或是身體欠佳的老人，也是擺在瑞典政府面前的一道難題。為此，瑞典專門針對老年人推出了一項「家庭扶助制度」。根據這一制度，老年人提出的申請只要得到核實批准，便會有專業人員定期到其家中進行醫療、家政等服務；並為那些有特別需要的老人配備了專門的警報器，社會保障部門的人員則隨叫隨到；當老人處於病危狀態時，妥善的臨終關懷程序便會啟動，不僅安排專人 24 小時守護直到老人去世並得到良好的安葬，而且這些服務全都是免費的。除政府提供各項服務外，同一社區內的老人自己也會組織起來相互扶持。這也正是《未來老人政策》所揭示的精神：在高齡化社會，雖然政府提供了福利體系作為根本保障，但老人們在社會及家庭中主動去尋找快樂同樣必不可少。

　　瑞典將全國分為 24 個縣，各縣分別設立行政主體的縣自治區，縣自治區下設各種委員會，與高齡者較為相關的有：老人照護、居家療養、醫療提供、老人院整備、房屋津貼支給、教育文化服務等。為使老人能參與社會生活、增進健康或貢獻社會，瑞典政府規劃並整備環境條件以促進其過

有朝氣的生活。根據統計年過 65 仍然繼續工作者仍多有所在，他們的職業有三成是農林漁牧的自營業者，有兩成是研究人員、技術人員、藝術家等專業者，多數屬於對自己終身工作感到興趣者以及較自由的專業工作。根據瑞典勞工部「高齡者就業問題委員會」的調查顯示，儘管年過 65 以上的高齡者勞動率極低，但老後希望繼續工作的人卻出乎預料的多。在福利國家的瑞典，希望以全時或部分時間工作的高齡者比率，大到不容忽視的程度，完全不想工作者的比率僅為四成左右。瑞典的福利單位近年來規劃短時間的就業制度，獎勵精力充沛的高齡者從事有意義的職業，作為保持健康的社會參與，也期待成為福利人力的供應來源。有不少高齡者自願性的從事各種活動，他們在居住地區照顧兒童們，或對其他老人、殘障者伸出援手。這些活動主要以家人、鄰居、朋友為對象，個別實施，有時也透過義工組織去做。其他如教育學習、運動、休閒嗜好、旅遊、手工藝等活動亦非常盛行，這些活動的場所有學校、運動俱樂部、保健中心以及年金組織等。

肆、瑞士高齡勞動力開發與就業促進

　　根據世界經濟論壇（WEF）將競爭力定義為「一個國家達到高經濟成長及高平均國民所得之能力」，2009 年的調查報告：瑞士取代美國成為全球最具競爭力的經濟體。瑞士是全球數一數二富裕國家。受惠於瑞士當地的稅賦制度，沒有遺產稅是對富豪一大誘因，而相對較低法人或個人所得稅，也吸引了國際大企業至瑞士設立總部，而瑞士在大型企業進駐，工作機會不虞匱乏，使得瑞士失業率只有 3.3%，明顯低於歐洲其他國家，除了失業率低外，平均薪資所得也是相對高的，瑞士境內在就業環境穩定，收入高的支撐下，民眾消費信心自然高昂，並樂於消費，瑞士經濟在有錢人與大型企業的推波助瀾下，造就了今日另類的經濟富強國家。另外瑞士熱愛工作的態度也不可小看，瑞士人每年平均工作 1,855 個小時，是歐洲最長工時的國家，也讓瑞士就業人口的國民生產毛額達 62,000 美元，排名世界第二。

因此，瑞士的成功，除了政府所給予的外在優良環境外，瑞士人民的工作精神也是成功的重要因素之一。

　　儘管瑞士的養老保險制度相當完善，但在人口老齡化的衝擊下，養老保險的負擔也越來越重。近年來，瑞士相關部門也在加緊研究應對人口老齡化問題的各種對策。由於從業人員的減少和退休人員的增加，瑞士的社會養老保險制度面臨嚴峻的挑戰。如今瑞士平均每 4 個納稅人負擔 1 名退休老人的生活，今後納稅人的負擔會越來越重。為了應對日趨嚴重的老齡化問題，瑞士提出了以下措施：一、是鼓勵生育以解決生育率偏低的問題，政府為此制定有利於家庭及鼓勵建立家庭的政策，比如增設托兒所和幼兒園、降低入托費用等。二、是吸收外國移民尤其是年輕的外國勞動力以減緩瑞士的老齡化過程。三、是延長退休年齡，隨著瑞士人口出生率的降低和平均壽命的延長，領取養老金的人越來越多，延長退休年齡能在一定程度上緩解養老金短缺問題。瑞士第三產業非常發達，賓館、酒店、餐廳、咖啡廳隨處可見，許多在服務行業工作的服務人員年齡都比較大，有些人看來已經到了頤養天年的年齡，但他們還要工作，且樂此不疲。

　　旅遊業和服務業是瑞士的第三大支柱性產業，但酒店和餐廳往往是家族產業，除大城市的一些星級酒店外，一般來說規模都不是很大，有些旅店純粹是家庭旅館，主人住樓下，樓上闢出幾個房間接待遊客，尤其在鄉村和山區旅遊地，有許多家庭餐廳和農場，其中的服務人員亦由家人擔任，增加高齡者的服務機會和貢獻。

　　人口老齡化和經濟危機是一些老人仍在堅持工作的原因。瑞士人口出生率非常低，勞動力匱乏，長期以來，一些產業一直靠僱用邊境工和季節工來支撐，而一些沒有居留證的「非法打工」，一旦查到將對雇主嚴厲處罰。因此，一些服務行業寧願出高價僱年齡稍大的工作者，也不願冒險使用廉價「非法勞工」。這樣既滿足了部分老年人貼補生活的需要，也避免了處罰，一舉兩得。只要身體健康，年齡就不是問題。

伍、美國高齡勞動力開發與就業促進

美國在邁入「高齡化社會」（Ageing）國家，勞工部及其所轄機關與組織單位所實施的「老人社區服務就業計畫」（Senior Community Service Employment Program, SCSEP）以及早於 1967 年即已制定「就業年齡歧視法」（Age Discrimination in Employment Act, ADEA），對於年齡歧視之政策及相關措施，皆有完備的規定，以裨益中高齡就業相關政策與措施之規劃與推動。

美國當前就業與訓練主要以「勞動力投資法」（the Workforce Investment Act，簡寫為 WIA）為主軸，依勞動力投資法，老人社區服務就業計畫是 One-Stop Center 供應系統的一部分。

一、就業安置計畫

安置至公營或私營領域擔任全職或部分工時工作。其中有社區服務（community service）：主要為社會、衛生、福利與教育服務（包括教導識字）等面向，包括出納、事務工作、廚師、日間照顧協助、家庭健康照顧、居家清理、保母、警衛、法律協助、稅務協助、財務諮詢、圖書館、娛樂、保存、維護與恢復自然資源、社區美化、抗污染與環境品質工作、改善氣候變遷工作、及經濟發展等。

二、就業服務與職業訓練計畫

實施「個人就業計畫」（Individual Employment Plan, IEP）的訂定：為使參與者能朝向經濟上能自給自足的目標，所以受補助單位有責任經過評估後，與參與者合作應訂定每位參與者個人就業計畫及採取幫助參與者達成此目標的措施。

三、提供與參與者之就業服務內容

1. 提供老人社區服務就業計畫的相關資訊。

2. 訂定及重新評估參與者的 IEP。

3. 持續提供就業諮詢服務。

4. 協助參加職業訓練。

5. 工作指派與工作地點的安排：安排於其居住社區或鄰近社區中，並確保為安全與健康的工作環境。

6. 提供薪資與附加福利。

7. 就業追蹤：於參與者安置入無補助就業的前 6 個月及第 6 個月追蹤，以確定參與者是否仍有受僱。

四、禁止就業年齡歧視機制

為解決就業市場上年齡歧視問題，透過就業年齡歧視法，規範保護中高齡者的就業機會。基於就業市場以年齡為評判標準的趨勢日漸普遍，中高齡者於保有工作機會上屈居劣勢，特別是失業後重返工作崗位時。1967 年立法禁止就業市場上的年齡歧視，以期雇主於僱用時係以求職者之能力而非年齡為考量，以促進中高齡者的就業機會，並協助雇主與受僱者解決因年齡造成的問題。該規範的主要內容為：

1. 保障對象：ADEA 於 1967 年訂定後，歷經多次修正，取消了保護年齡的上限。

2. 適用機構：ADEA 適用於僱用 20 名以上僱員的事業單位、教育機構、公私立就服機構、勞工組織、學徒計畫。在美國分權的體制下，州政府尚能依據轄區的企業規模，訂定地方的反歧視法令。

3. 保障層面：在 ADEA 的保障下，就業任何方面的歧視都是非法的，包括僱用、解僱、薪資、工作分配、調動、升遷、復職、退休或其他就業條件。

4. 例外情形：目前除了消防人員、執法人員（警察）在 ADEA 明列得有年齡設限，以及依據其他聯邦法律規範，有提供載客服務的機長必須在 65 歲退休之例外規定外，ADEA 規定雇主不得採用任何年資或福利計畫來強制受僱者退休。

5. 雇主抗辯權利：依據 ADEA，若雇主能提出舉證抗辯，則得因求職者的年齡而在僱用決定或相關措施上有差別待遇。

6. 禁止行為：在 ADEA 的保護下，若雇主對於提出控告或參與控告歧視調查者進行報復，屬於非法行為。即使在提出控告、年齡歧視案件不成立之情形下，若該控告者提出遭受到報復行為，隸屬於聯邦政府的「平等就業機會委員會」（Equal Employment Opportunity Commission，簡稱 EEOC）將就此展開調查。

陸、日本高齡勞動力開發與就業促進

日本目前是全世界老化速度最快的國家，且國民平均壽命最為長壽，平均壽命達 83 歲，退休老人的年金、生計、醫療等引起社會的關注。2008 年公布的統計，65 歲以上人口占總人口 22.1%，達 2,819 萬人。光 75 歲以上加入國民健保的老人，2008 年度的醫療費就高達 112,935 億日圓（約台幣 38,700 億元），也形成政府沉重的財政負擔。日本人過去靠年金即可安度老年，但隨著終身僱用制崩解，壽命越來越長，政府也必須提高年金的請領年齡。國民年金改為 65 歲起發放，上班族的厚生年金請領年齡也逐步從 60 歲提高到 65 歲。因此，60 到 65 歲的年金空窗期該如何謀生？已成為退休人口最擔心的問題。

在 1950 年代，日本民間組織發起「老人俱樂部」，以社會福利觀點融入實施高齡教育，1960 年代教育部門亦開始實施「高齡者學級」制度，此後高齡教育成為行政措施的一環。1973 年日本政府設置「老人對策本部」，以統籌辦理各種老人相關議題，在 1980 年代，受到終身學習理念的影響，日本高齡者教育行政制度更加蓬勃發展，厚生省及文部省更有系統的規劃相關措施。此外，日本引進「高齡者教育權」的觀念，教育政策也重新思考高齡者受教的權益，1980 年代末期，因應高齡者的需求，中央單位以地方都道府縣為主辦單位，開始大規模推動高齡教育，目前日本也正面臨勞動人口退休的時限問題，因為在 2007 年後大批的中高齡人口將會離開勞動

市場，所引發的相關效應，也讓日本政府省思要延緩退休的年齡。日本將法定退休年齡由 55 歲上調至 65 歲，持續鼓勵高齡就業。

日本的高齡者之退休理想年齡較美國、德國、瑞典等歐美各國高的情形，顯示出日本高齡為確保多樣化之就業機會，日本政府的做法，敦促各界為老年人創造更多的工作機會，以減少現行養老金體系面臨的巨大壓力。預計到本世紀中期，65 歲以上的日本人占了總人口的比例將上升到三分之一。現在日本的出生率已經下降到了有紀錄以來的最低點。過去 10 年間，雖然日本政府採取了一系列鼓勵生育的措施，但是，新生兒的總數仍然逐年下降，同時，老年人的壽命也越來越長。現在，年齡超過 90 歲的日本人已經超過 100 萬。為了緩解現行養老金體制面臨的壓力，2004 年日本政府通過一項法律草案，提高在職人員繳納養老金的比例，同時減少退休人員領取養老金的數額。日本政府開始敦促商家和企業考慮為老年人創造更多的工作機會，推遲退休年齡。2004 年通過「高齡者僱用安定修正法」，要求雇主提高退休年齡，繼續僱用退休員工，廢止退休年齡規定等，以確保銀領族工作機會。東京都輔導設立的老人就業支援中心，免費提供 55 歲以上求職者仲介和諮詢服務。其工作人員也都是 55 歲以上曾面臨就業困難者，以期以同理心的態度協助銀髮族的需求。

日本政府的僱用政策中，於高度經濟成長時期即已訂定中高齡勞工對策，此對策明載於「對於中高齡失業者的就業促進措施」及「僱用對策法」，促成這些人力的「再就業」仍為僱用政策的一大重心。另外，「僱用保險法」中設立僱用改善、能力開發、僱用福祉等三部門，其中最重要的是，正面提出對中高年勞工的「預防失業」及「安定僱用」政策。例如：「延長退休時之獎金」、「繼續僱用時之獎金」、「退休前職業講習、職業訓練」等皆是，另外還有了促進中高齡勞工之再就業的「中高年者僱用開發給付金」、「高年者僱用之獎金」等為努力之目標，作為行政指導之重心。在延長退休方面，就是儘量減少解僱，繼續僱用，讓這些長年累積下來的能力與經驗得以不斷發揮，對其本人或對企業而言，應該相當有助益。亦即，具體實施「延長退休」抑止解僱，以實現所謂的「終身僱用」。

在經濟不景氣就業市場不斷萎縮之際，美、日、德等世界三大經濟體最近有志一同地加強照顧高齡人口的就業機會。就目前情勢看來，老人看護工作是新就業機會的主要來源。由於高齡人口對健保的需求與日俱增，從專業的醫療技術人員到協助老年料理日常生活的低科技勞工都需求甚殷。美國在過去兩年減少 160 萬個工作，但健保服務的就業成長 5.6%，包括醫院、保險公司、醫療辦公室等行業增聘 25.3 萬名員工。德國聯邦勞工局（FLO）2008 年的統計數據顯示，健保服務的就業較一年前成長 2.5%，增至 190 萬人。日本 2008 年共有 82 萬人失業，但包括照護、醫療照顧及教育在內的服務業則增聘 36 萬人，成為中高齡就業的發展重點。

柒、先進社會高齡勞動力就業的啟示

年齡因素是中高齡者就業的一大困境，基於加強中高齡人力資源運用，將有助於因應「少子化」對勞動力減少之衝擊。我國 97 年 4 月 25 日於立法院院會三讀通過勞動基準法第 54 條強制退休年齡修正案：勞工非年滿 65 歲，雇主尚不得強制其退休，使得有經驗及健康情形良好的勞工將可繼續工作至 65 歲。此外，我國於 96 年 5 月 4 日立法院三讀通過，將「年齡」納入就業服務法第 5 條就業歧視禁止項目。雇主若違反本項規定，將依就業服務法第 65 條規定處新臺幣 30 萬元以上 150 萬元以下罰鍰等。因此，我國在法制面雖已儘量將中高齡因年齡所產生之就業障礙排除，但如何協助中高齡者及高齡者就業及穩定就業，以充分運用中高齡者及高齡者之人力資源，以及就業年齡歧視法相關認定標準、樣態及其處理方式等等，均需借鏡其他國家的執行經驗。

英國近年來，失業率的下降，此主要歸功於政府推動有效的就業政策所致。英國「從福利到工作」的勞動市場政策，不但降低政府在社會福利支出上的沉重負擔，同時也重塑英國人民工作的價值觀與學習的風氣；而高彈性的社會夥伴關係及具管理效能的契約管理機制，也使得英國的新協定計畫能夠成為英國就業安全的核心機制。探討英國在進行中高齡勞動力

的開發與就業促進，可以發現，英國在勞動市場政策上，不論是組織結構或配套措施上，均有多項特點：

一、在政策願景上

英國全面推動邁向充分就業、推動全國學習的勞動市場政策願景，在此願景下，鼓勵全民「從福利到工作」，由學習充實自我價值、由就業肯定自我價值。

二、在行政組織上

積極進行傳送有效率行政政策的組織再造，提供民眾便捷的單一窗口服務。

三、在配套措施上

1. 引進個人化的個人諮詢師，協助失業者打造個人就業的行動計畫。
2. 成立就業特區，優先提供勞工個人化的就業服務。
3. 彈性且多元利用夥伴關係的建立，廣泛執行並達到政策的目標。
4. 進行反年齡歧視宣導，呼籲企業自願遵守反年齡歧視的價值觀。
5. 原有社會給付的支持。

針對英國的勞動市場政策，在若干部分我國已進行他山之石的改革與推動，如與個人諮詢師相近的就業輔導員制度的推動、就業服務中心服務流程的改造等，均已融入英國制度的優點，然而仍有若干部分可待進一步檢討與學習：

一、夥伴關係的建立

英國勞動市場政策的推動，多元且靈活的夥伴關係是成功的重要關鍵，不論學校、雇主、政府機關、民間團體，均是政府推動政策的重要夥伴，負責大部分學習、訓練與協助勞工建立就業計畫的實際執行工作，使得勞動市場政策的推動深入社區、學校與社會的每個角落；反觀我國，在

就業服務上，鮮少有建立夥伴關係的積極作為，事必躬親的結果是人民對於公立就業服務機構的不信任與公立就業服務機構永遠人力不夠的哀怨。

二、雇主的重要性

新協定計畫是英國勞動市場政策核心，此計畫之成功完全繫於雇主就業機會的釋出。因此，為說服雇主加入新協定計畫，英國就業服務單位準備了極詳盡且標準化的文件，有專人固定與所轄雇主進行密切聯繫，積極促使雇主成為推動勞動市場政策的另一個重要夥伴；而在台灣地區，雇主成為就業政策重要夥伴的機制似乎尚未見具體雛形。

三、地區差異的考量

英國就業特區的計畫，針對特區提供個人化、地方化的就業協助，有效改善特區內長期失業者的就業困難。在台灣，雖然幅員狹小，但失業仍有區域差別，若能考量就業特區的模式，也許可以提供在地勞工較有效的就業服務。

四、反年齡歧視的宣導

在英國，政府為掃除中高齡就業障礙，積極宣導反年齡歧視，鼓勵雇主成為尊重年齡的最佳主角，並積極與企業建立夥伴關係，促成中高齡者的僱用，幾乎所有的超商連鎖企業，均歡迎中高齡者成為企業的一員。

結語

近幾年來，建立「顧客導向」的服務觀念已成為許多國家進行政府再造所依循的基本原則，而此趨勢也影響公立就服機構的改革工作。雖然英國在推動勞動市場政策上，因為原有的社會福利給付，使得失業者為了社

會給付不得不進入新協定計畫，增強政府推動政策的強制力；但他山之石，可以攻錯，為有效協助中高齡就業與發揮就業政策功能，可以朝向下列方向努力：第一，建立夥伴制度，廣泛與各公部門、私部門及非營利組織建立夥伴關係，如技能訓練可以由可近性強的學校、民間職訓機構來負責執行。在夥伴制度中，就業服務單位只需透過契約管理，以評鑑結果決定夥伴關係是否繼續存在，如此不但可減輕公立就業服務單位的人力需求壓力，同時可以提供多元化且個人化的服務。第二，建立特區概念，依據地區差異，例如以失業率、就業率、人口的年齡比率等作為區分標準，將失業率高、就業率低、或人口年齡高的地方視為就業特區，委外經營所有促進就業措施包括個別諮詢、研究個人行動計畫、求職技巧等等，建立評量指標作為委外績效之契約管理。第三，建立求才資訊聯繫管道，建立雇主登記求才資訊的多元管道，除開放自行登記外，應有專人主動引導雇主參與政府就業促進方案，提供求才、安置的就業機會，透過契約明定雙方關係與績效考核標準。第四，反年齡歧視宣導與立法準備。

增加更多的彈性，並且解決某些技術人士需求的缺口，著重使失業人士迎合雇主的需要。增加教育和訓練投資，使得勞工能獲得在現代化社會所需之勞動技能，以幫助個人並且提昇整個經濟體的生產力。加強就業服務政策的推動，為了營造一個親和且符合多項個別化需求的求職求才空間，顯現就服機構的改革，主要是希望提供勞雇雙方更有效、更快速的人力資源運用，一方面促進經濟發展，同時也積極協助工作年齡人口穩定就業、減少政府的福利支出。

第十六章　老人住宅

前言

　　國內公部門及民間所推出的購屋方案，多半是為已結婚但沒有孩子所謂的築巢期的新婚夫婦所設計的，常忽略老人的市場。明顯地，戰後嬰兒潮的人漸漸老化，他們較獨立、懂得享受、經濟能力較佳，普遍嚮往從繁忙生活改為過著較悠閒的生活，而老人住宅、休閒度假中心等需求將會日益增加，商機也營運而生。

　　面對人口高齡化、家庭結構改變，以及倚重非營利組織力量照顧弱勢者居住需求的新趨勢，行政院 94 年核定整體住宅政策，已意識到高齡者住宅問題的重要，對於國內住宅照顧對象及協助方式亦重新檢討調整。其重點強調保障國民的居住權利——從市場面及居住品質面保障國民承租或承購住宅的機會可近性及多元性，增加無障礙人性化住宅之供給，以創造適合高齡者、永久性及暫時性身心障礙者、婦女、小孩，均可無礙生活的居住環境；鼓勵民間提供多元住宅形式照顧及失能者日間照護、居家照護等服務；鼓勵私部門及第三部門開發經營適合高齡者等弱勢者居住之住宅，針對不同情況之弱勢者，以出租、出售或收容的方式，使其安居，並視不同型式之住宅，提供容積獎勵、公有非公用土地設定地上權、優惠利率之建築融資、土地變更及取得、貸款信用保證或促進民間參與公共建設等行政協助或實質補貼。

　　根據未來房市十大趨勢的調查，老人住宅就是其中較具發展潛力的一項，據估計美國的老人住宅約有 30 億的市場規模，且往後 20 年市場將會

成長至 350 億美元，足足成長 10 倍之多，從美國的發展趨勢合理推測，老人住宅將會越被市場所接受，老人住宅或相關類似產品，將更流行。

上述數據顯示，台灣的社會愈來愈趨向於老人自成一個生活圈，就像美國一樣，美國三代同堂的比例只有 1%，大部分老年人選擇住安養機構或老人住宅、老人社區且不與子女同住。台灣老人與伴侶同住或自己獨居的比例將逐年增加，老人的個人、雙人套房、老人社區、老人住宅可能是未來市場的發展趨勢。

壹、日本的老人公寓

日本統計，高達九成高齡者會在住宅相關場所發生跌倒、墜落等意外，而家庭內發生的意外事故中，每 2.4 人便有 1 人是老人！顯見居家環境對年長者的危險性，如何在住宅的規劃設計上提供年長者更體貼的照顧，也是每個人以後都必須面臨到的迫切問題。

表 16-1　日本的老人公寓特點

類型		主要內容
原則		1. 可近性：不能因身心障礙理由而拒絕接受。 2. 安全性：使用安全無虞材料無害人體。 3. 負擔性：身心負擔小，以自然的姿態習慣就可使用。 4. 妥適性：提供容易擁有的價格。 5. 充分性：使用方法簡單資源充分提供。 6. 永續性：永續環境耐久耐用設計。 7. 美觀性：有魅力的整體設計。 8. 目標性：所有人都可安心地得到豐富的生活。
類型	自建住宅	1. 與高齡者同住之貸款補助：針對包含 60 歲者在內 3 人以上同住之家庭在新建一般住宅或改建工程時所需之資金貸款。 2. 無障礙環境住宅貸款基金：對於投保 3 年以上的厚生年金及國民年金被保險人，在新建或改建住宅而符合居家照護無障礙環境的標準時，可給予貸款。

	住宅 修繕	1. 高齡者住宅建設貸款基金：對於與 60 歲以上高齡者同住家庭，提供增改建或整修高齡者專用房間時所需資金之貸款。 2. 生活福利貸款基金：對於日常生活需人照護 65 歲高齡者之家庭，提供房屋增改建、擴寬、修補或保全上所需資金之貸款。
居住模式	兩代居	即在公共住宅裡設計的適合於老少多代共居的大型居住單元。
	養老院	又稱為老人之家，分為公立（養護老人之家和特別養護老人之家）、低費和完全自費（收費老人之家）三種，老年人可根據自己各方面的條件和經濟情況進行選擇。
特點	健全性	為確保老人安心安全的居住環境，於重要地方均設置緊急按鈕或生活作息感知器，並配備人員 24 小時監控，以便緊急或意外發生時能迅速支援。
	安全性	考慮身體機能老化障礙時的因應對策，是住宅規劃設計時不可或缺的重要因素，居住單元內部設計均採無障礙化環境設計，包括浴廁扶手、無高低差的室內空間、可供輪椅通行的走廊、出入口及電梯等。另外，在起居室與浴室設計暖房設備，防止冷熱差造成意外事故。
	多元化	在服務的內容方面，大致上都提供了基本服務、健康管理服務、活動服務、用餐服務、家事協助服務等。並附設餐廳、運動、休閒才藝活動室、談話室、圖書館及多功能工作室等生活空間的規劃。有些則參照豪華旅館、飯店的經營模式，附設有美容室、SPA、健康諮詢中心或甚至有醫師駐診等。依高齡者生活便利，提供所需之服務。
	便利性	考量高齡者日常活動、休閒生活、與家人朋友互訪等需求，在區位的選擇上，以鄰近醫療院所、照護服務體系，文化、休閒、購物機能完善、交通便利為主要條件，並與當地社區結合，提供高齡者多元化的社會參與管道。
	人性化	為使居住有家的親切感，住戶形式多樣化，至於內部除基本隔間及衛浴廚房等基本配備外，居家陳設多可由入住者自行規劃安排。在建築設計方面均特別考量通風、採光、空間與視覺的通透性、環境綠化等，使高齡者身心保持健康。

（資料來源：作者整理）

　　日本高齡者住宅，包括都會中心型、大都市近郊型、地方都市型及鄉村型等，其中都會中心型和大都市近郊型的高齡者住宅有交通便利、生活機能完善的優點，惟因地價昂貴，入住費、月租金及管理費用等居住成本高，而地方都市型設施則有高齡者可就近在自己熟悉的地方居住，方便與

家人互動，且費用較低廉的優點，然而在交通便利性、文化、休閒及社會活動選擇性較少，是必須進一步解決的問題。

日本的高齡者住宅，了解到日本政府在高齡者之居住環境，已具有相當完備的制度，相關重點摘要如下：

一、法令基礎完備：日本於 2000 年在老人福利的法制方面，訂定了「確保高齡者居住安定法」，此法律的宗旨與目的在於活用民間活力與有效利用現有住宅存量，並有效促進高齡者專用住宅之供給外，積極建構願意提供住宅供高齡者入住的資訊，以期實現高齡者擁有能安心生活的居住環境。此法律的內容含括「建構接受高齡者入居租賃住宅之登錄制度」、「促進高齡者優良租賃住宅供給制度」、「終身建物租賃制度」及「推動由高齡者自行實施自宅之無障礙化」等，期能除了由政府當局推動外，亦能注入民間活力來補足供給的不足。

二、主管機關明確：住宅由國土交通省負責，老人醫療福利則由厚生勞動省負責。

三、保險制度完善：開辦介護保險，40 歲以上均強制參加，保險費由中央、地方各負擔 25%，被保險人負擔 50%。65 歲以上經認定有需要看護者，只需自付 10%看護費，其餘 90%費用由看護保險支付。此保險制度的實施，使需要照護服務的高齡者，看護費用負擔減輕，可享有更彈性、更多元的照護服務，讓高齡者能夠自己選擇生活方式以及介護服務的場所，不再受限於僅能居住在自家、福利機構或醫院的病床上，也激勵了民間機構以老人居住需求為考量，提供附設介護服務的高齡者住宅，讓高齡者有更多選擇居住地點的機會，且促成高齡者住宅與照護服務產業的有效整合發展。

四、鼓勵在宅安養：提供高齡者辦理住宅無障礙化設施改建貸款，本金於死亡時一次清償之特別制度，減輕高齡者償債壓力負擔，鼓勵住宅無障礙化，以利在宅安養。

五、建立終身建物租賃制度：推動終身租賃權，依契約規定，房東不可任意解除租賃契約，可保障高齡者居住權，使高齡者可安養天年。

六、鼓勵民間提供高齡者住宅，建立高齡者住宅市場：主要以引入民間投資，建立高齡者住宅市場，期能透過市場競爭機制創造多元化的產業發展契機，實施策略一方面為提高需求者的負擔能力，創造市場有效需求，另一方面則以減低供給者的成本負擔，擴大市場供給。其中協助提高高齡者的負擔能力之主要措施，包括提供高齡者優良出租住宅之租金差額補貼、房租債務擔保，至於降低民間業者之住宅供給成本方面，主要為對於提供高齡者專用優良出租住宅業者之興建費用補助、低利貸款及租稅減免等，以減低其興建成本。

貳、美國的老人公寓

美國社會福利制度健全，對老人生活皆有妥善安排，譬如醫療保險、生活救濟、交通優惠等，尤其是老人公寓解決不少問題。不同的文化習慣及價值觀，的確會造成生活選擇上的不同。以美國為例，美國有很多退休老人是崇尚獨立而不願與兒女同住。他們往往將現有房子出租、汽車賣掉，搬到交通便利的公寓裡來，只有節假日才選擇去兒女那裡度過。也因為美國人的家庭成員在地理上十分分散，老人家庭基本上都是「空巢」。

老人公寓是介於老人住宅與養老院之間、由政府或社區出資為退休老人提供的低廉住所，風行全美國。它既可使老人有獨立的居住空間，保持家庭氣氛，又可獲得各種較好的社會服務，入住者一般是年逾 65 歲的長者，大多身體健康、生活自理，無須他人照顧。各個州的養老機構也都各具特色。老人公寓租金採靈活收費方針，按照住戶收入的百分比收費，收入高就多收，收入低就少收，有一定的比例標準。美國老人貧富差距很大，但無論是高級老人公寓或平價老人公寓，設施大多差不多，一樣有游泳池、網球場等。低收入老人的政府公寓，最低每月租金只有 30 元。老人公寓大多由私人或教會經辦，政府給予部分補貼。入住者有獨立套間，包括臥室、起居室、儲藏室、洗浴設備和小廚房等。老人可添置自己喜愛的家具、洗衣機及烘乾機。每戶設緊急呼救系統，公寓內有老人活動室、娛樂室、健

身房、閱覽室及會客室等，有的還設醫務室、護理室及客房等。公寓服務人員負責打掃衛生、維修設備，並提供送餐到戶服務。美國老人住老人公寓，不管窮人富人，住進老人公寓，衣食住行，一應俱全，有食堂、社工，行動困難者還有專人護理。

一、自住型公寓：專為生活能自理的老人設計，公寓並不提供與日常生活、醫療相關的服務，只提供舒適的居住環境。不僅有餐廳、洗衣房、公共交通等設施，還有豐富的娛樂設施，如游泳池、健身房、圖書館、俱樂部等。大部分公寓經常組織集體娛樂活動。美國老人大多選擇老年公寓度過人生，那裡有專職員工照顧老人的基本生活起居。根據自己的經濟條件，選擇入住優質公寓或政府資助的老年公寓。前者為私立，收費昂貴，服務設施相應更好；後者是老年公寓的主流，主要面向中低收入老人，入住者需符合一定的年收入要求，因州而異。

二、協助型公寓：主要為日常生活需要幫助、但不需要專業醫療護理的老人設計，提供與日常生活有關的各種服務，如穿衣、洗澡、吃飯、餵藥及洗衣等。據統計，約有 55 萬美國老人住在這種公寓裡。近年來，一種老年互助社區在美國悄然興起。因為有更多的老人更願意居住在自己熟悉的環境中，於是居住在鄰近街區的一些老人自發組成互助團體。參加人每年需交納數百美元會費，就可以低廉的價格享受社區為會員提供的交通、購物、維修、醫療等服務，這足以幫助老人應對生活中經常遭遇的一些小難題。對許多老人來說，這是一個既保持獨立又不會覺得孤獨的理想方式。這些互助社區的運行，不僅得到當地慈善組織的資助，一些州的政府部門也加入互助社區建設，為社區配備醫療服務人員。社區還利用招募志願服務人員等方式降低運營費用。

三、持續護理型公寓：提供日常生活服務及健康服務，包括護士服務、康復護理、健康監控服務等。

四、公共老人公寓：主要是為符合條件的低收入家庭、老年人以及殘疾人提供租住房屋。部分老人公寓由慈善機構或政府補貼，收費低而門檻

高。如紐約州地方政府辦的老人公寓，申請者必須是住在當地的美國公民，低收入或無收入者，年齡在 65 歲以上，一般申請 2、3 年才能入住。

五、住宅養老：幸福的晚年離不開充足的資金保障。美國退休老人都有養老金，這是美國目前實行的社會保障體系的重要內容之一。越來越多的人認為僅靠養老金不能保證應付晚年生活的各種問題，於是不愛儲蓄的美國人大多在中年時即開始投資私人養老基金。此外，上世紀 80 年代開始風行於歐美的一種「反向住房抵押貸款」（Reverse Loan）依然流行。老年人把自有產權的房子抵押給銀行、保險公司等金融機構，後者在綜合評估借款人年齡、生命期望值、房產現時價值以及預計房主去世時房產的價值等因素後，每月給房主一筆固定的錢，房主繼續獲得居住權，一直延續到房主去世；當房主去世後，其房產出售，所得用來償還貸款本息。目前，90%的此類貸款是由聯邦政府進行保險的貸款。

大多數美國人退休後將自己的房子賣掉，住進老人公寓。用賣房的錢支付公寓所需。美國政府專門撥款用於老人小型住宅的設計與興建，或者整修老人現有的住宅。此外，政府規定公寓不得對老人提高房租，在土地稅等方面，對老人有減免優待。美國老人愛住老人公寓，有錢的住高級老人公寓，窮人住政府資助的平價公寓。美國老人公寓只收健康、生活能自理的老人。臥病在床需要照顧的老人可申請入住養老院。美國老人的各種文藝活動中心、老人公寓均設在市中心，交通方便，步行可以購物。不少地方的老人公寓，每天下午有喝咖啡聊天時間，願意聊天的人可以到咖啡廳碰面。老人公寓還安排許多活動，可以根據自己愛好隨意參加，每個月月初時間表會派發給各住客。老人公寓遍布全美多個州、各個城市。人們可以在任何地區申請，不必局限在目前居住的城市。

參、德國的老人公寓

德國已經是一個老齡化程度較高的國家了。德國聯邦政府 2005 年的《養老保險報告》說，1991 年，德國 20 歲至 64 歲處於工作年齡的人是年

滿 65 歲以上老人的四倍,到了 2006 年,這個比例縮小為三倍,到 2030 年,該比例將進一步縮小為兩倍。換句話說,社會承受的老人負擔越來越重。德國將面臨高齡化社會的嚴峻挑戰,包括家庭功能萎縮、家庭規模縮小與鄉村青年人口外移的結果,將弱化傳統家庭網絡的相互扶持功能,特別是高達 25.6%的老年人口依賴比率,在德國,養老保險、失業保險、醫療保險、護理保險成為任何一個老人享受社會福利的基石。在此前提下,社會照顧老人的辦法多種多樣。條件各異的敬老院,或稱老人公寓、老人護理院,遍布全德國,是許多老人生活的地方。然而,老年援助機構不足與設備老舊:公私部門的老年門診療機構、社會福利機構(sozial Stationen)、老年住院設備(stationare Einrichtunugen)、養老院(Alten- heime)與老年照護機構(Altenpflegeheime)等,常因公共機構的床位不足與等待時間過長,居家照護的門診服務或到府醫療照顧的缺乏,以及老年照護機構的重病臥床專業設備老舊,造成無法滿足老年安養與照護需求。

老年族群的多樣化需求,老年安養需求的範圍極廣,除生理老化問題外,更需面臨心理層面的孤獨無助感,精神層面的安全與歸屬感,及日常飲食的營養健康,故並非制式的長期照護服務所能一體適用。德國政府有鑑於老人需求的多樣化與老年安養問題的複雜性,故於 1989 年聯合 11 個老年相關協會與組織,共同籌組聯邦老年組織工作委員會,並將該組織定位為維護老人權益的遊說團體,其組織目標:包括培養老人自決與自立能力、賦予老年人政治與社會責任、改善老人在社會與家庭的印象與地位、協助老年度過疾病與死亡階段、推動老人教育,及強化老年消費者利益。有關老人住宅的特色,包括:

一、國有民營:財產屬國家、經營屬民營。負責人從過去的官員變為僱員,與政府簽訂數年聘用合同,負有經營責任。國有民營的老人護理院能讓高齡者享受高質量的生活,安度晚年。改革後的護理中心人員主要是護理人員,行政人員被大大削減,經濟效益得到顯著提高。護理中心的這種變革,是以德國政府的改革為大背景——從國有化向私營化轉變,從終身制公務員向僱員轉變,這是德國的一次社會改革。

二、私人經營：費用較高，其起居生活受到護理人員的全面關照。純粹私營的敬老院經常位於市區鬧中取靜的地段，風景優美，交通方便，環境不嘈雜。入住私營性質的老年公寓費用可不低。老年人生活質量和他（她）退休前的收入有較大關係。在高級的老人公寓中，生活設施應有盡有。老人居住的套房內有設備齊全的廚房、廁所、浴室和陽台。公寓內有髮廊、健身房、游泳池、糕點房、咖啡沙龍、餐廳、小劇場，還有花園、迷你型高爾夫練習設施、池塘、長椅等。他們的起居受到護理人員的全面照護。

三、多代公寓：2006 年，德國政府推出了這項叫「多代公寓」的計畫，以解決人口老齡化問題，促進代際間的溝通交流，強化全社會的團結互助氛圍。把各個年齡段的人吸引到一幢公寓中居住，公寓中有孩子、年輕人、老年人。大家相互幫助，如同一個大家庭。按照德國政府制訂的「多代公寓」標準，現有公寓或者民間團體均可申請國家資助以成立「多代公寓」。德國政府的目標是每個城市至少有一幢「多代公寓」。多代公寓裡的咖啡廳或食堂可以就餐，方便人們相聚，尤其是老年人可以時常照面，加強聯繫。多代公寓還不時請來專業人士提供諮詢和建議，幫助公寓裡的居民和睦相處。按照德國政府制訂的多代公寓標準，現有公寓或者民間團體均可申請國家資助以成立多代公寓。2010 年，政府為多代公寓提供 9,800 萬歐元的資金補貼。多代公寓在德國具有一定的民間基礎。一些德國老人不願獨居或入住養老機構，於是那些關係親密的老人便共同出資購買公寓，作為安度晚年的寓所。在公寓裡，老人各自擁有一間臥室，共用廚房和客廳，日常生活中分工合作、各司其職。老年人共同生活，不僅費用可能比入住養老院還低，而且生活品質較高，這不失為一種好方式。

四、大學生與老人：德國的大學通常沒有足夠的學生宿舍，而許多老人在子女成家搬走或老伴去世後獨守空房。於是，德國一些有大學的城市，民政局和大學生服務中心想出了一個主意，介紹大學生到孤寡老人家居住，可免去房租，但學生必須承擔部分照顧老人的義務。這種由大學生和老年人互助的模式，不僅解決了部分大學生住宿難、住宿貴的問題，也為老年人的生活提供了很大幫助。

五、智慧公寓：以孤寡老人為目標，德國推出「智慧公寓」：可以探測出老人長時間沒有移動等異常情況並及時報警，此外還能提供一些基本協助。這種智能公寓安裝有傳感器，一旦發現老人已長時間沒有移動，將透過手機短信等方式通知相關部門。傳感器還可探測出是否有人入室盜竊。如果老人要出門，只需按一下門口的「我要出門」開關，就能自動關閉窗戶和一些電器，如熨斗和電爐等，並啟動預警系統。此外，老人還能在家裡訂餐並且可以透過電腦與醫生直接對話。安裝這套智能公寓系統需要5,000 歐元。目前，這種公寓主要透過租賃的方式提供給老人。

肆、瑞典的老人公寓

由於長壽和生育率低，瑞典早已成為世界上人口老齡化程度最高的國家之一，超過 65 歲退休年齡的老人占到全國人口的 17%，其中 80 歲以上的老人占 5%。瑞典早在上世紀 50 年代便建立起了社會養老制度。瑞典議會 1956 年通過的社會福利法，經過近半個世紀的努力，養老制度已變得更加完善，各級政府為老人們撐起了一把把安度晚年的保護傘。像醫療制度一樣，瑞典養老制度的核心也是公平，對所有老人都執行統一的原則，並不會因為繳交的養老金高，或是以前的身分特殊就給予優待。有錢的人當然可以去私立養老院養老，但選擇公立養老院就是選擇了平等。

根據瑞典法律，照料老人的義務由國家承擔，瑞典也建立起較完善的社會養老制度。目前實行的養老機制有三種：居家養老、養老院和老人公寓。失去自理能力的孤寡老人，通常會進養老院，但瑞典養老院條件佳，除一人一房，凡事也有人照料。至於公寓養老，由地方政府建造的老人公寓，並設專人服務。目前瑞典大力推行的是居家養老，因為較人性化，而且能給人安全感。居家養老者若有需要，可向當地政府申請，主管部門會進行實地評估，才會作出裁決。而專人家政服務的次數和範圍，也在評估後按個案情況實施。

瑞典社會服務法規定，當老人不再能居住於家庭時，政府應為其提供其他型態的住宅服務，包括：

一、住宅服務：以 20 至 100 間公寓為單位，住進的原則依所在城市不同，地方政府規定也有差異，一般而言進住需要簽約。瑞典斯德哥爾摩的老人公寓位於居民區內，是專供有獨立生活能力的退休老人居住的。老人公寓的住房大部分是二室一廳，房租標準每月 600 克朗，收入低的老人還可以優惠。瑞典的最低養老金為每月 4,500 克朗。最低養老金從 65 歲開始領取，全部由政府支付，條件是領取人沒有其他任何收入，而且必須在瑞典居住過相當長的時間。在公寓居住，領取最低養老金的老人只需象徵性地支付 80 克朗的月租金，其餘由政府支付。對於有附加養老金的人來說，居住在老人公寓裡，費用不是太大的問題，但對於一個領取最低養老金的單身老人而言，由於吃飯和服務費用較高，有時也會入不敷出，所以還要申請其他方面的補助。在這裡居住每月要付房租，但可以像在家裡一樣，自己上街買菜、燒飯。與普通公寓不同的是所有的房間都沒有門檻，以防老人絆倒；馬桶、澡盆比較低矮，並帶有扶手；考慮到老人彎腰不便，爐灶、烤箱等的高度適合老人站立使用，甚至可以上下升降；陽台、窗戶較大，可讓老人多曬太陽等等。老人公寓還有一個特點，老人需要幫助時，有專門人員為他們服務。公寓由專為老年人開設的家庭服務中心負責管理。服務中心除了要為公寓裡的老人服務，還要為方圓 2～3 公里內居住的 20 多位老人提供服務。住在自己家裡的老人還可以得到一個像手錶那樣的警報器，一旦出現緊急情況，只要啟動警報器，急救人員就會趕到。那裡有 10 多名經過一定訓練的「家庭護理員」，如老人需要打掃衛生、購物、燒飯、上醫院或因病臥床需要照顧時，「服務中心」即可派人前往，老人只需付少量服務費即可。老人公寓一般離醫院、商店都不遠。樓內還有餐廳，老人如不願自己做飯，可享受優惠價在餐廳就餐。樓內還有小賣部、理髮室和閱覽室。公寓內的手工織布室、木工室、製陶室等常常吸引很多老人參加。老人公寓內還有一個「警報中心」。瑞典當局向所有老人和殘疾人提

供警報器，又稱安全鈴。老人把安全鈴戴在手腕上，如同戴手錶一樣，一旦發生緊急情況，可以及時呼救。

二、退休住宅：退休住宅是為不能單獨生活，需要居家服務及居家護理老人所設計的。當老人越能留在家庭，將可減少老人對退休住宅的需求。養老院的服務項目非常細緻、周到，老人們感覺就像在家裡一樣。老人可以自己組織興趣班，還可以免費享用按摩、游泳、桌球等娛樂休閒設施，還可以免費上網。為了增加老年人與外界的接觸，養老院還定期組織老人外出參觀遊覽，或是邀請在附近居住的老人來和院裡的老人聊天。由於瑞典養老院辦得好，所以養老院的床位供不應求。因此，很多老人都會在自己還能夠獨立生活的時候就早早申請。

三、團體住宅：團體住宅沒有標準化的定義，通常是可住 6～8 人之住宅為單位，每一住民有自己的房間，共用公共空間，並有值班人員提供服務。在瑞典，在養老院養老的一般是基本上失去生活自理能力的孤寡老人。在瑞典，養老院條件很不錯，一人一間房，從吃飯到洗澡都有人照料。公寓養老是上世紀 70 年代在瑞典興起的一種養老形式。由地方政府負責建造的老人公寓樓在瑞典又稱「服務中心」，樓內設有餐廳、小賣部、門診室等服務設施，並有專門人員為老人服務。

養老院唯一的原則就是老人們的需要。瑞典的養老金是可以「攜帶」，無論你在全國什麼地方養老，都會拿到同樣的養老金，享受基本相同的養老院服務，這樣做的好處是有助於促進人口的流動，使大家不必都居住在大城市。

從長遠看，隨著老齡人口的增加，這個問題將會越來越突出。靠增加服務中心、擴大服務人員隊伍來減輕壓力的方法顯然已經很難走通。一、是因為這部分福利的財源主要來自於稅收，增加數量就意味著增加稅收，而瑞典經濟的趨勢是朝著減少稅收的方向發展的。二、是即使有錢也很難找到工作人員，因為 80%能夠工作的瑞典婦女都參加了工作。像服務中心這樣的機構，今後關注的重點只能是那些特別需要幫助的老人了。爰此，瑞典政府現在大力推行的是居家養老的形式，爭取讓所有的人在退休後盡

可能地繼續在自己原來的住宅裡安度晚年，這主要是因為居家養老比較人性化，也很個性化，而且更能給人以安全感。實行居家養老的關鍵是要建立一個功能齊全的家政服務網。透過設置家政服務區，為當地所有居家養老的老人提供日常生活所需要的全天候服務。這些服務包括個人衛生、安全警報、看護、送餐、陪同散步等，只要是日常生活需要的，都可以提供服務。居家養老的人凡有需要，都可以向當地主管部門提出申請。不過，主管部門要進行實地評估，在獲得確認後，才會作出同意的決定。家政服務的次數和範圍根據需要而定，有的是只提供一個月一次服務，有的則一天裡要提供好幾次服務。瑞典各地方政府負責提供的家政服務雖說是福利性質的，但還是要收取一定費用。收費標準根據接受家政服務的老人的實際收入決定。因此，老人們在要求家政服務時，還必須提供個人的收入資訊。根據規定，老人們的收入不僅包括養老金，而且還包括退休後仍兼職的工資收入以及其他資本性收入。不過，即使最高標準的收費也遠遠低於市場收費標準。瑞典越來越多的地方政府開始把家政服務承包給私營公司經營。

伍、先進社會老人公寓的借鑑

　　為迎接高齡化社會的到來，使高齡者有適居安養之所，目前政府政策方向是以引導民間投資高齡者住宅的供給為主，行政院於 2003 年通過高齡者住宅列為優先推動促進民間參與公共建設項目，主要透過協助民間排除用地取得障礙、提高高齡者住宅容積率、租稅減免、低利貸款等措施，鼓勵民間投資高齡者住宅。惟目前實際進住高齡者住宅的人數仍然不多，市場需求尚未出現，高齡者住宅市場仍止於萌芽階段，究其主要原因可能包括：

　　一、傳統觀念高齡者對入住高齡者住宅的接受度不高：台灣高齡者的居住狀況傳統上認為三代同堂與子女同住，享受含飴弄孫之樂才是孝道的表現，父母若進住高齡者住宅往往被視為棄養，高齡者就算未能與子女同住也不願意進住老人住宅，故高齡者住宅進住率通常都偏低。

二、負擔高齡者住宅價格之能力尚有未及：國人住宅自有率高，且高齡者的所得負擔能力相較於高齡者住宅價格尚有未及，僅限於一定所得水準以上者始有能力入住，若再加上看護服務的成本，一般人仍選擇以在宅安養、聘僱外籍看護工的照護方式。

根據英國、美國及日本等先進國家發展經驗，未來老人住宅的需求將與日俱增，並形成高齡化社會中重要的產業之一，我國必須及早規劃因應對策。如未以促參方式鼓勵民間參與老人住宅建設，為因應國內老人住宅日益激增的需求，政府仍須廣籌財源支應，勢須增加政府龐大的財政負擔，適時發展老人住宅將可促進民間大量投資，成為帶動經濟發展的一股動力，且能有效促進老人住宅產業的發展，同時帶動當前經濟的發展。

歐美國家 65 歲以上老年人口中，目前約有 10%的比例使用老人住宅及安養護設施，日本則在 5%左右，台灣地區目前市場僅有少數幾家民間投資經營之老人住宅，根據先進國家經驗，未來老人住宅的需求將與日俱增，並形成高齡化社會中重要的產業之一，我國必須及早規劃因應對策。

綜合先進社會推動的制度經驗以及我國目前市場發展情形，茲提出以下幾點建議：

一、透過對需求面的補貼，以提高入住高齡者住宅的負擔能力：日本推動透過租金差額補貼或低利融資等方式，以提高需求者的負擔能力政策成功的關鍵，強化市場的供給與需求雙方面，使高齡者住宅市場蓬勃發展。

二、採獎勵、補助方式，加速推動住宅無障礙化：在宅老化在將來是為主流，政府可提供自有住宅或出租住宅之無障礙化修繕低利貸款或補助增設無障礙化之設施設備，並活用都市既有空餘屋存量，作為高齡者住宅之用。

三、有效引導民間活力投入高齡者住宅市場：獎勵民間投資的高齡者住宅於健康型高齡者住宅，或公部門辦理委外修繕營運（R.O.T）、委外經營（O.T.）。未來附看護的高齡者住宅需求較諸健康高齡者住宅將更為殷切，宜放寬民間投資，給予民間業者更大的創新與調適空間。

四、高齡者住宅之規劃設計，應充分考量高齡者居住安定之生活需求，並應納入緊急求救系統的建立、無障礙化環境的規劃、設計暖房設備及採光通風良好的設施，以提供高齡者安全舒適的居住環境。

五、建立高齡者住宅業者之評鑑考核制度：為確保高齡者住宅品質與永續經營管理，使高齡者能安心居住，對於高齡者住宅應建立統一的規範與評鑑考核制度，按時對高齡者住宅之經營者進行評鑑考核。

老人住宅整個市場的規模推估，以目前 265 萬的老年人口，其中獨居和夫妻同住的比例逐步增加，如包括 50 至 65 歲之間的未來潛在消費群，使這個市場規模擴大。政府財力資源有限，為因應各項社會需要，必須妥適分配運用，以發揮最大效益，故推動老人住宅建設亟待跳脫傳統思維，從美、日經驗顯示，適時發展老人住宅將可促進民間大量投資，成為帶動經濟發展的一股動力，且能有效促進老人住宅產業的發展，同時帶動當前經濟的發展。

結語

人口高齡化已成為各已開發國家普遍面臨的問題，我國亦將從「高齡化社會」邁入「高齡社會」，然受限於國人傳統觀念、經濟負擔能力及相關法令制度尚未臻完備等因素，目前國內高齡者住宅市場仍止於起步階段，尚未能全面化、多元化開展。因此針對高齡社會可能衍生的住宅相關問題，政府政策規劃仍有相當大的借鑑先進社會，以為周延對應的空間，須及早規劃因應，鼓勵民間業者興建老人住宅。目前政府的態度，是將老人住宅視為社會福利的一環，民間業者依照上述法令提出申請，並經地方政府審核通過後即可簽約興建，之後便能享有包括租稅、融資等優惠。老人住宅裡最重要的「無障礙化」理念，導入到一般住宅設施。以建立完整的高齡者住宅政策推動機制，提供高齡者美好快樂的生活。

　　因應老年化社會趨勢，對於高齡者住宅，從住宅的規劃設計、設施服務的提供、環境的維護管理等方面，實現了「安定」、「安心」、「安全」的高齡者居住環境要件，這是高齡者住宅最為成功的地方。高齡者住宅乃是因應高齡化時代需求所發展出來的一種特殊居住體系，由於每個人均來自不同的生活背景與人生歷練，以及身心機能狀況的差異，因此如何規劃提供多元化的住宅與服務型態，以滿足高齡者需求，將是今後我國高齡者住宅市場發展的一大課題。

第十七章　銀髮產業

前言

　　老人人口遽增所附帶之需求與問題已趨複雜化、多變化及擴大化；長期照顧既被視為是必要之政策性措施與制度，則要被推行得宜，政府、民間、社區、老人、家屬等均為攸關之共同體。實體上，若政府能設定以「照護預防」為推動之發展基礎與目標，鼓勵民間致力參與「社區式照顧」服務，佐以「居家照顧為主、機構照顧為輔」策略性服務措施，配合福利、衛生、醫療、保健、復健、藥事、教育、社區、文化、經濟、運動、休閒、藝術等領域間之合作，則長照制度對提昇老人之晚年生活內涵與品質，必然是水到渠成。長照工作絕非僅止於照顧而已，舉凡：教育主管部門要否責成護理、高職、技術學校擔負培訓長照人員之職；勞政單位分擔篩選、引進、訓練、監督外勞來台擔負長照工作，長照相關產品之研發或引進，生活無障礙空間之要求……等，都是必須同步進行與處理之課題。

　　「銀髮產業」（Senior Industry），範圍包括任何滿足多數高齡者需求有關的產品與服務，舉凡食、衣、住、行、育、樂，甚至文化、醫學、心理……者皆可屬之。亦即借重民間力量開發銀髮產業，來滿足老人食、衣、住、行、教育休閒、醫療保健、安養照顧、信託儲蓄等要求。老人產業的分類，根據 90 年《台閩地區老人生活狀況調查報告》顯示，老年人需求可以分為照顧服務、醫療保健、金融保險、教育休閒、以及其他商品與服務。

壹、英國照顧服務產業

　　傳統上，英國健康及照顧服務一直是由公部門在提供，照顧服務（Social Care）指支持性的照顧服務，1970 年代英國將老人及障礙者的照顧責任由國民健康服務（NHS, National Health Service）轉移到地方政府，服務內涵包括照顧之家、到宅服務、日間照顧、送餐服務，喘息服務等。地方政府負責部分除照顧服務以外，有關醫療照護部分則只涉及所謂預防性健康照護（Primary health care），其餘有關健康照護部分，仍由原來的 NHS 負責。涵蓋於 NHS 服務項目下，由國民健康服務體系支付；而地方政府的照顧服務基於經費短缺，除了中央政府補助和地方稅收外，另採資產調查方式，而有所謂的付費政策（Charging for Services），由各地方政府評量使用者情況酌收費用。

　　隨著 1970 年代中期開始石油危機對英國帶來的經濟衝擊，各界對 60 年代快速擴張的公共福利支出所造成的衝擊反動，要求政府減少公共支出避免依賴文化的形成，柴契爾夫人上台後，宣稱以公部門為首的照顧服務已不復存在，鼓勵轉移政府和社會關係，福利朝向市場化。「照顧混合經濟」（Mixed Economy of Care），政府不再扮演唯一的照顧服務供給者，而開放非營利組織（Non-profit Organization、Voluntary Sector）、營利組織（Profit Organization、Private Sector）、非正式部門（Informal Sector）合作或競爭。目標在於透過服務供給多元化、分散化、市場化，達到選擇主動性及多樣性、提昇服務效率、抑制福利經費的成長、活絡照顧產業市場。

　　英國政府自 1992 年起推動民間投資提案制度（PFI, Private Finance Initiative），引導民間企業參與投資各項公共基礎建設計畫，主要係依據政府採購法辦理，實施項目亦涵蓋社會服務。但自從 1992 年社區照顧改革開始實施，引進一套獨立的採購委託和服務供給區分機制，公部門被嚴格要求減少服務供給量，改向民間部門進行服務採購。由照顧服務市場的發展來看，英國已經成功地由從搖籃到墳墓的福利國家，轉型為強調私部門服務的準市場福利國家。於市場化過程，涉及多項法規建立及規範，分別為：

1980 年修正的補充醫療保險給付，老人使用護理之家費用納入補助。

1990 年通過 National Health Service and Community Care。

1992 年 Community Care Act 開始實施，透過買賣區分機制，鼓勵地方政府照顧服務委託給私人企業。

1993 年 Special Transitional Grants（STG），其中至少有 85% 必須要用在購買私部門提供的服務，或推動發展私部門服務事務上（1996 年以前）。

1996 年通過 Community Care Direct Payment Act，修正部分社區照顧法，鼓勵到宅服務。

未來高齡者福利服務將以民間來主導的服務產業模式將蔚為潮流，政府亦將以輔導與監督角色，協助老人產業的開發。為打造英國照顧服務產業，透過政府與民間合作的力量，使得老年人生活能更加舒適、便利、安全，以及更有尊嚴。照顧服務引進市場機制目的不只在於增加效率和服務的彈性，更重要的是使用者選擇多樣性，例如，英國社區照顧改革刺激了短期居留的中途之家的增加和其他服務的提供，德國引進長期照護保險制度，許多小型公司間的競爭也促進 6 個大型官僚福利組織提昇品質和效率。其內涵為：

一、照顧服務

照顧服務相關產業相當廣，簡略粗分為三部分：

第一，銀髮住宅：老人獨居比率上揚，未來隨著平均子女數減少、奉養父母與老人自主觀念的改變，加以都市化之發展，各式銀髮住宅需求增加。

第二，照顧服務：包括照顧之家、養護之家、照顧住宅、喘息服務、日間照顧、到宅服務之需求將持續增加。

第三，輔具器材及住宅無障礙設施：輔具研發、設計、租賃以及住宅無障礙設計與改建等。

二、醫療保健

根據統計老人人口的醫療費用是生活中較大的支出，65 歲以上人口每人平均醫療費用約為 64 歲以下人口的 4.2 倍。老人除對醫療、藥品的高比

例需求,隨著保健觀念的重視,老人醫療保健產業市場日益擴大,如保健食品、生化科技、復健、醫療看護等,不過這類產業不易做到市場區隔,很難將其定位為老人專屬的產業。例如助聽器基本上適用於所有的聽障人士,而老年人因為生理機能退化,用到助聽器的機會也就增加了。其他如協助行動的各種器材,情況亦是如此。由於老年人對於自身健康情況特別重視,所以健康食品亦具有市場潛力,需求量也就日益增加。

三、金融保險

老年人對於經濟自主的需求,亟需一個持久安全的經濟保護網絡。因此,除了企業年金之改革之外,由於老年對生活品質要求逐漸提高,為維持穩定、充裕、安全的退休收入來源,政府或企業所提供的基本經濟保障已無法完全滿足退休後的生活要求。因此,提供老年時期定期給付之商業年金保險有相當之成長空間。

四、教育與休閒

老年人對於教育與休閒的需求,對於學習新知日益熱衷,避免與社會脫節,老人教育產業在未來將自成一格;經濟自主性的提高,願意消費額度亦已提高,此一市場不可忽視。

五、福利商品

老人福利的商品,除了老人住宅及老人醫療、老人照顧等大型投資及服務商品外,老人產業相關商品的種類繁多,為老人的舒適性與便利性而開發出來,並且充滿了各種創意。以下概略敘述幾種類型:

表 17-1　老人福利的商品一覽表

類型	福利商品
健康飲食	各種特殊的維他命以及營養添加物的老人食品。重點在易吞嚥、嚼碎、消化的營養食品。及專用磁碗、特製湯匙、專用叉子、用餐圍巾、迴轉吸嘴壺。
服飾商品	保暖、便於穿脫、輕便大方的服飾。

居家用品	沐浴座椅、沐浴台、協助把手、防滑吸盤、安定浴槽。 增加生活上便利性的器材，如自動開燈裝置、大門開關自動音響、蜂鳴器等。 電動臥床、床旁扶手裝置、床旁簡易桌、防滑床巾、防火床墊、抗菌消毒床墊、防痛靠墊、長期臥床預防褥瘡床墊、體位轉變器。
助行器材	隨腳形變化而自動伸縮的皮靴、易於穿脫的皮靴、購物推車、折疊手杖、四腳手杖、四輪助行輔助器、腳踏車式助行器、電動輪椅、各式輪椅、及輪椅配件。
健康器材	有血壓計、測驗鹽分計、尿試驗紙、體溫計、脂肪計、體重計、電動牙刷、口腔洗淨器、超音波洗淨器、按摩器、計步器、多功能運動機等。
衛生用品	抗菌消臭的免洗褲、紙尿褲、紙尿片、特殊纖維消臭床單、通風防水床單、活動式便盆、老人專用便器、男女尿壺、攜帶式尿壺。
便利器材	便利門把、放大鏡、便利水龍頭、助聽器、電話集音器、護膝護肘、指壓輔助器。
輔助器材	失智老人防止走失感應器、防火電磁烹調爐、移動用升降機。

（資料來源：作者整理）

　　上述各產業間並非互斥，而有互相重疊與合作開發的空間，藉由照顧服務產業的發展，同時達到活絡經濟、社區發展與老年福利的多重目的。

貳、德國照顧服務產業

　　照顧服務（Social Care）引進市場機制是全球潮流。傳統由政府主導的教育、社會保險和醫療保健等，近年來逐步引進市場機制並開放私部門參與經營，照顧服務也不例外，自從 1980 年代以來，照顧服務在西方國家（包括歐洲、美國和澳洲）已經逐漸採取市場機制，即所謂的福利私有化、民營化、市場化、商業化、產業化，服務供給由公部門轉移到民間部門。同時，從全球化趨勢來看，世界貿易組織 WTO 以服務業貿易總協定（GATS, General Agreement on Trade Services）將包括醫療保健及照顧服務等公共服務業，開放全球自由貿易與自由市場，於市場化過程，涉及多項法規建立及規範，分別為：

　　1994 年通過 Long Term Care Insurance Law 長期照護保險法。

1995 年開始實施長期照護保險，很多私人企業開始經營到宅服務。

1996 年修正長期照護保險法，把機構式照顧納入給付。

德國長期照顧保險制度的及時引進，也達到了市場化的效果。先進國家在照顧服務領域引進市場機制的結果，使得照顧服務由私部門提供的部分在過去 10 年來激增。然而，很多在英國之外的歐洲國家私部門參與者，主要仍由非營利組織的志願服務部門共同提供，引進市場機制的原因：

(一) 降低社會安全支出：在歐洲，降低財政赤字已經成為 1999 年以來歐洲貨幣聯盟國家所列計畫表中的首要目標，為了要降低社會安全成本，政府透過引進競爭以及轉移到私部門的手段，來追求福利輸送的效率。

(二) 福利事務地方自治：自從 1980 年以來，由於政府強調地方在社會福利事務上的自治權，地方政府在社會福利行政方面，被授予相當大的自治權、會計權責以及財政權力。財政責任已經使得地方政府發展出較大的成本意識，並且在良好經驗、人力資源以及專業方面開放心態向民間部門採購服務，這種中央集中化去福利化已轉移私部門。

(三) 服務項目轉移到到宅服務：老人照顧服務市場化在不同國家紛紛實現。如：英國在 1980 年代後期的社區照顧改革；瑞典在 1992 年開始的 Ädel 改革；澳洲自從 1985 年開始的老年照顧改革。

參、美國照顧服務產業

受到雷根總統（Ronald Wilson Reagan）推行的經濟政策為供應面經濟學的影響，將所得稅降低了 25%、減少通貨膨脹、降低利率、擴大軍費開支、增加政府赤字和國債、排除稅賦規則的漏洞、繼續對商業行為撤銷管制，使美國經濟在歷經 1981～1982 年的急遽衰退後，於 1982 年開始了非常茁壯的經濟成長。雷根政府面對經濟問題，運用的解決方式是撤回政府的干涉，並減少稅率和撤銷管制，以此讓自由市場機制能自動修正所面臨

的問題。他於就職演說強調：「政府並不是解決問題的方法，政府本身才是問題所在。」振奮了美國人在 1980 年面臨的低昂士氣和挫折感，並且讓自由放任的資本主義體制超越政府的管制。

美國在 1980 年後期和 1990 年早期的針對護理之家給付的開放。所有這些改革目的在於達到服務供給多元化，以及服務成本效率，藉由市場化結果，將服務供給轉移到更具生產性的私部門。自從雷根政府在 1981 年開始執政以來，對醫療照顧（Medicare）和醫療補助（Medicaid）擴大適用範圍，並對老人使用居家服務撤銷管制規定，隨即帶動到宅服務業快速蓬勃發展。從 1986 年到 1995 年間，長期復健病人設備管理公司收益，每年以 9.5% 的速度在成長，同時期，到宅服務照顧及醫療服務業每年平均更以 19.6% 的速度在成長。1980 年代西方國家有重要的改變，就是從機構式照顧轉為非機構式照顧的到宅服務。由於到宅服務在照顧服務發展歷史上落後於機構式照顧，所以在到宅服務的新服務項目，沒有歷史包袱以及大型機構的既有市場障礙下，較易開放給私部門參與。於市場化過程，涉及多項法規建立及規範，分別為：

1965 年修正社會安全法，護理之家（含私立護理之家）納入 Medicaid 給付。

1969 年住宅和都市發展部提供貸款興建護理之家（包括私立護理之家）。

1980 年修正社會安全法，到宅服務納入 Medicaid 給付中。

1981 年修正社會安全法，大幅放寬到宅服務給付範圍。通過 Omnibus Budgets Reconciliation Act，放寬醫療預算中 Medicare 支出。

1990 年修正社會安全法，把 Custodial Care 給付（協助身障者家事服務）納入 Medicare 的協助個人服務給付中。

「私部門移轉」主要有兩種形式：一是服務提供重心由公部門移轉到私部門的過程；一是公部門服務所需財源引進私部門財源支助。在上述討論的照顧服務政策主要是指服務供給面開放給私部門參與。照顧服務市場化，也就是所謂的福利私有化、民營化、市場化、商業化、產業化，有幾

種運作模式，包括照顧服務供給部門重心由公部門移轉到私部門，或是由非營利部門到營利部門，並非刻意由政府法規所發起，此一市場化趨勢係由英國和美國所領導而起。

在公部門長期照護服務仍大量存在美國時，服務量和多元性相當有限，公部門以外的照顧服務仍是由大型私人公司和非營利組織所提供的，有很多大型的健康及照顧服務公司，包括到宅服務經營公司。同樣的在英國，自 1992 年社區照顧改革實施之後，在護理之家部分，私部門也蓬勃展開。在美國及英國這兩個先進國家，將民營化導入高齡產業時；德國、澳洲和日本，公私部門同時存在，彼此互相合作和補充，以應社會的需求。然而，但是要允許私部門進入照顧服務市場亦可能產生若干問題。為達標準的服務品質在美國經常發生，起因於管理者過度降低成本來追求邊際利潤；另外，投機取巧的產業個性，選擇性的拒絕提供某些服務，即是民營部門基於成本考量，選擇服務對象，或拒絕提供某些服務，以致於高齡者無法達到預期的服務。要避免這樣的問題，必須要採用合法和制度性的監督，控制品質和保障使用者權益，包括建立服務標準、監督系統、申訴管道。

肆、日本照顧服務產業

在日本，高齡人口相關社會保障支出分別到達 GDP 的 13%時，一方面，長期照顧服務被歸類在政府的公共福利服務項目之中，由地方政府所提供；同時，「高齡服務」亦由私部門來參與。隨著民營化在近幾年來穩定的擴張，從 1990 年到 1993 年，到宅照顧市場每年成長 22.8%。

日本市場化的因素和西方國家差不多。第一，社會安全的支付在日本持續增加。第二，福利部門由中央集權到地方參與，相應 1990 年多個福利相關法規的修正，加速了地方政府獨立運作老人福利服務，擴大服務範圍與機能。第三，服務型態由機構式轉移到居家服務，1990 年的健康暨福利省的福利方案——GDP 計畫，日本建立居家服務體系。第四，2000 年實施強制性長期照護保險。皆為日本推動老人照顧服務市場化的重要性背景因素。

於市場化過程，涉及多項法規建立及規範，分別為：

1985 年健康暨福利省（MHW）設立「老人福利促進小組」建立民營化長期照護機制。

1987 年健康暨福利省（MHW）發起老人服務經營者公會，促進銀髮服務發展。

1989 年鼓勵私部門提供照顧服務，私部門接受公部門委託居家服務。

1990 年授權並鼓勵地方政府利用私部門提供照顧服務。

1994 年提供津貼給居住私立銀髮住宅之老人。

1996 年將私立照顧之家納入醫療保險給付範圍。

1997 年將短期機構居留服務、日間照顧以及到宅服務支援中心委託私部門經營。

隨著強制性長期照護保險法通過，有助於長期照護服務市場化的發展。透過新的長期照護保險制度開辦的刺激，一方面，會使公、私部門在相同的價格基礎上互相競爭；另一方面，由於照顧服務由政府統籌管理式契約轉為個人契約，消除上述的競爭的不公平性，因為降低進入照顧服務市場的門檻是市場化的競爭起點。照顧服務主要係由政府部門及非營利團體提供，為引導民間企業積極參與及投入發展照顧服務產業，藉助照顧服務市場化的經驗，在漸進開放的原則下，透過完整的規範與管理機制，適度放寬民間企業參與照顧服務相關規定，循序漸進的建立一套健全的照顧服務機制，以彌補現有機制之不足，俾讓民間獲得更充足而多元的照顧服務。除此之外，反應在旅遊市場，銀髮族群成為相當蓬勃的市場區隔，高齡世代的主流，有相當大的市場開發潛力，有利於未來銀髮產業蓬勃發展。

日本高齡者設施之類型，為：

表 17-2　日本高齡者設施之類型一覽表

類型	服務內容
高齡者住宅	民間照護結合高齡者住宅，依設施設定入居者條件，取得特定設施住戶看護指定時，以看護險對看護服務提供給付。

出租住宅	基礎服務高齡者專用出租住宅，60 歲以上高齡者，對住戶提供租金補助制度。
照顧之家	對自立高齡者提供生活場所之社會福利設施，健康、生活可自立之 60 歲以上高齡者，給付事務費（在設施內提供看護服務時，以看護保險給付看護費）。
生活支援之家	對高齡者綜合提供看護支援、居住、交流功能之社會福利設施，因高齡對獨立生活心有不安之 60 歲以上高齡者，給付措施費。
高齡養護中心	對中低收入之自立高齡者提供生活照護場所，低所得戶，可自立之 60 歲以上高齡者，從看護險中給付。
特別養護中心	對需看護之高齡者提供看護服務，取得需看護 1 到 5 級認定之高齡者，從看護險中給付對象之居家服務。
失智團體家園	對癡呆性高齡者提供看護服務之住宅，取得需看護 1 到 5 級認定之癡呆高齡者，從看護險中給付癡呆型共同生活看護。
短期入住	對需要居家看護之高齡者，提供看護服務，已取得看護認定之高齡者，給付各看護險對象之居家服務。
高齡看護保健	對需看護之高齡者提供謀生以重返家庭之設施，取得需看護 1 到 5 級認定之高齡者，從看護險中給付看護高齡者保健設施。
居家服務	對需居家看護之高齡者，提供定期到府服務，已取得看護認定之高齡者，給付各看護險對象之居家服務。
療養病床	對慢性病患提供用以治療與療養之醫療設施，已取得看護認定之高齡慢性病患，適用看護險時，從醫療保險給付；適用醫療險時，給付診療報酬。

（資料來源：作者整理）

伍、先進社會照顧服務業的借鑑

根據日本產經省調查，全球高齡產業市場 2025 年將達 37.38 兆美元。依據福利先進社會的推動：

一、瑞典，是一個以高稅率支應福利的國家，且大部分的長期照顧服務是由公部門提供。瑞典當高齡人口相關社會保障支出分別到達 GDP 的 17%時，然而，自從 1992 年的改革以來，積極鼓勵服務委外給私部門。私部門已經逐漸扮演重要角色，主要是在長期照護所需的周邊設備上，包括在都會地區的到宅照顧服務、送餐服務以及交通服務，均可接受政府的委

託契約。委託私部門的契約已經由 1991 年的 1%增加到 1995 年的 5%。從不同的角度可以說明私有化現象：1.效益面，「在地安養」（Aging in place）是大部分高齡者心中最理想的照護方式；2.成本面，當需照護的高齡者越來越多，居家照護也許不比機構照護所需成本高，從瑞典的經驗來看，民營化會因市場競爭而提昇照護服務之經營效率。

　　二、澳洲，傳統而言，澳洲私人照顧服務組織藉由政府提供的財源，為老人提供服務。在 1991 年老年照顧改革策略開始，政府從開放私部門經營護理之家等服務，更進一步介入照顧之家的經營。但民間部門在到宅服務方面快速增加服務，主要是受到 1985 年到宅及社區照顧法案（Home and Community Care Act）的通過的影響，很多個人提供的小型代辦中心有機會為個人提供居家服務幫手。於市場化過程，涉及多項法規建立及規範，分別為：

1966 年聯邦補助擴及私立護理之家。

1985 年通過 Home and Community Care Act（HACC）積極推動到宅服務。

1991 年通過老年照顧改革策略，開放私人公司經營照顧之家（Hostel）。社區老年照顧方案（Community aged Care Package（CACP））擴大津貼範圍至到宅服務項目（針對符合照顧之家老人）。

　　為此，高齡產業市場化引進新的規範架構來設定品質標準，地方政府也不斷定義服務範圍以及簽約模式，為的就是要控制在這個過程中可能被影響到的每一個環節，相對的民間部門認為政府可以把監督的資源用來補助使用者或供給者對於政策目標更為有效。

結語

　　隨著生活與教育水準的提高，以及社會環境多樣化，高齡者對福利品質的要求逐漸提高，服務需求亦趨多樣化，單由政府所提供的老人福利服

務，已經不足以滿足高齡者的需求；目前的高齡服務主要係由政府部門及
非營利團體提供，為引導民間企業積極參與及投入發展照顧服務產業，宜
參考先進國家照顧服務市場化的經驗，在漸進開放的原則下，透過完整的
規範與管理機制，適度放寬民間企業參與照顧服務相關規定，循序漸進的
建立一套健全的照顧服務機制，以彌補現有機制之不足，俾讓民間獲得更
充足而多元的照顧服務。

在老年扶養比日增的趨勢下，傳統由稅收支應老人福利的方式，將面
臨「生之者寡，食之者眾」的危機。是以，拓展照顧服務市場的方式之一，
在於建立制度化的財源，提供民間投資者及地方政府穩定的財源保證，例
如日本與德國開辦長期照護保險，提供各類照顧服務的給付，進而擴大照
顧服務市場規模，同時亦讓民間部門有相當的成長空間。因此，有必要引
導民間資金投入老人福利產業，改以一般性、自費性的方式提供老人福利
服務，將老人福利服務重新包裝為可活絡經濟的產業市場，同時提昇服務
品質與數量，以維護老人的權益。

第十八章　福利服務

前言

　　聯合國經濟和社會事務委員會所發表的《2007 世界經濟和社會概覽》顯示，隨著人口死亡率的降低、生育率的下降和壽命的延長，勞動適齡人口的比例將出現縮減，勞動力本身的年齡將不斷升高，世界上大多數國家的人口正在迅速步入老齡化階段。老齡化已成為一種普遍現象，不同的地區正在經歷老齡化過程的不同階段。到 2050 年，全球 60 歲以上的人口將有 79%居住在發展中國家。人口老齡化現象的一個顯著特徵就是老齡人口本身的構成上出現了變化。就世界範圍而言，增長速度最快的是 80 歲以上的老人，儘管他們現在僅占 1.5%，但今後 40 年，他們的數量將增長四倍。

　　勞動力結構面臨新的變化，2005 年，全球範圍內 15 歲到 64 歲勞動適齡人口中，50 歲到 64 歲的老齡勞動者所占比例還不到五分之一，但到 2050年，這一比例將增加四分之一，而發達國家 2050 年時 50 歲以上勞動者人口在勞動適齡人口中的比例將達到三分之一。雖然人口老化反映了人類的進步，但其也對社會的發展造成壓力，給經濟增長、社會福利和衛生保健體系帶來挑戰。老齡化是任何國家社會經濟全面發展的必經之路，是否能禁受住這個考驗，關鍵在於我們是否能建立相應的完整福利服務機制，以迎接高齡化社會的到來。

壹、美國老人福利服務

　　隨著人口老化，為協助高齡人口，「美國退休協會（AARP）」由安菊露絲（Ethel Percy Andrus）於 1958 年在華盛頓發起並創立，目前於美國加州長堤市（Long Beach）設有總部。歸屬於美國老人福利民間組織，為美國最具特色的退休人員協會。協會成立的目的為：強化老人的健康與能力需設法維護，出版刊物報導老人活動及老人醫學之研究，促進各老人福利團體之合作，協助老人在各方面的機會均等，獎勵對老人福利有貢獻的個人或團體，對老人福祉的倡議，協助健康保險與介紹人壽保險，工作介紹，設置終身學院，聘請專家擔任退休顧問，提供有關退休計畫之資料。該協會所建置的退休服務是經由了解退休成員的實況，以期能夠協助退休人員獲得必要的安養生活。包括：

表 18-1　美國高齡者退休服務一覽表

類型	服務內容
生涯規劃	1. 由於退休表示離開工作環境，所以須展開新的生涯規劃。 2. 開始進修，並做我真正想做的事情。 3. 選擇兼差或者擔任諮詢的工作：為此賺取額外的收入且保持身心活躍。 4. 將在選擇的新職場中繼續工作。
參與志工	1. 參與海外志工團隊，以貢獻所長。 2. 捐獻金錢物資給慈善機構。 3. 參與所屬社區的志工團隊。
嗜好參與	1. 完全投入嗜好的參與。 2. 將嗜好轉變成一個生意，以擴大人生視野及經驗。
終身學習	1. 回到學校繼續享受進修。 2. 出國旅行來更加了解這個世界。 3. 參與社區活動或參與文藝講座活動。 4. 從圖書館來獲取知識。
娛樂休閒	1. 盡情享受娛樂與出遊。 2. 偶爾享受娛樂與出遊。

健康醫療	1. 因為患有慢性疾病，需不斷看病與購買藥物。
	2. 需要定期購買有益保健的健康食品。
	3. 雖然我身體健康，但是擔心需預留未來的看護費用。
	4. 將透過長期購買醫療保險的方式來取得保障。
家庭生活	1. 即使退休了，仍須照顧、支付我子女或子孫的養育費用。
	2. 經常為家族（直系血親）貢獻金錢。
	3. 偶爾會去探望子女的家庭。
	4. 家族住得很近，經常可以方便探視。
住宅保障	1. 需支付的租金每年將繼續上升。
	2. 想買一處度假住宅。
	3. 仍然在清償我的住屋抵押貨款。
	4. 目前已無房貸負擔，也將住在此地；或者賣掉此屋改買一間不貴的新住所。
運動鍛鍊	1. 退休後想進行刺激的運動休閒，即使未來需支付更多的醫療費用。
	2. 想要參加所有最新、最熱門的活動。
	3. 打算參加健身俱樂部來保持活力。
	4. 喜歡隨心所欲的去散散步。
旅遊活動	1. 想要進行世界之旅。
	2. 遊遍國內每個角落。
	3. 計畫每年進行一次重要的旅行。
	4. 沒有旅遊嗜好，也不太有出遊的意願。
財務管理	1. 缺乏儲蓄，感受生活的壓力。
	2. 也許我需要一些儲蓄，但是我將在退休之後才開始進行。
	3. 已有養成良善的儲蓄習慣，將能應付未來的開支。
	4. 基於養老金和過去的投資所得，退休後將生活得更好，並且可為子孫留下遺產。

（資料來源：作者整理）

　　隨著美國戰後嬰兒潮時期出生的人都已陸續進入退休年齡，美國的社會保障體系正面臨前所未有的挑戰。美國老年人口的醫療保險極其昂貴。老年人口醫療保健費用的不斷高漲，將給美國財政造成極大負擔。美國目前實行的社會保障體系屬於「現收現付」制，即當納稅人工作時，雇主和員工拿出工資的 12.4%的社保稅用於支付退休人員的養老金，以及需要社會提供保障的殘疾金、遺屬遺孤撫卹金等，目前社保稅的 72%用於社保金發放。許多專家預言，隨著退休人員的增多和壽命越來越長，預計到 2018 年，

美國社保金將面臨巨大缺口。如果社保體系不改革，彌補養老金缺口就要進一步提高社保稅，這會給工薪家庭帶來沉重負擔，而且會極大地限制美國企業的競爭力，這是美國經濟所承受不起的。

美國老人大多選擇老年公寓，那裡有專職員工照顧老人的基本生活起居。老人可以根據自己的經濟條件，選擇入住高級公寓或政府資助的老年公寓。前者為私立，收費昂貴，服務設施和品質相應更好；後者是老年公寓的主流，主要面向中低收入老人，入住者需符合一定的年收入要求，並將收入的三分之一交給公寓，不足費用由政府支付。近年來，一種老年互助社區在美國悄然興起。可以自理的老人中，有更高意願居住在自己熟悉的環境中，於是居住在鄰近街區的一些老人自發組成互助團體。參加人每年需交納數百美元會費，就可以低廉的價格享受社區為會員提供的交通、購物、維修、醫療等服務，這足以幫助老人應對生活中經常遭遇的一些小難題。對許多老人來說，這是一個既保持獨立又不會覺得孤獨的理想方式。這些互助社區的運行，不僅得到當地慈善組織的資助，一些州的政府部門也加入互助社區建設，為社區配備醫療服務人員。社區還利用招募志願服務人員等方式降低營運費用。

貳、西班牙老人福利服務

西班牙目前有 65 歲及以上人口已超過 750 萬人，占全國人口比例接近17%。這一比例位居日本、義大利之後，為世界前列。據西班牙國家統計局預測，到 2050 年，西班牙老齡人口比例將達到 34.1%。西班牙政府重視老齡人口問題，實施了老有所養，老有所醫。養老是西班牙社會保障體系的支柱之一。現在，西班牙所有老人都享有養老金。養老金每年根據消費物價指數進行調整，以保證老年人的收入年年都有提高。老人看病完全免費，甚至包括住院期間的伙食費用。

馬德里市政府創辦老年人中心並出資維持運行，65 歲以上的老人都可以在就近的老年人中心申請成為會員。建立這些中心的目的是給老年人提

供一個聚會和活動的場所，讓退休老人離開崗位但不脫離社會，退休不孤獨，同時在生活上提供一些方便。中心一般設有圖書館、活動室、健身房、酒吧、醫務室、理髮室等設施，老人們在這裡可以學習舞蹈、音樂、繪畫、健身，會員可免費參加其他各項活動。在為老人們解決了晚年生活中最大的孤獨問題後，西班牙中央和地方政府積極為老年人提供各種優待和便利，既幫助他們解決晚年生活中遇到的各種困難，也為豐富他們的精神生活創造條件。

馬德里市政府社會服務局印發的《老年人生活指南》的小冊子，裡面列出了為老人提供的各種服務。它主要分為兩大部分：一、是為在自己家中生活的老人提供便利，有多種方式：包括居家服務，如幫助清潔衛生、購物、做飯、送餐、洗衣；根據老年人的特點，幫助改造家中的一些設施，如洗澡設備、衛生設備等，以方便老人使用；電話援助，主要針對單獨生活的老人服務，老人有緊急需要，都可以打電話求助；行動不便、家裡白天又無人照料的老人可以到日托中心，這裡提供餐飲、醫療、康復等服務，還有一些社會文化活動，有專車接送。二、是為不能或不適合單獨居住的老人提供服務。在老年公寓和養老院，那些方便老年人居住、生活和醫療的設施與服務極為完善。這些服務項目根據老人的收入狀況收取。由於是政府提供的社會福利性服務，收費低廉，有的項目免費。三、政府向老年人發行「老年人卡」的優惠措施，65 歲以上老人都可免費申領。憑卡在影劇院、博物館購票或在指定的商店購物均享受優惠價格。在馬德里，專供老年人使用的公共交通卡，收費相當於普通車票的十分之一。

隨著老齡人口增加，用於老年人事業的費用日益增大。為應對這一挑戰，西班牙開始實施鼓勵延後退休的政策，即在法定的退休年齡 65 歲之後，每延遲 1 年退休，養老金增加 3%，退休年齡最高可延遲至 70 歲。推遲退休既可延緩退休金支出的增加，又可增加國家社保金的收入。另一個措施是適當擴大接收外來移民，這樣可以增加加入社保體系的人數，從而擴大社保資金的來源。2005 年，西班牙對外來移民實行合法化管理，使社保對象增加了近 60 萬人。

參、瑞典老人福利服務

瑞典政府重視老人福利工作，以應對高齡化社會。瑞典近年來的經濟發展保持增長速度，社會福利體系也依然穩固。取得如此成就雖然有諸多原因，但瑞典老人對社會的貢獻是不可忽略的。早在 2003 年，瑞典便專門成立了「老人委員會」，並提出《未來老人政策》，該文件明確指出，鼓勵老年人以各種形式為社會做出貢獻，使他們成為一種新的勞動力資源而造福社會。這使得瑞典很多老人在退休以後又開始了「新的工作生涯」。

按照瑞典統計局公布的數字，該國目前男子的平均壽命為 79 歲，而女子的平均壽命更是接近 84 歲，是世界上人均壽命最高的國家之一。所以，如何關照那些高齡或是身體欠佳的老人，是瑞典政府積極對應的作為。為此，瑞典專門針對老年人推出了一項「家庭扶助制度」。根據這一制度，老年人提出的申請只要得到核實批准，便會有專業人員定期到其家中進行醫療、家政等服務；並為那些有特別需要的老人配備了專門的警報器，社會保障部門的人員則隨叫隨到；當老人處於病危狀態時，妥善的臨終關懷程序便會啟動，不僅安排專人 24 小時守護直到老人去世並得到良好的安葬，而且這些服務全都是免費的。除政府提供各項服務外，同一社區內的老人自己也會組織起來相互扶持，這也成為「家庭扶助制度」的一個重要補充。這也正應了瑞典《未來老人政策》所揭示的精神：「在高齡化社會，雖然政府提供了福利體系作為根本保障，但老人們在社會及家庭中主動去尋找快樂同樣必不可少。」

肆、德國老人福利服務

德國已經是一個老齡化程度較高的國家了。據統計，現在德國婦女平均生育不及 2 個孩子，預計到 2030 年，德國總人口將由目前的 8,250 萬人下降到 7,800 萬人。伴隨著人口數量的下降，德國老齡化問題也越來越突出，預計到 2030 年，65 歲以上的老年人將由目前約 1,600 萬人增加到 2,400 萬人。德國聯邦政府 2005 年的《養老保險報告》說，2006 年，德國 20 歲

至 64 歲處於工作年齡的人是年滿 65 歲以上老人的三倍，到 2030 年，該比例將進一步縮小為兩倍。德國政府已經意識到，人口的老齡化不僅會導致國民經濟生產力下降，稅收負擔加重，而且會加深社會代溝，出現更多生活困難的老年人，影響社會和諧。為幫助老年人的生活，德國一些地方政府和社會團體開始積極探索新的互助模式。換句話說，社會承受的老人負擔越來越重。如何讓老人頤養天年也就成了一個十分重要的社會問題。

在德國，養老保險、失業保險、醫療保險、護理保險成為任何一個老人享受社會福利的基石。在此前提下，社會照顧老人的辦法多種多樣。條件各異的敬老院，或稱老人公寓、老人護理院，遍布全德國，是許多老人生活的地方。純粹私營的敬老院經常位於市區鬧中取靜的地段，風景優美，交通方便，環境不嘈雜。入住私營性質的老年公寓費用可不低。老年人生活質量和他（她）退休前的收入有較大關系。在高級的老人公寓中，生活設施應有盡有。老人居住的套房內有設備齊全的廚房、廁所、浴室和陽台。公寓內有健身房、游泳池、糕點房、咖啡沙龍、餐廳、小劇場，還有花園、迷你型高爾夫練習設施、池塘、長椅等。他們的起居受到護理人員的全面呵護。相對而言，國有民營的老人護理院條件差一些，但老人在這裡還是能享受高質量的生活，安度晚年。

德國許多城鎮有規模不等的養老院，但對許多失去老伴、子女又不在身邊的老年人來說，去養老院是萬不得已的選擇。養老院裡沒有熟悉的生活環境，飯菜也不一定對胃口，起居時間還得聽任擺布。因此，對於習慣了住自己舒適屋子的老人來說，寧可孤守空房，也不去養老院。但是，獨處的老人畢竟問題成堆，且不說寂寞容易使老年人患病，就是日常的買菜做飯及水電煤氣的安全使用，都令人擔心。為此，在德國巴伐利亞州的一些城鎮，出現了一種社區老人互助生活模式，由年紀較輕的老年人幫助高齡的老年人。這種老人幫助老人的互助模式與養老院不同。老人可繼續住在自己家裡，由幾個年紀較輕的老人協助，組成一個鄰居互幫互助的小組，輪流到每家活動。年齡不同的老人輪流在各家做飯、聚餐、收拾花園、一起聊天。這種老人幫老人的互助模式不用政府出錢，而且效果很好。

老人與單親家庭互助,在德國,許多失去老伴、子女不在身邊的老人的生活困難,主要是腿腳不靈便,開車採購、收拾院子、冬天鏟雪等重體力活動無法負擔。另外,孤身老人的生活非常寂寞,他們有時間卻沒有人可以說話。但在許多單親家庭,單身母親或單身父親既要照顧孩子,又要工作,經常是兩頭不能兼顧,需要有人幫助。為了把這兩種人的需求結合起來,在德國弗萊堡,出現了一種叫「三代同堂」的互助模式。這是由當地政府和福利機構出資建造的福利公寓,專門供孤身老人和單親家庭居住,有公用的廚房和大飯廳,並有專人管理和打掃衛生。

伍、日本老人福利服務

日本社會目前所面臨的老化速度是世界其他國家前所未見的,許多年老的公民面臨居住、健康、就業、生活品質與保持目標人生等問題。尤其是照顧逐漸增多的獨居、臥病在床或患老年失智症的老人將成為主要的問題。

一、多元化之養老設施

目前散布日本各地之老年收容與安養機構,為數甚多,依其照顧之需求而有不同之型態,其經營管理單位,有公立、私立,而財團法人經營者則占極大比例。此有公費、自費、部分負擔等多種型式,可大致分類為:

1. 自費之老人之家或安養中心:針對健康老人。
2. 部分負擔之養護之家或特別照護之養老院:針對需特別養護之老人,如失智症、腦中風後之復健者等。
3. 專為老人而設之醫療中心或專門醫院。
4. 短期照顧:如日間照顧之托老所及短期留院服務等。
5. 在宅服務:項目包括送餐、沐浴、醫療諮詢等。

整體而言,其重視與社區結合,多元化服務方式。並且成立全國性之研究機構,統合老年之服務、研究、工作,績效頗為可觀,茲以東京都老

年醫學研究所（Tokyo Metropolitan Gerontology Center）（以下簡稱 TMG）
為例，略作簡介如下：

1. 東京都養育院：可收容 610 床之特別養老人。

2. 東京都老人醫療中心：可收容 730 床之老人醫院。

3. 老年學研究所：該所成立於 1972 年，研究分別包含不同領域，含生
物醫學、社會醫學、及社會學等方面之 31 個研究室及單位進行研究，
並有動物實驗室等，其規模宏大，其研究之內容亦包羅甚廣。

二、老人福利之主要方案

為了讓多數的老人盡可能安全地生活在他們自己的社區，中央政府正
提倡內容廣泛的服務方案以協助老人之生活安排與庇護。例如：組織家庭
協助服務及建立銀髮族綜合社區。每一個市政府的福利辦公室或健康中心
設立普遍的諮詢中心，處理影響老人及其家庭的各種問題。除此之外，TMG
亦建立特別的諮詢中心，如下表：

表 18-2　日本高齡者福利方案一覽表

類型	服務內容
諮詢服務	1. 諮詢中心：設立在便利的地區，提供老年人自由地討論影響他們生活的問題。 2. 危機中心：設立了一個中心，一個提供特別的病房給老年人；另一個處理影響老人生活的急迫性問題。能夠過夜的住所讓老年人有場所休息及有閒暇的時間討論他的問題。 3. 福利中心：設立一個福利諮詢室，備有電話熱線，提供有關老化問題與老人住宅重新改裝的諮詢。 4. 家庭協助：為了提供臥病在床或獨居老人之整合性福利服務，1990 年起，日本為老年人設立「居家服務中心」（Home Help Center），由協調者負責實施諮詢與聯絡的工作。
協助方案	1. 示警系統：當一個突然的意外發生時，一個虛弱、獨居的老人可以使用懸掛狀的無線電發報機通知危機訊號中心，中心會迅速地召喚該地區的志願工作者予以協助。 2. 協助中心：其提供非常廣泛的服務，如給予臥病在床或獨居者餐點供應、洗澡與短期居留。

	3. 家庭協助：當一個老人臥病在床或獨居而需要居家護理或其他個人照顧時，家庭協助者將前往提供服務。 4. 短期居留：當家庭中照顧臥病或年老而身心衰弱的親人臨時不能照顧老人時，老年人可以在一個特別的住所中被照顧。按規定老人最多能停留 1 星期，中期居留則可以安排至 1 個月。 5. 日間照護中心。
公共住宅	建構「銀髮族綜合住宅」：提供多種型式的公共住宅，如老人與夫婦住宅，讓老年人或老人夫妻可以住在已婚子女的附近。TMG 也提供資金讓私人蓋的公寓出租給老年人，還有補助租金給住所被拆除的老人。而獨居的老人是被允許優先進入 TMG 的公共住宅。 為了讓獨居的老人能繼續住在其社區中，中央政策提供一種叫銀髮族（Silver Peers）的綜合住宅，在此： 1. 每個地方都設有防滑扶手、危險呼叫警報器及其他器具來協助老人有個安全舒適、自給自足的住所。 2. 居住的幫助是隨時可得的，以確保安全性與對危險能迅速反應。 3. 居家服務中心，提供老人所需的福利服務。
居住設施	有兩種收費低廉的老人住宅提供給需要特別住所或家庭住宅的老人，包括：有供餐的住宅及能自己烹煮的住宅。 1. 護理之家：為了達到適當的分布及更多此種建築的設立，政府補助非營利性的社會福利機構購買土地的花費。 2. 老人住宅：TMG 設立普通住宅，及需要醫療處置與密集照顧老人護理之家，及二所低收費住宅。
健康維護	為了讓老人能接受預防醫學及醫院治療以改善健康，TMG 著手建立老人醫院及提供財務援助給予健康檢查、健康指導的家庭訪視與補助醫療費用。 1. 醫療補助：根據老年健康與醫療服務法，每個 70 歲以上的老人都要為其提供醫療照顧。除此之外，65～69 歲的老年人若收入低於一定標準者，政府幫助負擔醫療保險的一部分。 2. 護理協助：居民超過 65 歲，且收入低於一定標準者，TMG 給予超過醫療保險標準以外和依例收費之間的不同補助。
社會活動	TMG 發起各種的方案鼓勵老年人在社會扮演一個更積極的角色，透過參與社會活動，包括工作，以享受一個身心快樂與健康的生活。 1. 工作安置：TMG 已經設立 10 個就業諮詢辦公室鼓勵及協助老年人找尋適合他興趣及能力的工作。 2. 人力資源：為了提供就業機會給身體健康且有意願及能力者，讓他們有一個更充實的生活目標及能生活在其社區之中，TMG 給予財務支持設立「銀色人力資源中心」。老年人透過此中心被安排從事簿記、抄寫、及公園清潔。

	3. 高齡社團：老人俱樂部若有促進老人從事活動或強化生活目標者，就給予財務上的補助。 4. 老人乘車證：為了讓老人在社會扮演一個更積極的角色，TMG 分發搭乘交通工具證叫做 Silver Passes，允許超過 70 歲且收入低於一定標準的老人，免費乘用私人或公家的一切交通工具，而其他 70 歲以上的老人則減免部分費用。 5. 老人運動：為了協助老人改善身體健康及保有與其他老人接觸的機會，TMG 舉辦運動比賽，如槌球、網球、綠野追蹤等項目。 6. 老人節：為了增加對老人的認識及克服代溝的障礙，TMG 舉辦老人節，並設立一個地區讓年輕人和老年人能一起來此共處。

（資料來源：作者整理）

三、老人福利的努力方向

隨著老年社會的到來，臥病在床、獨居或因年老而衰弱的老人將會逐年增加，為了確保老年人能有健康且經濟安全的生活，TMG 根據以上的方向提昇方案的程度：

1. 改善有關健康、住宅及生計的方案，確保全部的老年人能繼續在他生活的社區中，享有健康、經濟安全的生活。
2. 改善居家照顧服務，讓需要護理或其他幫助的老人能繼續在家中或在其社區中生活。並增加老人特別住宅的設施給社區中的老人。
3. 提供更多老人就業、社會參與及其他有意義的活動的機會和地方，使他們能享有充實的與有獎勵的生活。

表 18-3　日本高齡者福利的努力方向一覽表

類型	服務內容
確保安全	為了確保收入的安定，TMG 正努力延長就業的年限、設法填補強迫退休後的斷層、給予公共生活津貼貸款、改善生活津貼顧問服務的系統。TMG 也設法改善有關老人健康與住宅的服務。 1. TMG 正發展一種內容廣泛的健康照顧系統，提供全面性的服務，從健康方案、預防醫學到治療及復健，給予 65 歲以上的老人醫療費用補助。 2. TMG 協助在家庭裝設危機信號系統，用來處理獨居老人的一些突發事件。 3. 為提供合適的住所給有需要的老人，TMG 的住宅政策是修築公共住宅給

	老年人。TMG 也要租用社區中的私住宅,及給予私人修建老人公寓貸款。
促進就業	對健康的老人來說,工作不只是支持財務的方法,也是使他們生活有目標的重要方法。不但是愈來愈多的老人熱切的想要去工作,而且也隨老人數目的增多、年輕人口的減少,老年人力也愈來愈重要。對於想去工作的老人,TMG 將努力改善工作安置技巧與服務的方案,並建立一個內容廣泛的就業服務中心,提供更多、更廣的就業機會。
社會參與	對於有意從事志願工作、參與課程、或其他活動的老人,為了讓他們貢獻智慧與經驗及增加其人生目標,TMG 將設立一個環境,在這裡老人很容易得到有關文化與社會的活動。
擴大協助	1. 擴大家庭協助服務,使需要幫助的老人盡可能任何時候都可以住在家裡。擴大短期居留方案,協助暫時無法在家接受照顧者。 2. 提供居家訪視護理、醫療照顧人員、及牙醫,使老年人可以在家中接受醫療服務。 3. 建立家庭照顧服務中心,設立在各地區以取得便利為原則,讓臥病在床的老人能住在家中,又能獲得供餐、洗澡、和復健的服務。為了提供整體性的服務,分派協調人到各家庭照顧服務中心,作為老人與中心諮詢人員及服務供給者之間的聯絡人。 4. 改善及擴大護理之家使其可以容納 65 歲以上的老人(1.47%)。 5. 建立健康中心,使需要復健、護理或其他協助的老人有獨立生活及回歸家庭環境的能力。
失智服務	1. 改善及擴大諮詢服務、訓練課程、照顧的教課書、與其他教育家庭如何照顧年老衰弱的親屬及深入了解他們的問題。從事有關老年癡呆症的廣泛研究及擴大照顧年老衰弱的老人。 2. 改善及提供特定精神疾病病房給年老衰弱的老人。 3. 為照顧院外衰老的病人,TMG 建立日托中心,也要擴充短期居留服務給家人因病或需要短暫休息而無法照顧的老人。

(資料來源:作者整理)

陸、英國安寧緩和照顧

「安寧療護」(Palliative Medicine)起源於英國,創始人桑德絲(Dame Cicely Saunders)醫師在 1967 年成立全世界第一家安寧療護醫院,於倫敦聖克里斯多福安寧醫院(St. Christopher's Hospice),對癌症末期病人有特殊服務方案。從而發展成為全世界現代安寧醫療的典範,以醫療團隊合作方

式照顧癌症末期病人，陪他們走完生命全程，並輔導家屬度過哀慟時期。之後，由於得到英國女王的大力資助，Saint Christopher's Hospice 成為教育示範中心，接著擴散到全英國。8 年以後，Saint Christopher's Hospice 的一組人員到美國，幫美國建立了第一個 Hospice。1990 年淡水馬偕醫院建立了全台灣第一家的安寧病房。如今，Hospice 的名稱引用於現代的醫療機構，作為照顧癌症末期病人設施的通稱，在世界各地如雨後春筍地發展。

　　安寧療護為照顧臨終垂危病患之醫療機構，幫助那些正走入人生最後一程的病患及其家屬。安寧病房是一個專門針對末期病患而設置的病房，其中的醫護人員（包括醫師、護理人員、社工員、牧靈人員、物理治療師、職能治療師、音樂治療師、藝術治療師、營養師、志工）必須接受台灣安寧緩和基金學會的緩和醫療照護訓練，以提供病患及其家屬全人、全家、全程、全隊的「四全」照顧；不只關心病患，也關心照顧家屬；不只照顧病患到臨終，更協助家屬度過悲傷。世界衛生組織於 2002 年最新定義安寧緩和照顧為針對面對威脅生命之疾病的病人與家屬的一種照顧方式，其目標是藉由早期偵測及無懈可擊的評估與治療疼痛及其他身、心、靈的問題，預防及減緩痛苦，以達提昇生活品質之目標。此定義中強調，安寧緩和照顧以團隊照顧的方式滿足病人及家屬的需求；提供病人疼痛及其他身、心、靈痛苦症狀的緩解，並協助家屬在病人的臨終期及病人死亡後的哀傷期（bereavement）的調適。「末期」照護不只針對癌症，其他如老人醫學、神經科、家庭醫學科及涵蓋其他的科別。

　　由於其診治模式以尊重為首，並兼顧身心靈的診療，可以想見是甚為符合民情需要。目前已經從醫療工作發展成為一種社會運動，敦促人類去思考生存的價值點、生活的目標，以及生命的終極意義，並邀請大家一起認真面對死亡，討論死亡，甚而至於能夠在醫療團隊幫助之下勇敢的面對死亡。

　　安寧療護就是一種「高專業醫療」加上「高品質服務」的臨終照顧方法，目前在國外已經發展成熟，且形成緩和醫學（Palliative medicine）之專科，尤其各種各類症狀控制的知識與技巧正不斷成熟為專業學養。安寧療

護並非「安樂死」,而是要讓病患「安樂」的活到最後一刻,不施行強留生命的急救措施或造成病患痛苦的治療,也絕不執行刻意結束病人生命的醫療行為,以病患舒適、家屬需求為考量,期待達成「生死兩相安」的終極目標。對癌症晚期病患,提供全人、全家、全程及全隊照顧,消除患者的疼痛與不適,使患者及家屬減少對死亡的恐懼,能平安尊嚴的度過人生終點,讓生死兩無憾。

安寧緩和療護的三個層次:

1. 第一層次——基本安寧療護 Palliative Care Approach:所有專業人員者應有的知識。
2. 第二層次——一般安寧療護 General Palliative Care:中間層次,由各專科醫護人員提供,他們曾受相關安寧的訓練,但不是全職安寧工作人員。
3. 第三層次——安寧專業層次 Specialist Palliative Care:全職的安寧專業人員,提供照護、諮詢、教育、研究等功能。

提供優質的緩和安寧療護是一種挑戰,但提供長期優質的緩和安寧療護更是高難度的挑戰。其服務項目包括患者身體、心理、宗教靈性的照顧與協助,也提供家屬緩解照顧壓力的喘息空間。對於生理的不適,我們運用各種藥物及儀器設備減輕患者的症狀,特別應用比其他病房多的人力配置,提供病患日常生活的協助,如沐浴、皮膚護理、舒適技巧、按摩……等照顧;在心理及靈性需求,更配置社工人員及宗教關懷員,無論宗教信仰的異同,皆給予家屬及病患相同的服務及諮詢。志工的貼心服務更是安寧療護的特色,希望透過各種專業的結合,陪伴並協助患者、家屬調適與面對死亡的過程。安寧療護分為住院服務及居家療護,當病患的症狀獲得控制或病況穩定時,即會出院返家或接受長期的照顧機構,這時居家的安寧照護將會接續患者的連續性追蹤與照顧,包括居家訪視及諮詢、症狀評估與處理。如患者需入院接受醫療處置則可減少繁雜的程序。

表 18-4　安寧療護一覽表

類型	服務內容
全人服務	1. 症狀控制為開始，從頭到腳的護理，心理社會，靈性的療護，使病患症狀減至最低。 2. 配合節慶及特殊日子舉辦活動及如家的空間規劃，讓病患有家的感覺。 3. 針對成員進行訪談與陪伴，以滿足病患心理與靈性的需求。 4. 提供居家環境評估及簡便改裝方法。 5. 基本身體照顧的護理指導與協助。 6. 身體檢查與評估，症狀評估，療護處置與指導。
全程服務	1. 視病況提供住院及居家療護。 2. 提供善終準備的服務及指導。 3. 當決定在醫院去世時，病房備有往生室，提供家屬陪伴人生最後一段。 4. 居家療護為：定期訪視及不定期的電話訪視，協助處理相關照顧事宜。 5. 24 小時諮詢系統使病患及家屬隨時能得到協助。 6. 瀕死症狀評估，死亡準備，喪葬準備。
全家服務	1. 整體性的照顧，減輕家屬照顧的疲累。 2. 善終基金的運作，減輕家屬費用的負擔。 3. 家屬壓力無法調適時，團隊隨時提供傾吐的管道及場所。 4. 針對哀傷高危的家屬給予哀傷輔導。 5. 病患往生後定期寄慰問卡追蹤適應狀況。 6. 居家療護為傾聽及陪伴家屬照顧的壓力，並針對哀傷高危的家屬給予哀傷輔導，或喘息服務。
全隊服務	1. 結合緩和醫療專科醫生、護理人員、社工及志工的輪班服務病患及家屬。 2. 充分運用個案討論會、品質稽核及定期專科教育以提昇照護品質。

（資料來源：作者整理）

　　世界安寧日是英國 Help the Hospices 組織於 2005 年推動成立，已有超過 70 個國家參與，共同呼籲重視末期病人與家屬的身、心、靈照顧需求，了解安寧療護的意義，並落實安寧服務。

結語

　　人口老齡化是全球共同面臨的挑戰，國際社會尤其是發達國家比較早進入老齡社會，在應對人口老齡化問題上有很好的經驗值得借鑑。

　　一、重視老年人的權利和福利：「從需要到權利」、「從保障到福利」，是當今老齡政策中兩個不可逆轉的發展趨勢。要立足於社會進步，強調老年人的生存權和尊嚴。

　　二、建立社會保障制度：這是解決人口老齡化問題的前提。同時要避免福利國家「過度福利」的教訓。

　　三、社會保障立法，實施全民保障：在保障對象上的全民化，強調保障的普遍性原則。

　　四、大力發展社區服務和實行居家養老：家庭仍是各國的基本養老單位，社區為老服務、老年人居家養老服務成為老齡工作的重點。

　　五、關注老年人口中的弱勢人群：將高齡、女性和貧困老年人群體作為政策關注和扶助的重點。

　　六、鼓勵老年人社會參與，開發老年人資源：發達國家實施彈性退休年齡，經過多年論證和科學測算，大多提出提高退休年齡，或在一定期限內推遲勞動力的退休年齡。

　　七、提倡共融、共建和共享，妥善解決區域人口老齡化中的移民融入問題。

　　八、多方出力，鼓勵和支持發展「銀色產業」：這不僅僅是滿足老年人的居住、醫療、護理等消費產品與服務的需求，而且是促進老年人社會參與，提供就業，促進經濟發展的有效途徑。

　　九、以積極的理念和心態迎接人口老齡化挑戰：於制訂社會政策時必須從老齡化社會出發。

　　在過去幾十年裡，人口老齡化嚴重的發達國家在社會經濟政策方面進行了一系列的調整。例如，為了適應勞動力老化的趨勢，發達國家逐步調整產業結構，放棄低端的依靠年輕勞動力為主的勞動力密集型產業，並向

技術密集型發展。由於出生率偏低，少兒人口消費總量也相應減少。發達國家經由改革與完善社會保障制度和醫療服務、社區服務，積極開發老年產業、發展老年終身教育體系，促進了老年消費市場的繁榮，為經濟發展創造了嶄新的機會。

參考書目

中文書目

內政部（2002），台閩地區老人狀況調查報告，台北：內政部。

王順民（2001），宗教關懷與社區服務的比較性論述：傳統鄉村型與現代都市型的對照，社區發展季刊，93：42-58。

王增勇（2000），加拿大長期照護的發展經驗，社區發展季刊，92：270-288。

甘炳光（1994），社區工作：理論與實踐，香港：中文大學出版社。

行政院（2007），我國長期照顧十年計畫，台北：行政院。

行政院經建會（2007），中華民國 100 年至 140 年人口推估，台北：行政院。

宋麗玉（2002），社會工作理論──處遇模式與案例分析，台北：洪葉。

林萬億（1992），當代社會工作，台北：五南出版社。

林勝義（1999），社會工作概論，台北：五南出版社。

李增祿（1997），社會工作概論，台北：巨流。

辛炳隆（2002），就業服務政策之新方向，就業安全半年刊第一卷第二期，頁 3-6。

范鈺楨（2003），老人生活滿意度之研究，中央大學統計研究所碩士論文。

徐震（2004），社會工作思想與倫理，台北：松慧出版社。

徐立忠（1983），高齡化社會與老人福利，台北：台灣商務印書館。

徐學陶（1987），高齡學論集，台北：中華民國高齡學學會。

吳錦才（1995），就業與輔導，台北：洙泗出版社。

曾華源（2003），社會工作理論──處遇模式與案例分析，台北：洪葉。

曾美惠（1997），接受社區照顧的老人社會調適之研究，國立台灣大學社會學研究所碩士論文。

莊秀美（2004），社會工作，台北：成信。

楊培珊（2000），台北市獨居長者照顧模式之研究，台北市政府社會局委託專題研究報告。

劉慧俐（1998），高雄市獨居老人居家服務現況與展望，社區發展季刊，83：26-33。

陳燕禎（1998），老人社區照顧——關懷獨居老人具體作法，社區發展季刊，83：244-254。

陳惠姿（2001），個案管理在社區老人長期照護之應用，護理雜誌，48（3）：25-32。

周月清（2000），英國社區照顧：源起與爭議，台北：五南。

黃彥宜（1991），台灣社會工作發展，思與言，29（3）：119-152。

陳肇男（2001），快意銀髮族——台灣老人的生活調查報告，張老師月刊，台北，頁 66-68。

陳武雄（2001），志願服務理念與實務，中華民國志願服務協會，台北，頁 154-160。

黃源協（2000），社區照顧：台灣與英國經驗的檢視，台北：揚智。

萬育維（2001），社會工作概論，台北：洪葉。

簡春安（1997），社會工作專業發展之回顧與展望，社會工作學刊，4：1-25。

陶蕃瀛（1991），論專業的社會條件：兼談灣社會工作之專業化，當代社會工作學刊，創刊號：1-16。

劉伶姿（1999），英國的第三年齡大學，成人教育雙月刊，第 49 期，頁 8-14。

鄭秉文（2008），社會保障經濟學，北京：法律出版社。

謝秀芬（2004），家庭社會工作——理論與實務，台北：雙葉。

蕭新煌（2000），非營利部門組織與運作，台北：巨流。

詹火生（1987），社會政策要論，台北：巨流。

葉至誠（2008），社會福利概論，台北：揚智。

龍冠海（1997），社會學，台北：三民。

西文書目

Audit Commission (1997), *The Coming of Age: improving care services for older people*, Audit Commission, London.

Baldock, J. and C., Ungerson (1994), "User perceptions of a mixed economy of care", in Becoming consumers of community care: households within the mixed economy of welfare, Joseph Rowntree Foundation, Social Care Research 55.

Bridgen, P. and J. Lewis (1999), *"Elderly People and the Boundary between Health and Social Care 1946-91, Whose Responsibility?"*, The Nuffield Trust.

Clarke, T. and M. Barlow (2002), "Globalization? Privatization! ", *Health Matters* issue 41, Globe and Mail Op-Ed.

ECCEP team at the Personal Social Services Research Unit (1998), the Bulletin of Evaluating Community Care for Elderly People.

Exworthy, M. and S. Peckham (1999), "Collaboration between health and social care: coterminosity in the 'New NHS'", Blackwell Science Ltd, *Health and Social Care in the Community*, 7:225-32.

Forder, J. E., M. R. J. Kanapp and G. Wistow (1996), "Competition in the mixed economy of care", *Journal of Social Policy*, 25:201-22.

Parker, G. (1999), "Impact of the NHS and community care act 1990 on informal carers", in *With Respect to Old Age*, Nuffield Community Care Studies Unit, University of Leicester.

Harrison, A. (2002), "Developing the public role in a mixed economy", King's Fun.

Hardy, B. and G. Wistow (1999), "Changes in the private sector", in B. Hudson (ed.), The Changing Role of Social Care, Jessica Kingsley Publishers, London.

Haynes, P. (1999), "Complex Policy Planning the Government Strategic Management of the Social Care Market", Aldershot, Aldergate.

Hiscock, J. and M. Pearson (1999), "Looking inwards, looking outwards: dismantling the 'berlin wall' between health and social services?", Social Policy and Administration, 30:150-63.

Hudson, B. (1994), *"Making Sense of Markets in Health and Social Care"*, Sunderland: Business Education.

Hudson, B. (2000), "Conclusion: modernising social services--a blueprint for the new millennium?" in B. Hudson (ed.), *The Changing Role of Social Care*, Jessica Kingsley Publishers, London.

Kazuhisa, G. (1998), *"The Introduction of Mechanisms for Long-term Care Services--An International Comparison with Implications for Japan"*, NLI Research Institute.

Knapp, M. R. J. and B. Hardy & J. E. Forder (2001), "Commissioning for quality: ten years of social care markets in England", *Journal of Social Policy*, 30:283-306.

Kannp, M. R. J. and G. Wistow (1996), "Social care markets in England: early post-reform experiences" , Social Service Review, 70:355-77.

Kannp, M. R. J., G. Wistow and J. Forder (1993), *"Markets for Social Care: oppunities barriers and implications"*, University of Kent at Canterbury, Personal Social Services Research Unit (PSSRU).

Laing and Buisson (2002), *"Care of Elderly People Markets Survey 2002"*, London.

Laing, W. and P. Saper (1999), "Promoting the development of a flourishing independent sector alongside good quality public services", *in With Respect to Old Age: Long Term Care-Rights and Responsibilities*, Research Volume 3 of the Report of the Royal Commission on Long Term Care, Cm 4192-II / 3, The Stationery Office, London.

Matosevic T., M. R. J. Knapp, J. Kendall, J. Forder, P. Ware and B. Hardy (2001), "Domiciliary Care Providers in the Independent Sector", Nuffield Institute for Health and Personal Social Services Research Unit.

Means R., H. Morbey and R. Smith (2002), *"From Community Care to Market Care? The Development of Welfare Services for Older People"*, The Policy Insitution Press.

Nancy, R. Hooyman & H. Asuman Kiyak (2002), Social Gerontology--A Multidisciplinary Perspective, Allyn & Bacon.

Petch, A. (2000), "The changing role of social care: UK variations", in B. Hudson (ed.), *The Changing Role of Social Care*, Jessica Kingsley Publishers, London.

Player, S. and A. M. Pollock (2001), "Long-term care: from public responsibility to private good", *Critical Social Policy*, Health Policy & Health Services Research Unit, University College London, 21:231-255.

Powell, J. L. (2001), *"The NHS and Community Care Act (1990) in the United Kingdom: A Critical Review"*, Centre for Social Science, Liverpool John Moores University.

PSSRU, Personal Social Services Research Unit (2001), *"The Mixed Economy Programme, 1994-1998"*, the Nuffield Institute.

Robert, C. Atchley (2000), Social Forces and Aging: An Introduction to Social Gerontology, 7th Edition, Wadsworth, Inc.

Saltman, R. B. and C. V. Otter (1995), *"Implementing Planned Markets in Health Care: balancing social and economic responsibility"*, Buckingham: Open University.

Secretary of State (1989), *Caring For People*, Cm849, HMSO, London.

Secretary of State (2002), *"Derivering the NHS Plan--next steps on investment, next steps on reform"*, Presented to Parliament by the Secretary of State for Health by Command of Her Majesty.

Wistow, G., M. R. J. Knapp, B. Hardy and C. Allen (1994), *Social Care in a Mixed Economy*, Open University Press, Buckingham.

Wistow, G., M. R. J. Knapp, B. Hardy, J. Forder, J. Kendall and R. Manning (1996), *Social Care Markets: Progress and Prospects*, Open University Press, Buckingham.

World Development Movement (2002), *"Serving up the nation--A guide to the UK's commitments under the WTO General Agreement on Trade in Services"*, 39-44.

Wright, K. (1990), *"Creating a Market in Social Care"*, University of York, Health Economics Consortium.

實踐大學數位出版合作系列
社會科學類　AF0149

老人福利國際借鑑

作　　者 / 葉至誠
統籌策劃 / 葉立誠
文字編輯 / 王雯珊
視覺設計 / 賴怡勳
執行編輯 / 蔡曉雯
圖文排版 / 黃莉珊

發 行 人 / 宋政坤
法律顧問 / 毛國樑　律師
出版發行 / 秀威資訊科技股份有限公司
　　　　　114 台北市內湖區瑞光路 76 巷 65 號 1 樓
　　　　　電話：+886-2-2796-3638　傳真：+886-2-2796-1377
　　　　　http://www.showwe.com.tw
劃撥帳號 / 19563868　戶名：秀威資訊科技股份有限公司
　　　　　讀者服務信箱：service@showwe.com.tw
展售門市 / 國家書店（松江門市）
　　　　　104 台北市中山區松江路 209 號 1 樓
　　　　　電話：+886-2-2518-0207　傳真：+886-2-2518-0778
網路訂購 / 秀威網路書店：http://www.bodbooks.tw
　　　　　國家網路書店：http://www.govbooks.com.tw

2011 年 5 月 BOD 一版
定價：470 元
版權所有　翻印必究
本書如有缺頁、破損或裝訂錯誤，請寄回更換

國家圖書館出版品預行編目

老人福利國際借鑑 / 葉至誠著. -- 一版. --
臺北市：秀威資訊科技, 2011.05
　面；　公分. -- (社會科學類；AF0149)
BOD 版
ISBN 978-986-221-717-7 (平裝)

1. 老人福利　2. 社會工作

544.85　　　　　　　　　　　　　　100002369

讀者回函卡

感謝您購買本書，為提升服務品質，請填妥以下資料，將讀者回函卡直接寄回或傳真本公司，收到您的寶貴意見後，我們會收藏記錄及檢討，謝謝！
如您需要了解本公司最新出版書目、購書優惠或企劃活動，歡迎您上網查詢或下載相關資料：http:// www.showwe.com.tw

您購買的書名：＿＿＿＿＿＿＿＿＿＿＿＿＿＿＿＿＿＿＿＿＿＿＿＿

出生日期：＿＿＿＿＿年＿＿＿＿＿月＿＿＿＿＿日

學歷：□高中 (含) 以下　　□大專　　□研究所 (含) 以上

職業：□製造業　□金融業　□資訊業　□軍警　□傳播業　□自由業
　　　□服務業　□公務員　□教職　　□學生　□家管　　□其它＿＿＿＿

購書地點：□網路書店　□實體書店　□書展　□郵購　□贈閱　□其他

您從何得知本書的消息？

　□網路書店　□實體書店　□網路搜尋　□電子報　□書訊　□雜誌
　□傳播媒體　□親友推薦　□網站推薦　□部落格　□其他＿＿＿＿＿＿

您對本書的評價：（請填代號　1.非常滿意　2.滿意　3.尚可　4.再改進）

　封面設計＿＿＿　版面編排＿＿＿　內容＿＿＿　文／譯筆＿＿＿　價格＿＿＿

讀完書後您覺得：

　□很有收穫　□有收穫　□收穫不多　□沒收穫

對我們的建議：＿＿＿＿＿＿＿＿＿＿＿＿＿＿＿＿＿＿＿＿＿＿＿＿

＿＿＿＿＿＿＿＿＿＿＿＿＿＿＿＿＿＿＿＿＿＿＿＿＿＿＿＿＿＿＿＿

＿＿＿＿＿＿＿＿＿＿＿＿＿＿＿＿＿＿＿＿＿＿＿＿＿＿＿＿＿＿＿＿

＿＿＿＿＿＿＿＿＿＿＿＿＿＿＿＿＿＿＿＿＿＿＿＿＿＿＿＿＿＿＿＿

11466
台北市內湖區瑞光路 76 巷 65 號 1 樓

秀威資訊科技股份有限公司　　　收

BOD 數位出版事業部

···

（請沿線對折寄回，謝謝！）

姓　　名：＿＿＿＿＿＿＿＿　年齡：＿＿＿＿　性別：□女　□男

郵遞區號：□□□□□

地　　址：＿＿＿＿＿＿＿＿＿＿＿＿＿＿＿＿＿＿

聯絡電話：(日) ＿＿＿＿＿＿＿＿＿＿　(夜) ＿＿＿＿＿＿＿＿＿＿

E-mail：＿＿＿＿＿＿＿＿＿＿＿＿＿＿＿＿＿＿